普通高等学校应用型本科经济管理规划教材

微观与宏观经济学

主　编　贺丽华　李露亮
副主编　薛　绯　金　明

中山大学出版社
SUN YAT-SEN UNIVERSITY PRESS

·广州·

版权所有　翻印必究

图书在版编目（CIP）数据

微观与宏观经济学/贺丽华，李露亮主编；薛绯，金明副主编. —广州：中山大学出版社，2015.12

ISBN 978-7-306-05533-0

Ⅰ.①微… Ⅱ.①贺… ②李… ③薛… ④金… Ⅲ.①微观经济学—高等学校—教材 ②宏观经济学—高等学校—教材 Ⅳ.①F016 ②F015

中国版本图书馆 CIP 数据核字（2015）第 277671 号

出版人：	徐　劲
策划编辑：	蔡浩然
责任编辑：	蔡浩然
封面设计：	曾　斌
责任校对：	杨文泉
责任技编：	何雅涛
出版发行：	中山大学出版社
电　　话：	编辑部 020-84111996，84113349，84111997，84110779
	发行部 020-84111998，84111981，84111160
地　　址：	广州市新港西路 135 号
邮　　编：	510275　传真：020-84036565
网　　址：	http://www.zsup.com.cn　E-mail: zdcbs@mail.sysu.edu.cn
印 刷 者：	广东省农垦总局印刷厂
规　　格：	787mm×1092mm　1/16　19.5 印张　451 千字
版次印次：	2015 年 12 月第 1 版　2015 年 12 月第 1 次印刷
印　　数：	1—3000 册　定　价：39.90 元

如发现本书因印装质量影响阅读，请与出版社发行部联系调换

内 容 提 要

本书从经济学基本问题与主要经济理论、需求与供给、效用论与厂商生产理论、完全竞争市场与完全垄断市场、总需求与总供给决定模型、商品市场与货币市场的一般均衡、失业与通货膨胀、经济周期与经济增长理论、宏观经济政策等方面，对微观经济学与宏观经济学进行了系统阐述。书中每章均设置习题与答案，以帮助读者更好地理解经济学原理。

本书内容新颖，适合普通高等学校应用型本科经济管理专业的学生做教材，也可供经济管理部门人员使用。

目 录

导 论

第一章 经济学基本问题与主要经济理论 … 2
  第一节 经济学基本问题、基本原理和分析方法 … 2
    一、经济学基本问题与基本分类 … 2
    二、经济学基本原理 … 3
    三、经济学的分析方法 … 4
  第二节 17—19世纪的主要经济理论 … 7
    一、重商主义 … 7
    二、重农主义 … 7
    三、英国古典学派：斯密与李嘉图 … 7
    四、奥地利学派的效用论与边际分析革命 … 9
    五、洛桑学派的市场出清与一般均衡论 … 9
    六、剑桥学派的均衡价格与局部均衡论 … 10
  第三节 当代主要经济理论 … 10
    一、凯恩斯主义 … 10
    二、新古典综合派 … 11
    三、货币主义 … 11
    四、新剑桥学派 … 11
    五、新产权制度学派 … 11
    六、新兴古典理论 … 11

上编 微观经济学

第二章 需求、供给、均衡价格 … 16
  第一节 需求与需求弹性 … 16
    一、需求与需求函数 … 16
    二、需求表、需求曲线、需求定律 … 18
    三、弹性的定义与弹性系数表达式 … 19
    四、需求价格弹性 … 19

五、需求收入弹性 …………………………………………………………………… 22
　　　六、需求交叉弹性 …………………………………………………………………… 23
　第二节　供给与供给弹性 …………………………………………………………………… 23
　　　一、供给与供给函数 ………………………………………………………………… 23
　　　二、供给表、供给曲线、供给定律 ………………………………………………… 25
　　　三、供给价格弹性 …………………………………………………………………… 26
　第三节　均衡价格的形成与变动 …………………………………………………………… 28
　　　一、均衡价格的形成 ………………………………………………………………… 28
　　　二、均衡价格的变动 ………………………………………………………………… 29
　第四节　蛛网模型 …………………………………………………………………………… 33
　　　一、蛛网模型的基本假设 …………………………………………………………… 34
　　　二、价格与产量周期波动的三种情况分析 ………………………………………… 34
　第五节　政府价格管制：支持价格与限制价格 …………………………………………… 37
　　　一、支持价格或最低限价 …………………………………………………………… 37
　　　二、限制价格或最高限价 …………………………………………………………… 37

第三章　效用论 ……………………………………………………………………………… 39
　第一节　效用概述 …………………………………………………………………………… 39
　　　一、效用的概念 ……………………………………………………………………… 39
　　　二、效用的表示方法 ………………………………………………………………… 39
　第二节　基数效用理论的基本分析 ………………………………………………………… 40
　　　一、总效用与边际效用 ……………………………………………………………… 40
　　　二、货币的边际效用 ………………………………………………………………… 42
　　　三、消费者均衡 ……………………………………………………………………… 42
　　　四、消费者剩余 ……………………………………………………………………… 45
　第三节　序数效用理论的基本分析 ………………………………………………………… 46
　　　一、关于偏好的假定 ………………………………………………………………… 46
　　　二、无差异曲线及其特征 …………………………………………………………… 46
　　　三、商品的边际替代率 ……………………………………………………………… 49
　第四节　消费者的预算线 …………………………………………………………………… 51
　　　一、预算线 …………………………………………………………………………… 51
　　　二、预算线的变动 …………………………………………………………………… 52
　第五节　序数效用条件下的消费者均衡 …………………………………………………… 52
　　　一、序数效用论者的基本结论 ……………………………………………………… 52
　　　二、消费者效用最大化的均衡条件 ………………………………………………… 53
　　　三、序数效用论者所得出的消费者均衡条件与基数效用论者所得出的
　　　　　均衡条件从本质上讲是相同的 ………………………………………………… 54
　第六节　价格变化和收入变化对消费者均衡的影响 ……………………………………… 55

一、价格－消费曲线 ……………………………………………………… 55
  二、收入－消费曲线 ……………………………………………………… 56
  三、恩格尔定律 …………………………………………………………… 57
 第七节 替代效应和收入效应
     ——对序数效用条件下消费者均衡点变化的补充说明 ………… 57
  一、替代效应和收入效应的概念 ………………………………………… 57
  二、正常物品的替代效应和收入效应 …………………………………… 58
  三、低档物品的替代效应和收入效应 …………………………………… 59
  四、吉芬物品的替代效应和收入效应 …………………………………… 60

第四章 厂商生产理论 …………………………………………………………… 62
 第一节 厂 商 ………………………………………………………… 62
  一、企业的组织形式 ……………………………………………………… 62
  二、企业的性质 …………………………………………………………… 63
  三、企业的目标 …………………………………………………………… 64
 第二节 生产函数概述 …………………………………………………… 64
  一、生产函数 ……………………………………………………………… 64
  二、生产函数的类型 ……………………………………………………… 64
 第三节 一种可变生产要素的生产函数 ………………………………… 66
  一、基本概念 ……………………………………………………………… 66
  二、总产量、平均产量、边际产量 ……………………………………… 66
  三、边际报酬递减规律 …………………………………………………… 68
  四、总产量曲线、平均产量曲线、边际产量曲线之间的关系 ………… 69
  五、生产的三个阶段划分 ………………………………………………… 69
 第四节 两种可变生产要素的生产函数 ………………………………… 70
  一、两种可变生产要素的生产函数表达式 ……………………………… 70
  二、等产量曲线 …………………………………………………………… 70
  三、边际技术替代率 ……………………………………………………… 72
  四、等成本线 ……………………………………………………………… 73
  五、最优的生产要素组合 ………………………………………………… 74
 第五节 规 模 报 酬 ……………………………………………………… 79
  一、规模报酬的概念 ……………………………………………………… 79
  二、规模与产量之间变动关系的三种情况 ……………………………… 79

第五章 成本－收益分析 ………………………………………………………… 81
 第一节 成本与利润 ……………………………………………………… 81
  一、机会成本与生产成本 ………………………………………………… 81
  二、显性成本和隐性成本 ………………………………………………… 81

3

三、社会成本与私人成本 ································ 82
　　四、利润 ·· 82
第二节　短期总产量与短期总成本的关系 ············ 83
　　一、短期总成本曲线与短期总产量曲线的关系 ···· 83
　　二、短期总成本和扩展线的图形 ······················ 83
第三节　短期成本曲线 ·· 84
　　一、短期成本的分类 ·· 84
　　二、短期成本曲线的综合图 ······························ 87
　　三、短期成本变动的决定因素——边际报酬递减规律 ··· 87
　　四、平均成本曲线和边际成本曲线的几何画法 ···· 89
　　五、短期产量曲线与短期成本曲线之间的关系 ···· 89
第四节　长期总成本曲线 ·· 90
　　一、长期总成本与长期总成本曲线 ·················· 90
　　二、长期平均成本与长期平均成本曲线 ············ 92
　　三、长期边际成本与长期边际成本曲线 ············ 94
第五节　厂商成本与收益的均衡 ····························· 95
　　一、厂商的收益 ·· 95
　　二、成本与收益的均衡 ···································· 95

第六章　完全竞争市场 ··· 97
第一节　市场的类型与完全竞争市场的特征 ········ 97
　　一、市场的定义与市场类型划分的标准 ············ 97
　　二、市场的类型 ·· 97
　　三、完全竞争市场的特征 ································ 98
第二节　完全竞争厂商的需求曲线与收益 ············ 99
　　一、完全竞争厂商的需求曲线 ·························· 99
　　二、完全竞争厂商的收益 ································ 100
第三节　完全竞争厂商的短期均衡 ························ 100
　　一、完全竞争厂商短期均衡的含义 ·················· 100
　　二、完全竞争厂商短期均衡的类型 ·················· 101
　　三、完全竞争厂商的短期供给曲线 ·················· 104
　　四、生产者剩余 ·· 105
　　五、完全竞争行业的短期供给曲线 ·················· 106
第四节　完全竞争厂商的长期均衡 ························ 107
　　一、完全竞争厂商的长期均衡与短期均衡的不同点 ··· 107
　　二、完全竞争厂商的长期均衡 ························ 107
　　三、完全竞争行业的长期供给曲线 ·················· 109

第七章 完全垄断市场 ··· 113
第一节 完全垄断市场的特征与厂商收益 ·· 113
　　一、完全垄断市场的定义与特征 ·· 113
　　二、完全垄断市场的类型 ·· 113
　　三、垄断厂商的需求曲线和收益曲线 ·· 114
第二节 垄断厂商的短期均衡 ·· 116
　　一、垄断厂商的短期均衡的假定条件 ·· 116
　　二、垄断厂商的短期均衡过程 ·· 116
　　三、垄断厂商的供给曲线推导 ·· 118
第三节 垄断厂商的长期均衡 ·· 119
　　一、垄断厂商的长期均衡的定义 ·· 119
　　二、垄断厂商在长期内对生产调整的结果与遵循的原则 ································ 119
　　三、垄断厂商长期均衡的过程 ·· 119
　　四、垄断厂商长期均衡的条件 ·· 120
第四节 价格歧视、政府管制和经济评价 ·· 121
　　一、价格歧视的定义与条件 ·· 121
　　二、价格歧视的类型 ·· 121
　　三、对于自然垄断企业的政府管制 ·· 122
　　四、对完全垄断市场的经济评价 ·· 122

第八章 垄断竞争市场 ·· 123
第一节 垄断竞争市场的特征与垄断竞争厂商的收益 ···································· 123
　　一、垄断竞争市场的特征 ·· 123
　　二、垄断竞争厂商的需求曲线和垄断竞争厂商的收益 ·································· 124
第二节 垄断竞争厂商的短期均衡 ·· 126
　　一、垄断竞争厂商的短期均衡过程 ·· 126
　　二、垄断竞争厂商短期均衡的条件 ·· 127
第三节 垄断竞争厂商的长期均衡 ·· 127
　　一、垄断竞争厂商长期均衡条件的分析 ·· 127
　　二、垄断竞争厂商与完全竞争厂商长期均衡条件下的不同点 ···························· 128
第四节 垄断竞争厂商的理想产量、供给曲线和竞争方式 ································ 129
　　一、垄断竞争与厂商的理想产量 ·· 129
　　二、垄断竞争厂商的供给曲线 ·· 130
　　三、垄断竞争厂商之间的竞争方式 ·· 130

第九章 寡头垄断市场 ·· 131
第一节 寡头市场的定义、特征与寡头勾结方式 ·· 131
　　一、寡头市场的定义与特征 ·· 131

二、寡头勾结方式 ··· 131
第二节 古诺模型与斯威齐模型 ··· 132
  一、古诺模型 ·· 132
  二、斯威齐模型 ··· 133
第三节 寡头厂商之间的博弈 ··· 135
  一、博弈的基本知识 ·· 135
  二、博弈均衡的基本概念 ··· 136
  三、寡头厂商的行为特征与校正 ··· 138
第四节 不同市场结构的经济效率比较 ····································· 139
  一、需求曲线和供给曲线 ··· 140
  二、经济效率 ·· 140

第十章 市场失灵与公共选择理论 ··· 142
第一节 市场失灵 ··· 142
  一、垄断与市场失灵 ··· 142
  二、外部影响与市场失灵 ··· 145
  三、公共产品的存在与市场失灵 ·· 148
  四、不完全信息与市场失灵 ·· 150
第二节 布坎南-塔洛克的公共选择理论 ································· 150
  一、基本假定 ·· 150
  二、分析框架：决策成本与外部成本 ··································· 151

下编 宏观经济学

第十一章 国民收入的核算 ··· 156
第一节 宏观总产出指标及其相互关系 ····································· 156
  一、国民生产总值与国内生产总值 ····································· 156
  二、名义国民生产总值与实际国民生产总值 ························· 156
  三、人均国民生产总值 ·· 157
  四、国民生产总值统计应遵循的原则 ·································· 157
  五、宏观总产出核算的其他指标 ·· 157
第二节 国内生产总值的核算方法 ··· 158
  一、支出法 ··· 158
  二、收入法 ··· 159
第三节 现行国民收入核算的缺陷及纠正 ································· 160
  一、现行国民收入核算不能完全反映总产出 ······················ 160
  二、国民收入核算没有完全地反映福利状况 ······················ 160

三、国内生产总值核算的纠正 ································· 161

第十二章　总需求与总收入决定模型 ································· 162
第一节　消　费　与　储　蓄 ································· 162
　　　一、消费与消费函数 ································· 162
　　　二、储蓄与储蓄函数 ································· 163
第二节　投　　　资 ································· 165
　　　一、投资函数 ································· 165
　　　二、投资的边际效率 ································· 166
第三节　两部门、三部门、四部门有效需求的决定 ································· 168
　　　一、两部门经济的有效需求决定过程 ································· 168
　　　二、三部门经济的有效需求决定过程 ································· 169
　　　三、四部门经济的有效需求决定过程 ································· 170
第四节　乘　数　原　理 ································· 170
　　　一、投资乘数 ································· 170
　　　二、定税条件下的其他乘数 ································· 171
　　　三、比例税条件下的各种乘数 ································· 172

第十三章　商品市场和货币市场的一般均衡：$IS-LM$ 模型 ································· 173
第一节　商品市场的均衡：IS 线 ································· 173
　　　一、IS 方程与 IS 线的几何推导 ································· 173
　　　二、IS 线的斜率 ································· 175
　　　三、IS 线的移动 ································· 175
　　　四、三部门经济中的 IS 线 ································· 175
第二节　货币市场的均衡：LM 线 ································· 176
　　　一、货币的供给与需求 ································· 176
　　　二、LM 方程与 LM 线的几何推导 ································· 177
　　　三、LM 线的斜率和 LM 线的移动 ································· 178
第三节　$IS-LM$ 模型 ································· 179
　　　一、$IS-LM$ 模型的条件与经济学含义 ································· 179
　　　二、$IS-LM$ 模型中均衡收入与均衡利率的变动 ································· 180

第十四章　社会总需求与社会总供给模型：$AD-AS$ 模型 ································· 181
第一节　社　会　总　需　求 ································· 181
　　　一、社会总需求的定义及构成 ································· 181
　　　二、社会总需求曲线与总需求函数的推导 ································· 181
　　　三、社会总需求曲线的斜率 ································· 182
　　　四、社会总需求曲线的移动 ································· 183

第二节　社会总供给 ··· 184
　　　一、宏观生产函数与潜在产量 ·· 184
　　　二、劳动市场 ·· 185
　　　三、长期总供给曲线 ·· 186
　　　四、短期总供给曲线：古典模型与凯恩斯模型 ································ 186
　　第三节　社会总需求与社会总供给曲线移动的效应 ································ 189
　　　一、凯恩斯假设条件下的社会总供给 ·· 189
　　　二、古典假设条件下的社会总供给 ··· 190
　　　三、社会总需求曲线移动的效应 ··· 191
　　　四、社会总供给曲线移动的效应 ··· 191

第十五章　失业与通货膨胀理论 ·· 193
　　第一节　失业理论 ··· 193
　　　一、失业的定义及失业的影响 ·· 193
　　　二、失业的种类及其原因 ·· 193
　　　三、充分就业与自然失业率 ··· 194
　　　四、失业的治理政策 ·· 194
　　第二节　通货膨胀理论 ·· 195
　　　一、通货膨胀的定义及测量 ··· 195
　　　二、通货膨胀缺口与通货膨胀类型 ··· 195
　　　三、通货膨胀的经济效应 ·· 198
　　第三节　失业与通货膨胀的关系：菲利普斯曲线 ································· 199
　　　一、最初的菲利普斯曲线 ·· 199
　　　二、修正的菲利普斯曲线 ·· 200
　　　三、菲利普斯曲线的恶化 ·· 200
　　第四节　治理通货膨胀的政策 ·· 201
　　　一、财政政策 ·· 201
　　　二、货币政策 ·· 201
　　　三、收入政策 ·· 201
　　　四、供给政策 ·· 201

第十六章　经济周期与经济增长理论 ··· 202
　　第一节　经济周期理论 ·· 202
　　　一、经济周期的定义与阶段 ··· 202
　　　二、经济周期的分类 ·· 203
　　　三、经济周期的原因 ·· 204
　　　四、加速数原理作用的国民收入过程 ·· 205
　　　五、汉森－萨谬尔森模型 ·· 206

第二节 经济增长理论 ……………………………………………………………… 207
      一、经济增长的定义 …………………………………………………………… 207
      二、经济增长的指标 …………………………………………………………… 207
      三、经济增长理论的发展 ……………………………………………………… 208
      四、新古典经济增长模型（索罗模型） ……………………………………… 208
      五、新剑桥经济增长模型 ……………………………………………………… 210
      六、关于经济增长因素的分析 ………………………………………………… 211
      七、新经济增长理论 …………………………………………………………… 213

第十七章 宏观经济政策 ……………………………………………………………… 215
   第一节 宏观货币政策 …………………………………………………………… 215
      一、货币政策及其目标 ………………………………………………………… 215
      二、货币政策的类型 …………………………………………………………… 217
      三、货币政策工具 ……………………………………………………………… 217
   第二节 宏观财政政策 …………………………………………………………… 219
      一、财政政策及其目标 ………………………………………………………… 219
      二、财政政策的类型 …………………………………………………………… 220
      三、财政政策工具 ……………………………………………………………… 221
      四、财政政策与货币政策的协调配合 ………………………………………… 222
   第三节 收 入 政 策 ……………………………………………………………… 222
      一、收入政策的目标与理论依据 ……………………………………………… 222
      二、收入政策的主要内容 ……………………………………………………… 223
   第四节 国际收支政策 …………………………………………………………… 223
      一、国际收支政策的定义 ……………………………………………………… 223
      二、国际收支均衡曲线及 $IS-LM-BP$ 模型 ………………………………… 224
   第五节 宏观目标之间的矛盾与最优政策的配置 ……………………………… 226
      一、宏观目标之间的矛盾 ……………………………………………………… 226
      二、最优政策配置的含义与要点 ……………………………………………… 227
      三、开放条件下的非均衡问题与政策 ………………………………………… 227

习题与答案

导论部分（第一章） ……………………………………………………………………… 230
微观经济学部分（第二章至第十章） …………………………………………………… 231
宏观经济学部分（第十一章至第十七章） ……………………………………………… 276

导 论

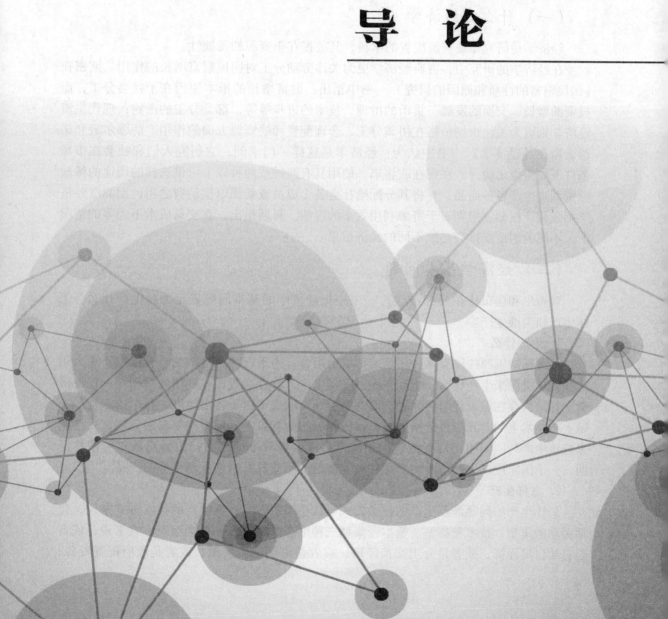

第一章 经济学基本问题与主要经济理论

第一节 经济学基本问题、基本原理和分析方法

一、经济学基本问题与基本分类

(一) 什么是经济学

经济学是研究稀缺资源配置的学科,其前提在于资源的稀缺性。

在经济学的研究中,古典经济学更为关注劳动分工对国民财富增长的作用。斯密在《国民财富的性质和原因的研究》一书中指出:财富增长的根本原因在于社会分工,而投资的增长、交换的发展、货币的出现、技术的进步等等,都是分工的产物;现代主流经济学则更为关注市场价格在协调分工、合理配置稀缺资源方面的作用。萨缪尔逊和诺德豪斯在《经济学》一书中认为:经济学是这样一门学问,它研究人们和社会在市场条件下如何作出抉择,在现在或将来,使用具有两种或两种以上可供选择的用途的稀缺性资源来生产各种商品,并将其分配给社会各个成员或集团以供消费之用;而制度经济学则强调产权制度规则对于资源利用效率的影响。科斯指出:在交易成本不为零的情况下,不同的制度安排会导致不同的经济后果。

(二) 经济学基本问题

费希尔和唐布什在《经济学》一书中把经济学的基本问题界定为:生产什么、怎样生产和为谁生产。

1. 生产什么

一种稀缺资源往往有多种用途或称机会组合。由于资源是稀缺的、有限的,那么用这些稀缺资源来生产什么、生产多少、怎样生产,就存在着资源利用效率问题,在经济学上称之为存在着最优组合问题。而这一问题又取决于由于各个地区、各个国家资源禀赋上与技术上的差异以及价格差异。在国际分工的背景下,斯密与李嘉图证明,一个国家应该生产与别国相比具有绝对优势的产品或劣势较小的产品;而赫克歇尔与俄林证明,一个国家应该生产与出口资源相对丰裕的产品或具有价格竞争优势的产品。

2. 怎样生产

怎样生产的问题涉及生产的技术方式与社会组织方式。就生产的技术方式来说,包括劳动密集型、技术密集型、资本密集型三种形态。就生产的社会组织方式来说,或者是自给自足经济,或者是分工交换经济;或者是市场配置资源,或者是政府配置资源;

或者是个体企业，或者是合伙企业，或者是公司制企业，等等。

3. 为谁生产

无论是生产什么和怎样生产，都存在着一个为谁生产的问题。在自给自足的自然经济形态下，不存在社会分工，某一产品的生产者也是该产品的消费者，生产者为自己生产；但在社会分工的条件下，生产者与消费者相分离，生产者在为他人生产，为市场生产。在这种条件下，市场成为协调分工的方式，市场价格成为引导资源流向，决定生产什么、生产多少、怎样生产、为谁生产的重要信号。

（三）经济学基本分类

经济学分为微观经济学与宏观经济学两个部分。

微观经济学研究单个市场、单个消费者、单个厂商实现均衡的原理。作为消费者，是如何把有限的收入合理地分配在商品与服务的购买中，以实现效用的最大化或者说实现消费者均衡；作为厂商，是如何把有限的投资合理地分配在要素的安排中，以实现利润的最大化或者说实现厂商均衡；作为单个市场，是如何在价格机制作用下，引导供求走向均衡或者说实现资源的合理配置。

宏观经济学以整个国民经济运行为研究对象，以总量分析为基本方法，以经济增长、充分就业、稳定物价、国际收支平衡为政策目标，着重说明下述理论：通过对收入－支出模型、$IS-LM$ 模型和总需求－总供给模型的分析，建立起国民收入决定理论，失业与通货膨胀理论，经济周期与经济增长理论；说明宏观财政政策、宏观货币政策、收入政策、国际收支政策对总需求的调节与影响。

二、经济学基本原理

当代美国经济学家曼昆在《经济学原理》中把经济学的基本原理概括为十个，分为关于个人决策原理、关于社会分工与市场协调原理、关于宏观经济运行原理三大类。书中介绍的经济学基本原理来源于曼昆的观点，并参照斯密、科斯、杨小凯等其他经济学家的观点做了补充。

（一）关于个人决策的原理

原理一

人类总是面对一个稀缺的世界和各种各样此消彼长、相互交替的关系。天底下很少有免费的午餐，人们得到一个东西必须放弃另一个东西。中国人所说，鱼和熊掌不可兼得，就是这个意思。

原理二

一个东西的成本可以用得到它而放弃的东西来衡量。经济学称这种成本为机会成本或机会损失。

原理三

理性的人们总是根据边际变动来进行决策。对于消费者来说，只有当一个商品的边际效用与其价格之比等于另外一个商品的边际效用与其价格之比时，他或她才不存在进一步改变购买的激励，因为此时他或她取得了最大效用；对于生产者或厂商来说，只有当他或她生产某种商品的边际成本等于边际收益时，他或她才不存在进一步改变生产决策的激励，因为此时他或她取得了最大利润或最小亏损。

原理四

人们会对激励做出反应，因为激励改变了原有的成本－收益结构。

（二）关于社会分工与市场协调的原理

原理五

社会分工是导致财富增长与经济进步最根本的原因。技术的进步、市场的出现、货币的出现、商业的出现、企业形态的出现等等，都是社会分工的产物。

原理六

市场是协调社会分工、配置经济资源最为根本的方式；组织形式的出现也是社会分工的产物，它通过劳动的契约替代了中间产品的交换契约，用管理的协调替代了市场协调，节约了交易成本。

原理七

市场不是万能的，由于垄断、外部性、公共产品、信息不完全的存在，市场在某些情况下不能有效率地配置资源。此时，政府公共决策有可能改善市场结果。

（三）关于宏观经济运行的原理

原理八

人们的生活水平，不仅取决于社会分工程度，也不仅取决于劳动生产率的高低，还取决于社会财富分配的公平程度。

原理九

一个国家的货币当局发行货币过多，会引起物价上涨，导致货币实际购买力的下降。经济学称这种现象为通货膨胀。

原理十

整个社会也面临着通货膨胀与失业之间、公平与效率之间的相互交替关系。以通胀与失业之间的关系为例，要想控制通胀率，必须忍受一个较高的失业率；反之，要想降低失业率，必须忍受一个较高的通胀率。

三、经济学的分析方法

（一）演绎推理与归纳推理方法

1. 演绎推理

所谓演绎推理，是指从一个普遍性命题（公理）出发，经过逻辑步骤，推演出一个逻辑上成立的结论（定理），或者说，是从全称陈述到单称陈述，从一般命题到个别命题，从普遍原理到特殊原理的推理过程。

演绎推理的逻辑结构如下：

前提（公理，全称陈述，普遍原理）→推理逻辑→演绎出来的命题（定理，单称陈述，特殊结论）

演绎推理从大前提（公理）经由小前提最后到结论的推理，展现出来的是一个分析命题，其大前提本身就暗含着结论，整个推理过程并没有增加新的知识。理论经济学运用演绎逻辑，在基本假设的前提下提出经济学具有一定普遍性的基本定理，然后运用这些定理推出结论。

演绎推理的优点在于可以保证逻辑的完备性与命题的普遍性，但不能绝对保证推理的客观性和正确性，其问题在于作为演绎推理出发点的公理或者说整个推理借以成立的基点本身可能是不完备的，一个反例的出现会动摇演绎推理的基础。

2. 归纳推理

所谓归纳推理，是指从一个个经验性的，或个别的、特殊性的命题出发，经过逻辑步骤，逐步上升到一个普遍性的原理，或者说，是从单称陈述到全称陈述，从个别命题到一般性命题，从特殊命题到普遍原理的推理过程。

归纳推理的逻辑结构如下：

个别、特殊、偶然性质的陈述或单称陈述推理逻辑→推理逻辑→归纳出来的一般、普遍、必然性质的陈述或全称陈述

归纳推理从个别到一般、从特殊到普遍、从经验事实到普遍原理的上升过程，表现出来的是一个综合命题，它基于有限经验，并增加了新的知识。市场调研与案例分析，就是运用归纳逻辑，从每个个案中归纳出具有更广普遍性的结论。

归纳推理的优点在于可以保证每一个单称陈述内容的客观性，但不能保证推理结论的普遍性，其弱点在于，经验与各个单称的陈述都是个别的、特殊的、有限的，不能保证未来与过去的相似，不能保证未经验的和已经经验的相同，不能从有限的、特殊的经验事实推导出未经验的、无限的、普遍有效的结论。

（二）实证方法与规范方法

1. 实证方法或实证判断

所谓实证判断，又称客观判断、科学判断，是关于对象世界"是什么"问题的判断。实证判断的对象是客体之间的关系与性质，包括静态分析与动态分析。它以客观事实的存在为基础，以关于真的问题为主题。实证判断的宗旨是要认识世界，反映客观现实。它排斥人的主观干扰，依据客观信息，对客观事实进行梳理，最后达到普遍性的认识。

2. 规范方法或规范判断

所谓规范判断，又称价值判断，是关于对象世界"应该怎样"问题的判断。规范判断反映了主体与客体之间价值关系与性质，包括宗教-伦理判断与审美判断。它以主体的存在与需要、主体对客体的态度、主体的价值意志与价值情感为前提，最后表现为价值观念与价值系统。

3. 实证判断与规范判断的重大差异

实证判断的方法论特征之一是它的客观性，它突出了真的问题。与客观事实相符，

受客观事实检验，成为事实判断正确与否的基本准则；而价值判断的特征之一是它的主观性，它突出了善与美的问题，并可以弃真的问题而不顾。

实证判断的方法论的另一个特征是它的一般性或同质性，它在异质连续变化的自然与社会现象背后寻找统一的、普遍的真理；规范判断的特征是它的异质性，它突出了各个历史与文化事件主体异质的、特殊的价值与意义。

实证判断方法论的再一个特征是它的必然性，它关注偶然性中重复出现的、稳定的，大概率的时间，事物的内在规律；而规范判断的特征是它的可能性，偶然性，它关注主体内心体验到的，有待发展的种种可能趋势与人们对理想的追求。

实证判断的最终结果表现为一个由事实判断构成的客观知识系统或科学真理系统；而规范判断的结果表现为一个由价值判断构成的价值系统或文化价值系统。

（三）非制度分析与制度分析方法

在研究经济增长与资源配置的问题上，存在着主流经济学非制度分析和制度学派的制度分析两条路径，前者以价格机制为核心，后者以制度为核心，由此形成了鲜明的对比。

1. 非制度分析

非制度分析是把制度当做不言自明的前提，在它看来，制度不是问题，而在制度基础之上价格机制如何配置资源才是问题所在。在它看来，制度已经澄明，而在制度基础之上的价格配置资源的问题深不可测，晦暗不清，需要分析、论证和说明；按照这一思路，经济分析无须回过头来审视专业化与分工生成制度的问题。

在非制度分析那里，制度是一个常量，价格是一个变量，在制度基础上的根据价格信号的生产规模调整是一个变量。这种既定制度条件下产量的变动，改变着边际成本与边际收益的关系、总成本与总收益的关系。因此，它不关注制度变量，只关注边际变动，只讨论价格变化对成本 - 收益的影响。

2. 制度分析

制度学派的分析工具为制度分析，它把制度看作一个变量，并认为不同的制度安排产生不同的效率，而价格机制作为建立在制度基础上的交换方式，无论是否存在交易成本，理性的经济主体之间的选择总是趋于资源的优化配置，它本身是澄明的，不是问题。而以产权为核心的制度规则，从根本上决定了资源配置的效率与经济增长的路径，它才是问题之所在。

在制度经济学那里，价格是一个常量，制度是一个变量。而制度安排决定了私人净收益与社会净收益的差别大小，影响到经济效率，成为制度理论与公共选择理论关注的焦点。因此，它的重点不在于边际变动，而在于制度变动对资源配置效率的影响，甚至对社会公平与正义准则的影响。

非制度分析不关注制度变量，而关注价格变量与边际分析；制度分析不关注价格变量，而关注制度变量与制度安排。因此，制度成为一道分水岭。制度是分工演进的前提还是分工演进的后果，成为一个问题。非制度分析把制度当做讨论的前提，在制度的基础上分析价格配置资源的问题；而在制度学派看来，制度是关键问题本身，需要加以分析、论证和说明。科斯说过，在存在交易成本的情况下，不同的制度安排会导致不同的资源配置效率。产权结构、企业组织、制度规则或大或小的变化，是由专业化生产和分工经济一步步推动的，都是协调分工的方式。在非制度学派看来，制度不是问题，价格与边际变动才是问题所在；而在古典经济学和制度学派看来，制度何以在特定的自然资源或自然禀赋基础上，人们通过选择专业化生产和分工而生成的问题尚未询问，它是如何协调分工与专业化经济的问题依然深不可测，是关键问题所在。这是非制度分析与制度分析在方法论上的根本区别。

第二节 17—19世纪的主要经济理论

一、重商主义

重商主义是16—17世纪西方早期的经济理论与经济政策。随着社会分工的扩大与货币经济的发展，以及新航道与新大陆的发现，国际贸易活动得到了前所未有的发展，致使早期西方列强的崛起。正是在这样一种背景下，关注国际贸易活动的重商主义应运而生。重商主义的研究的重点在流通领域尤其是国际贸易领域。其基本理论观点为：国民财富的本质是贵金属，财富来源于对外贸易；其政策主张为贸易保护主义，主张多出口，少进口，保证贸易顺差，保证贵金属的流入。

二、重农主义

重农主义是18世纪产生于法国的经济理论。法国是一个内陆型农业大国，与重商主义观点完全不同，重农主义研究的重点在生产领域。其基本理论观点为：国民财富的本质是农产品，财富来源于农产品的生产与流通；其政策主张反对重商主义的国家干预与贸易保护政策，倡导自由放任与自由贸易。重商主义的代表人物魁奈，是最早研究社会再生产问题的经济学家，他通过"经济表"描述了社会总产品在简单再生产条件下如何在实物上与价值上得到补偿的过程。

三、英国古典学派：斯密与李嘉图

英国古典学派是18世纪产生于英国的经济理论，其代表人物为配第、斯密、李嘉图。以斯密为标志的英国古典经济学，提出了分工理论、市场"看不见的手"的理论、绝对成本说、比较成本或比较优势说、劳动价值理论、要素报酬理论等一系列重要的经济理论，是经济理论史上重要的里程碑，对后来的经济理论发生了重要的影响。

（一）斯密分工定理

斯密分工定理由以下三个陈述构成：分工是经济增长的源泉；分工依赖于市场的大小；市场的大小取决于运输条件的优劣，或者用现代经济学的概念：市场的大小取决于交易成本的高低。

（二）斯密市场原理

斯密市场原理也称为"看不见的手"原理。该原理指出：人们在市场上受一只"看不见的手"支配，自发调节着资源的配置，每个人在追求自身利益的同时，社会利益会自动得以实现。

（三）斯密绝对成本说

假设有两个国家甲和乙，它们都生产两种商品A和B。如果甲在A的生产上比乙具有绝对优势，而乙在B的生产上比甲具有绝对优势。斯密证明，在甲和乙之间按照它们各自的优势进行分工与贸易，对双方均有好处。

如表1-1所示：其中，甲和乙表示两个国家，L表示投入的劳动，A与B表示两种产品。为比较方便起见，假定分工前甲和乙投入的劳动量相等，都为20L。

表1-1 绝对优势条件下分工与贸易带来的福利增长

	甲	乙	总福利
分工前	10L = 10A　10L = 5B	10L = 5A　10L = 10B	40L = 15A + 15B
分工后	20L = 20A	20L = 20B	40L = 20A + 20B
交换	7.5A	7.5B	
交换后	20L = 12.5A + 7.5B	20L = 7.5A + 12.5B	
净福利	2.5A + 2.5B	2.5A + 2.5B	5A + 5B

也就是说，通过国际分工与国际贸易，甲和乙双方的福利状况均得到改善，甲在同乙的分工与贸易中的净收益为2.5A + 2.5B，乙在同甲的分工与贸易中的净收益也为2.5A + 2.5B。这种通过分工合作达成的互惠均衡，不是零和游戏，而是正和游戏，是分工与交换的奥秘所在。

（四）李嘉图比较成本说

斯密证明，假设两个国家在两种产品的生产上互有优势，在甲和乙之间按照各自的优势进行分工与贸易，两国的福利均会以增长。但是，假如甲在A和B的生产上比乙均有优势，两个国家之间还有没有必要进行国际分工与国际贸易？如果进行国际分工与国际贸易，还能不能带来总财富的增加，为两个国家都带来好处？这正是李嘉图提出与回答的问题。李嘉图证明，即使在这种条件下，甲国生产优势最大的产品，乙国生产劣势较小的产品，通过国际分工与国际贸易，双方的福利都可以得到增长。

如表1-2所示：其中，甲和乙表示两个国家，L表示投入的劳动，A与B表示两种产品。为比较方便起见，假定分工前甲和乙投入的产出量相等，都为1A + 1B。

表1-2 绝对优势条件下分工与贸易带来的福利增长

	甲	乙	总福利
分工前	80L=1A 90L=1B	120L=1A 100L=1B	390L=2A+2B
分工后	170L=2.125A	20L=2.2B	390L=2.125A+2.2B
交换	1.0625A	1.1B	
交换后	170L=1.0625A+1.1B	220L=1.0625A+1.1B	
净福利	0.0625A+0.1B	0.0625A+0.1B	0.125A+0.2B

也就是说,通过国际分工与国际贸易,甲和乙双方的福利状况均得到改善,甲在同乙的分工与贸易中的净收益为0.0625A+0.1B,乙在同甲的分工与贸易中的净收益也为0.0625A+0.1B。

李嘉图的比较优势说与斯密的绝对优势说一样,为自由贸易提供了理论基础,两者也表明,只要存在绝对优势或比较优势,当事人通过达成分工与交换的合作决策,会带来互惠的结果。

(五)劳动价值论

斯密认为,包含在商品中的劳动的量构成交换价值的基础,一定数量的商品之所以与另一种一定数量的商品相交换,根本上在于两种相交换的商品包含的劳动的量大体相当。这一结论,对于一定数量的商品和一定数量的贵金属相交换也是适用的。

(六)要素报酬论

在古典经济学看来,构成该数量的供给需要一定数量的生产要素,而基本的生产要素包括劳动、土地、资本。由于这些要素也是稀缺资源,其价格就是要素报酬,相应地表现为工资、地租、利息。

四、奥地利学派的效用论与边际分析革命

19世纪的奥地利学派对于近代经济学的主要贡献表现为以下两个方面:一是提出了效用价值论,包括基数论与序数论,以主观价值论取代了劳动价值论,以此为基础,来说明价格的决定;二是通过边际的概念与运用高等数学的方法,使得经济学分析变得更为精确,使得许多经济学定理的形式化成为可能,从而引发了经济学分析工具的革命,对后来的经济分析产生了重大影响。需要指出的是,到了20世纪,以哈耶克为代表的奥地利学派一改19世纪奥地利学派把数量分析与边际分析的传统,继承了斯密契约自由的思想,提出了"自发演进秩序"的历史观与自由主义的经济观、社会观,对凯恩斯主义的干预理论与经济计划观念提出了尖锐批评。

五、洛桑学派的市场出清与一般均衡论

以瓦尔拉斯为代表的洛桑学派,提出了一般均衡的概念,把斯密的"看不见的手"的理论公理化。瓦尔拉斯证明,在价格机制作用下,每一种商品都会市场出清,并且每一种商品最终都会走向供求均衡。

六、剑桥学派的均衡价格与局部均衡论

19世纪末至20世纪初的剑桥学派以马歇尔为代表,提出了局部均衡的概念,指出在价格机制作用下,商品的供给与需求有着走向一致的趋势。马歇尔比喻说,市场均衡过程就像钟摆,尽管某些商品在此一时会偏离均衡,但在价格机制作用下彼一时又走向均衡。他还提出了均衡价格理论,不仅刻画了商品的供求与均衡价格,也适用于劳动的供求与工资的决定、土地的供求与地租的决定,以及资本的供求与利息的决定,构成了微观经济分析的基础。

第三节 当代主要经济理论

一、凯恩斯主义

(一)凯恩斯的有效需求不足论

与斯密、瓦尔拉斯、马歇尔关于价格机制引导市场自发走向均衡的观点不同,凯恩斯认为,由于有效需求不足,自发的市场不能自动导致均衡。有效需求不足在于以下方面。

1. 边际消费倾向递减

边际消费倾向是指消费变动占收入变动的比例。凯恩斯指出,随着人们收入的增加,消费占收入的比例趋于下降。由此会导致消费需求不足。

2. 资本边际效率递减

资本的边际效率是指使得预期收益现值之和等于资本品价格的贴现率,它反映了厂商增加投资的预期利润率。凯恩斯指出,随着投资活动的增长,预期利润率将下降。由此会导致投资需求不足。

3. 灵活偏好或流动偏好

流动偏好是指人们以货币形式保持自己的收入和财富的愿望强度。凯恩斯指出,人们出于交易动机、谨慎动机和投机动机,有着持币在手的偏好。由此偏好也会导致需求不足。

(二)需求管理

按照古典经济学尤其是斯密的看法,经济是自发走向均衡的过程,其中,价格信号引导了资源流动,纠正了供求的偏差。因此,斯密倡导自由放任的经济政策,反对国家干预;而按照凯恩斯的看法,经济不能自动走向均衡,由于有效需求不足,政府应该承担起需求管理的责任。

1936年凯恩斯在《就业、利息与货币通论》一书中系统表述了自己的经济思想,标志着凯恩斯主义的问世,也标志着当代经济理论的出现与宏观经济学的产生。

二、新古典综合派

新古典综合派又称"后凯恩斯主流经济学"和"现代主流经济学新综合"。反映这个学派理论观点的代表著作是萨缪尔森的《经济学》。在理论结构上，新古典综合派表现为微观层面的古典自由主义与宏观层面的凯恩斯主义的综合；在经济政策上，新古典综合派主张运用财政政策和货币政策来调节总需求，以减少失业、消除危机；在经济制度方面，它主张混合经济，即私人经济与公共机构共同对经济生活施行影响。

三、货币主义

产生于20世纪50—60年代的货币学派，亦称货币主义，其代表人物为美国芝加哥大学教授弗里德曼。货币学派在理论上和政策主张上反对凯恩斯运用财政政策管理需求的理论与政策见解，倡导经济自由主义，同时强调货币供应量的变动是引起经济活动和物价水平发生变动的根本原因。

四、新剑桥学派

新剑桥学派是后凯恩斯主义的一个重要分支，其代表人物包括斯拉法、庇古、罗宾逊、希克斯等任教于剑桥的经济学家。他们并没有统一的理论体系，有的提出了与新古典综合派相对立的观点，主张重新恢复李嘉图的传统，建立一个以客观价值理论为基础的体系（斯拉法）；有的以研究不完全竞争而著名（罗宾逊）；有的重视社会福利政策与分配制度，以此来调节失业与通货膨胀的矛盾（庇古）；有的在继承与批判凯恩斯主义的基础上重建一般均衡理论（希克斯）；等等。

五、新产权制度学派

新产权制度学派是当代西方经济学的主要流派之一。它继承了19世纪末20世纪初以凡勃伦、康芒斯为代表的旧制度学派重视规范判断与制度因素的传统，强调采取制度分析、结构分析方法，其中包括产权安排、权力分析、利益集团分析、规范分析等。

新制度学派认为，当代主流经济学习惯于使用的数量分析具有较大的局限性，它只注意经济中的量的变动，而忽视了制度因素、历史因素、政治因素在社会经济生活中所起的巨大作用。加尔布雷斯强调社会因素、政治因素、文化因素对经济的影响；科斯则提出了交易成本概念，指出在交易成本不为零的条件下，不同的制度安排将对经济效率发生至关重要的影响；诺斯则通过对经济史问题的研究，提出了产权、国家、意识形态的制度分析框架；奥斯特罗姆则通过对公共池塘资源自主治理模式的研究，强调了清晰的产权边界、有效监督、公共论坛等对于自主而有效安排公共资源的意义。

制度分析与制度学派在20世纪50年代以来得到了长足的发展，成为当今西方经济学界与新古典综合派分庭抗礼的重要派别，也对转型国家的经济学分析产生深远影响。

六、新兴古典理论

（一）分工理论

新兴古典理论的提出者为澳大利亚华裔经济学家杨小凯。杨小凯最为突出的贡献在

于对分工理论的研究,形成了一个以分工演化理论为核心的经济学体系,对古典分工理论、新古典框架、制度学派的交易成本理论进行了富有成效的综合。诺贝尔奖得主布坎南认为,现今全世界最重要的经济研究就在莫纳什大学,就是以杨小凯领导的对专业化分工的分析。另一位诺贝尔奖得主阿罗称赞杨小凯的研究,说他使斯密的劳动分工理论与科斯的交易费用理论混为一体。

所谓专业化经济是指每个人生产活动范围的缩小,人们只专注于生产一种产品或少数几种产品;而分工则是指不同的人专业化地生产不同的东西。因此,分工程度依赖于专业化水平,专业化水平越高,社会分工程度就越高。在经济理论史上,斯密首先注意到并系统研究了专业化与分工对于经济增长和繁荣的意义,使专业化分工成为经济分析的焦点。杨小凯的新兴古典框架旨在恢复分工在经济学中的核心地位这一传统。

(二) 分工演进的逻辑

1. 从自给自足经济到分工经济

分工演化的起点是自给自足经济,在这里,生产者也是消费者,供给与需要尚未分离。局部分工与交换的出现,完全分工与交易网络的扩大,是人们选择专业化经济与分工的结果。如图1-1所示:

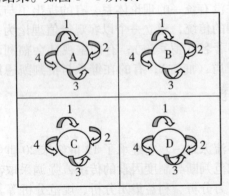

(a) 自给自足

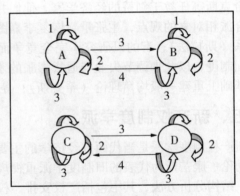

(b) 局部分工

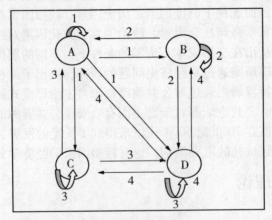

(c) 完全分工

图1-1 从自给自足到局部分工再到完全分工

在图1-1中，A、B、C、D表示各个独立的经济单位，1、2、3、4表示产品，封闭的箭头表示自给自足。

假如交易成本（交易成本可以看作利用市场机制的代价）过高，使得分工带来的好处不足以弥补交易成本的增加，那么，自给自足就是均衡态。如图1-1（a）表示的那样，各个经济单位自给自足生产产品1、2、3、4。在这种状态中，生产者和消费者、供给与需求还没有分离，经济活动的主体为生产-消费者，既不存在分工，也不存在交换，也就没有交易费用，或者说交易费用=0。

如果局部分工带来的好处可以弥补分工带来的交易费用的增加，局部分工就会从自给自足经济中出现。如图1-1（b）表示的那样，各个经济单位生产产品1、2、3、4的一种或几种，除了用于自给自足以外的剩余的部分，同其他经济单位交换由于分工自己需要但没有生产的产品。在这种状态中，既然存在的分工，也就存在着交换，于是，生产者与消费者、供给方与需求方，或者供给与需求，从分工演化中分离开来，并且有了交易费用，交易费用>0。

随着交易效率（交易效率为交易成本的倒数）与分工效率的进一步提高，完全分工就会从局部分工中出现。如图1-1（c）表示的那样，各个经济单位依照自然禀赋或者绝对优势或者比较优势只生产一种产品，除了用于自给自足以外的剩余的部分，同其他经济单位交换由于分工自己需要但没有生产的产品。

2. 市场与城市从分工中出现

市场、城市、商人的出现，是分工带来的生产率的提高与交易成本的增加两者之间权衡的结果。如果市场与城市这种交易的地理集中，能够提高交易效率，节约交易成本，它们就会在分工演化过程中发生。

假设有多个交易主体，交易成本用他们相互之间的交易距离来表示，集中的交易模式比分散的交易模式缩短了交易距离，降低了交易成本（见图1-2）。

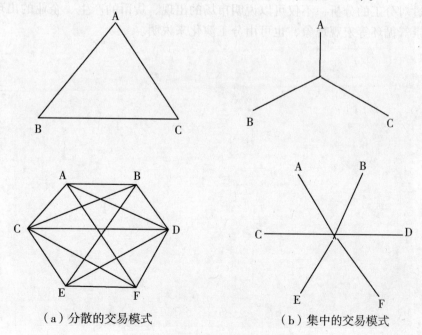

（a）分散的交易模式　　　　（b）集中的交易模式

图1-2　市场与城市从分工中出现

图 1-2 (a) 表示分散的交易模式，图 1-2 (b) 表示集中的交易模式。在存在三个交易主体的情况下，分散的交易模式条件下的总交易成本为三角形三个边长之和；集中的交易模式条件下的总交易成本为三角形三个顶点到三角形中心点的距离之和。在存在六个交易主体的情况下，分散的交易模式条件下的总交易成本为六边形顶点之间各个连线的总和；而集中的交易模式的总交易成本为六边形的顶点到六边形中心的连线距离之和。图 1-2 (b) 集中的交易模式的交易成本要小于图 1-2 (a) 分散的交易模式的交易成本。

上述模式也可以说明中心市场、商人、零售以及批发商业从分工中演化出来的逻辑。

3. 货币从分工中出现

货币起源于分工与交换，由于分工与交换会引起交易困难，而降低交易费用、提高交易效率与分工效率，是货币出现的基本原因。为了避免分工条件下交易困难的局面，人们在长期的交换活动中除了用他自己劳动的商品交换其他人的商品以外，还逐步演化出一种一般等价物，用它可以与其他任何一种商品相交换，这样可以节约交易成本，方便达成交易。这种充当交换媒介与一般等价物的特殊商品就是货币，它从分工与交换中演化出来。杨小凯指出：专业化和分工对于货币的出现是必要条件，但却不是充分条件。一个足够高的分工水平对于货币的出现是至关重要的。

杨小凯继承了斯密关于社会分工推动财富增长的思想。他指出：通过恢复专业化和分工问题在主流经济学核心中的应有位置，就可以在一个统一的框架内解释和预见诸如企业的出现、景气周期、失业、货币、城市和经济增长等有趣的现象，可以证明，很多宏观经济现象（比如失业、景气循环以及货币从分工中出现）、制度现象（比如企业制度与银行制度从分工中出现），以及发展和增长现象，都不过是分工演进的产物。也就是说，通过对分工的分析，不仅可以说明市场的出现、货币的产生、企业的出现，而且像失业、景气循环等宏观现象，也可由分工演化来说明。

上编

微观经济学

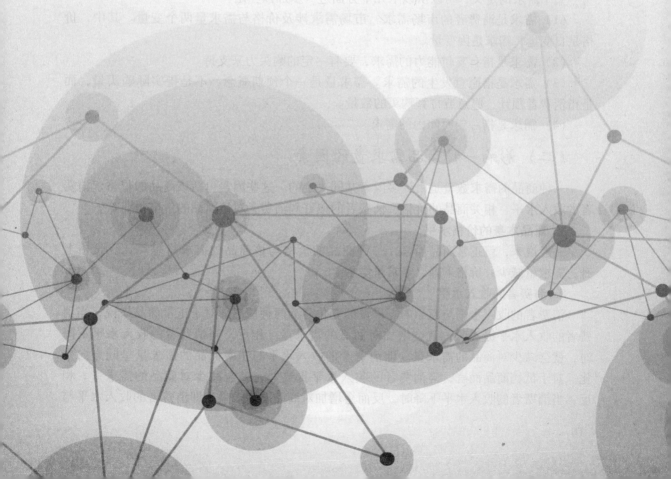

第二章 需求、供给、均衡价格

微观经济学的核心问题是均衡价格问题，主要阐明在分散决策的条件下，市场价格协调社会分工、合理配置稀缺资源的市场均衡过程；而市场价格是由供求关系决定的。因此，我们的分析首先从需求与供给开始。

第一节 需求与需求弹性

一、需求与需求函数

（一）需求的定义

一种商品的需求是指购买者在某一特定的时间内，在各种可能的价格下，愿意购买并且能够购买的该商品的数量。

关于需求的定义，可以从以下几个方面进一步加以界定：

（1）需求是消费者的市场需求。市场需求涉及价格与需求量两个变量。其中，价格是自变量，需求是因变量。

（2）需求是指有支付能力的需求，要有一定的购买力来支持。

（3）需求是指愿意发生的需求。需求量是一个预期概念，不是指实际购买量，而是指消费者预计、愿意或打算购买的数量。

（4）需求是指一定时间内的需求。

（二）影响一种商品需求量的因素

一种商品的需求数量是由许多因素共同决定的。这些因素包括该商品的价格、消费者的收入水平、相关商品的价格、消费者的偏好和消费者对该商品的价格预期等。

1. 商品本身的价格水平

一般说来，就正常商品而言，一种商品的价格与该商品的需求量呈反比。价格上升，需求量减少；价格下降，需求量增加。

2. 消费者的收入水平

消费者的收入水平与商品的需求量的变化分为两种情况。对于正常商品来说，当消费者的收入水平提高时，就会增加对商品的需求量。相反，当消费者的收入水平下降时，就会减少对商品的需求量。即消费者的收入水平与正常商品的需求量呈同方向变化。对于低档商品而言，当消费者的收入水平提高时，就会减少对商品的需求量。相反，当消费者的收入水平下降时，反而会增加对商品的需求量。即消费者的收入水平与低档商品的需求量呈反方向变化。

3. 其他相关商品的价格

当一种商品本身的价格保持不变,而与它相关的其它商品的价格发生变化时,这种商品本身的需求量也会发生变化。商品之间的相关关系有两种,一种是互补关系,另一种是互替关系。相关关系不同,对商品本身需求量变化的影响也不同。其中,互补关系是指两种商品共同满足一种欲望,它们之间是互相补充的。例如汽车与汽油、牙膏与牙刷。这种有互补关系的商品,当一种商品价格上升时,对另一种商品的需求就减少。反之,当一种商品的价格下降时,对另一种商品的需求就增加。互补商品价格变化引起该商品需求量反方向变动;而替代关系是指两种商品可以相互代替来满足同一种欲望,它们之间是可以相互替代的。例如,羊肉和牛肉就是这种替代关系或竞争关系。这种有替代关系的商品,当一种商品价格上升时,对另一种商品的需求就增加。反之,当一种商品价格下降时,另一种商品的需求就减少。替代商品价格变化引起该商品需求量同方向变动。

4. 消费者的偏好

当消费者对某种商品的偏好程度增强时,该商品的需求量就会增加。相反,偏好程度减弱,需求量就会减少。消费者的偏好是一个心理因素,更多地受人们生活与其中的社会环境特别是当时当地的社会风俗习惯影响。

5. 消费者对商品的价格预期

当消费者预期某种商品的价格在将来某一时期会上升时,就会增加对该商品的现期需求量;当消费者预期某种商品的价格在将来某一时期会下降时,就会减少对该商品的现期需求量。预期也是一个心理因素,包括消费者对未来的价格预期、收入预期、政府政策预期等。

(三) 需求函数

由上面的分析可以看出:需求是果,其他变量是因。如用数学语言表述,需求是一个多元函数,可用 $Q_d = f(x_1, x_2, x_3, \ldots x_i)$ 表示。为了把复杂的问题简单化,我们假定,在需求函数诸多的自变量中价格是变量,其他都是常量,把需求看作价格的一元函数。或者把其他因素的变化转化为价格的变化,例如,收入的增加或减少,可以看作收入不变,价格的下降或上升;替代品与补充品价格的变动可以看作替代品与补充品价格不变,本商品价格的变动;预期也可以化作当期价格的变动,预期价格的升降可以看作未来价格不变,当期价格相反方向的变动。这样,我们可以把需求函数计做:

$$Q_d = f(P)$$

式中,P 为商品的价格;Q_d 为商品的需求量。

在不影响结论的前提下,需求函数大多使用线性需求函数,其形式为:

$$Q_d = \alpha - \beta(P)$$

其中 α、β 为大于零的常数,α 为横轴截距,$-\beta$ 为需求曲线相对于价格轴的斜率。

二、需求表、需求曲线、需求定律

需求函数 $Q_d = f(P)$ 表示的两个变量——对应的关系还可以分别用商品的需求表、需求曲线、需求定理来表示。

(一) 需求表

商品的需求表是一张表示某种商品的各种价格水平与各种价格水平相对应的该商品的需求数量之间关系的数字序列表。表2-1是某商品的需求。

表2-1 某商品的需求

价格-数量组合	A	B	C	D	E	F	G
价格（元）	1	2	3	4	5	6	7
需求量（单位数）	700	600	500	400	300	200	100

从表2-1可以清楚地看到商品价格与需求量之间的一元函数关系。当商品价格为1元时，商品的需求量为700单位；当价格上升为2元时，需求量下降为600单位；当价格上升为3元时，需求量下降为更少的500单位。

(二) 需求曲线

需求曲线是以几何图形来表示商品的价格和需求量之间的函数关系的。商品的需求曲线是根据需求表中商品不同的价格—需求量的组合在平面坐标图上所绘制的一条曲线。图2-1是根据表2-1绘制的一条需求曲线。

在图2-1中，横轴 OQ 表示商品的数量，纵轴 OP 表示商品的价格。要指出的是，与数学教材的表述习惯相反，在微观经济学分析需求曲线和供给曲线时，通常以纵轴表示自变量 P，以横轴表示因变量 Q。

图2-1中的需求曲线是这样得到的：根据表2-1中每一个商品的价格—需求量的组合，在平面坐标图中描绘相应的各点A、B、C、D、E、F、G，然后顺次连接这些点，便得到需求曲线，它表示在不同的价格水平下消费者愿意而且能够购买的商品数量。

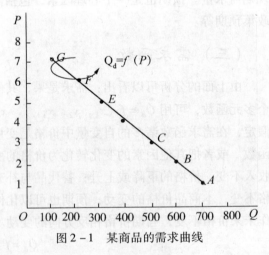

图2-1 某商品的需求曲线

图2-1中的需求曲线是一条直线，实际上，需求曲线可以是直线型的，也可以是曲线型的。当需求函数为线性函数时，相应的需求曲线是一条直线，直线上各点的斜率是相等的。当需求函数为非线性函数时，相应的需求曲线是一条曲线，曲线上各点的斜

率是不相等的。

在某些市场上，需求曲线呈现多种不同情况：

第一种情况为需求曲线呈自左下方向右上方倾斜。比如当存在炫耀性消费、价格预期等条件下出现的一些现象。

第二种情况为需求曲线呈不规则曲线。证券、黄金市场的需求曲线往往在价格上升到一定点后，随着价格继续上升，向右弯回。有的向左弯回。

第三种情况为低档商品的需求曲线，在收入增长时期，市场需求反而下降，在收入下降时需求反而上升。这类物品经济学称之为吉芬物品：英国经济学家吉芬通过对英国灾荒年间英国农民对土豆的需求变化发现，由于灾荒，农民的收入下降，牛肉价格下跌，需求反而下降，而土豆价格上涨，由于其绝对价格相对于牛肉来说较低，人们用土豆替代牛肉，其需求反而上升。

（三）需求定律

建立在需求函数基础上的需求表和需求曲线都反映了商品的价格变动和需求量变动二者之间的关系。商品的需求量随着商品价格的上升而减少。相应地，需求曲线具有一个明显的特征，它是向右下方倾斜的，即它的斜率为负值。它们都表示商品的价格和需求量之间成反方向变动的关系，这种现象普遍存在，被称为需求定律。

需求定律的基本内容是：在其他条件不变的情况下，某商品的需求量与价格呈反方向变动，即需求量随着商品本身价格的上升而减少，随商品本身价格的下降而增加。若对需求价格函数 $Q_d = f(P)$ 求一阶导数，有：$dQ_d/dP < 0$

三、弹性的定义与弹性系数表达式

弹性（Elasticity）是指作为因变量的变量的相对变动对于作为自变量的变量的相对变动的反应程度。或者说，是因变量变动的百分比和自变量变动的百分比之比。

弹性系数表达式为：

$$弹性系数 = \frac{因变量的变动比例}{自变量的变动比例}$$

四、需求价格弹性

（一）需求价格弹性与需求价格弹性系数

需求价格弹性是指一种商品的需求的变动对于该商品的价格变动的反应程度。

需求价格弹性系数 $= \dfrac{需求量变动率}{价格变动率}$，表明需求量的变动率是价格变动率的若干倍数。

假定需求函数为 $Q = f(P)$，以 E_d 表示供给的价格弹性系数，则需求价格弧弹性为：

$$E_d = -\frac{\Delta Q/Q}{\Delta P/P} = -\frac{\Delta Q}{\Delta P} \cdot \frac{P}{Q}$$

需求价格弹性点弹性为:

$$E_d = -\frac{\partial Q}{\partial P} \cdot \frac{P}{Q}$$

(二) 需求价格弹性的类型

需求价格弹性的五种类型见图2-2:

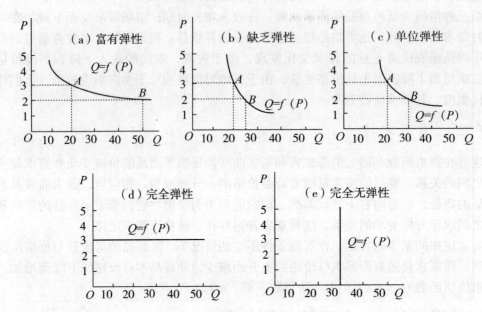

图2-2 需求价格弹性的五种类型

1. 需求价格弹性等于0 ($e_d = 0$)

表明需求量对价格的任何变动都无反映,或者说,无论价格怎样变动,需求量均不发生变化,称全无弹性。在图形上,需求曲线表现为垂直于横轴的一条直线。在现实中,一般说不存在这类典型的情况,但一些这样的生存必需品,消费量达到一定量后,接近这种特性。

2. 需求价格弹性无穷大 ($e_d = \infty$)

表明相对于无穷小的价格变化率,需求量的变化率是无穷大的,即价格趋近于0的上升,就会使无穷大的需求量一下子减少为零,价格趋近于0的下降,需求量从0增至无穷大,称为完全弹性。在图形上表现为一条平行于横轴的直线。

3. 需求价格弹性等于1 ($e_d = 1$)

需求量的变化率=价格的变化率,或者说,价格变动后引起需求量相同幅度变动。$\triangle Q/Q = \triangle P/P$,称为单位弹性或恒常弹性。在图形上,反映为正双曲线。

4. $0 < e_d < 1$

需求量的变化率小于价格的变化率,或者说,价格发生一定程度的变化,引起需求量较小幅度的变动,称为缺乏弹性。$\triangle Q/Q < \triangle P/P$,在图形上可用一条较为陡直的需求曲线来反映。

5. $\infty > e_d > 1$

需求量的变化率大于价格的变化率,或者说,价格发生一定程度的变化,引起需求量较大幅度的变动,称为富有弹性,或充足弹性。从公式看,$\triangle Q/Q > \triangle P/P$,在图形上可用一条较为平缓的需求曲线来反映。

(三) 影响需求价格弹性大小的因素

由于消费者对于一个商品的需求取决于消费者的偏好等多因素,是一个多元函数,需求弹性也是一个多元函数。影响一个商品需求价格弹性大小的因素包括以下方面。

1. 商品的可替代性

一般来说,一种商品的可替代品越多,相近程度越高,则该商品的需求的价格弹性往往就越大;相反,该商品的需求的价格弹性往往就越小。例如,在水果市场,相近的替代品较多,这样,某水果的需求弹性就比较大。又如,对于食盐来说,没有很好的替代品,所以,食盐价格的变化所引起的需求量的变化几乎为零,它的需求的价格弹性是极其小的。对一种商品所下的定义越明确越狭窄,这种商品的相近的替代品往往就越多,需求的价格弹性也就越大。譬如,某种特定商标的豆沙甜馅面包的需求要比一般的甜馅面包的需求更有弹性,甜馅面包的需求又比一般的面包的需求更有弹性,而面包的需求的价格弹性比一般的面粉制品的需求的价格弹性又要大得多。

2. 商品用途的广泛性

一般来说,一种商品的用途越是广泛,它的需求的价格弹性就可能越大;相反,用途越是狭窄,它的需求的价格弹性就可能越小。这是因为,如果一种商品具有多种用途,当它的价格较高时,消费者只购买较少的数量用于最重要的用途上。当它的价格逐步下降时,消费者的购买量就会逐渐增加,将商品越来越多地用于其他的各种用途上。

3. 商品对消费者生活的重要程度

一般来说,生活必需品的需求的价格弹性较小,非生活必需品的需求的价格弹性较大。例如,馒头的需求的价格弹性是较小的,电影票的需求的价格弹性是较大的。

4. 商品的消费支出在消费者预算总支出中所占的比重

一般来说,消费者在某种商品上的消费支出在预算总支出中所占的比重越大,该商品的需求的价格弹性可能越大;反之,则越小。例如,火柴、盐、铅笔、肥皂等商品的需求的价格弹性就是比较小的。因为消费者每月在这些商品上的支出是很小的,消费者往往不太重视这类商品价格的变化。

5. 所考察的消费者调节需求量的时间

一般来说,所考察的调节时间越长,则需求的价格弹性就可能越大。因为当消费者决定减少或停止对价格上升的某种商品的购买之前,他一般需要花费时间去寻找和了解该商品的可替代品。例如,当石油价格上升时,消费者在短期内不会较大幅度地减少需求量。但在长期内,消费者可能找到替代品——买更省油的车,改变交通工具,或者搬家到工作场所附近等。于是,石油价格上升会导致石油的需求量较大幅度地下降。

(四) 需求价格弹性与厂商价格决策

需求的价格弹性与厂商的销售收入之间存在着相关关系,为厂商价格决策提供了重要依据。具体包括下述类型。

（1）对于 $e_d > 1$ 的商品，降价会增加厂商的销售收入，提价会减少厂商的销售收入。

（2）对于 $e_d < 1$ 的商品，降价会使厂商的销售收入减少，提价会使厂商的销售收入增加。

（3）对于 $e_d = 1$ 的商品，降价或提价对厂商的销售收入都没有影响。

为便于比较，我们把价格变化、弹性大小与销售收入变化的关系归纳如表 2-2 所示：

表 2-2　价格变化、弹性大小与销售收入变化的关系

需求弹性的值	种　类	对销售收入的影响
$e_d > 1$	富有弹性	价格上升，销售收入减少 价格下降，销售收入增加
$e_d = 1$	单一弹性	价格上升，销售收入不变 价格下降，销售收入不变
$e_d < 1$	缺乏弹性	价格上升，销售收入增加 价格下降，销售收入减少

由上述分析可知，在需求弹性大时，厂商宜采用薄利多销的方式来增加销售收入；当需求弹性小时，则可考虑以提高价格的方式来达到增加销售收入的目的。

五、需求收入弹性

某商品的需求的收入弹性表示在一定时期内消费者对某种商品的需求量的相对变动对于消费者收入量相对变动的反应程度。它是商品的需求量的变动率和消费者的收入量的变动率的比值。

假定某商品的需求量 Q 是消费者收入水平 M 的函数，则该商品的需求的收入弹性公式为：

$$e_M = \frac{\frac{\Delta Q}{Q}}{\frac{\Delta M}{M}} = \frac{\Delta Q}{\Delta M} \cdot \frac{M}{Q}$$

或　　$$e_M = \lim_{\Delta M \to 0} = \frac{\Delta Q}{\Delta M} \cdot \frac{M}{Q} = \frac{dQ}{dM} \cdot \frac{M}{Q}$$

以上两公式分别为需求的收入弧弹性和点弹性公式。

需要说明的是，需求的价格弹性我们取了绝对值，而需求的收入弹性我们不能取绝对值。因为对于某种商品而言，收入的增加可能引起其需求量的增加；对于另一种商品而言，收入的增加可能引起其需求量减少。因此，需求的收入弹性可能是正值，也可能是负值。

根据商品的需求的收入弹性系数值，可以将所有商品分为几大类：收入弹性为负值

的产品称为低档品，收入弹性为 0～1 之间 的称为正常品，收入弹性大于 1 的产品称为高档品。当然，将商品划分为高、中、低三档次是有时间性的。随着时间的推移，收入的增加，高档品可能变为中档品，中档品可能变为低档品。

六、需求交叉弹性

需求的交叉价格弹性也简称为需求交叉弹性，它表示在一定时期内一种商品的需求量的相对变动对于它的相关商品价格的相对变动的反应程度。它是该商品的需求量的变动率和它的相关商品价格的变动率的比值。

假定商品 X 的需求量 Q_X 是它的相关商品 Y 的价格 P_Y 的函数，即 $Q_X = f(P_Y)$，则商品 X 的需求的交叉价格弹性公式一般表达式为：

$$e_{XY} = \frac{\frac{\Delta Q_X}{Q_X}}{\frac{\Delta P_Y}{P_Y}} = \frac{\Delta Q_X}{\Delta P_Y} \cdot \frac{P_Y}{Q_X}$$

或 $$e_{XY} = \lim_{\Delta P_Y \to 0} \frac{\frac{\Delta Q_X}{Q_X}}{\frac{\Delta P_Y}{P_Y}} = \frac{\frac{dQ_X}{Q_X}}{\frac{dP_Y}{P_Y}} = \frac{dQ_X}{dP_Y} \cdot \frac{P_Y}{Q_X}$$

需求交叉价格弹性系数的符号取决于所考察的两种商品的相关关系。若两种商品之间存在着替代关系，则一种商品的价格与它的替代品的需求量之间呈同方向变动，相应的需求的交叉价格弹性系数为正值；若两种商品之间存在着互补关系，则一种商品的价格与它的互补品的需求量之间呈反方向的变动，相应的需求的交叉价格弹性系数为负值；若两种商品之间不存在相关关系，则意味着其中任何一种商品的需求量都不会对另一种商品的价格变动作出反应，相应的需求的交叉价格弹性系数为零。

同样的道理，反过来，可以根据两种商品之间的需求的交叉价格弹性系数的符号，来判断两种商品之间的相关关系。若两种商品的需求的交叉价格弹性系数为正值，则这两种商品之间为替代关系。若为负值，则这两种商品之间为互补关系。若为零，则这两种商品之间无相关关系。

第二节　供给与供给弹性

一、供给与供给函数

（一）供给与影响供给量的因素

1. 什么是供给

一种商品的供给是指生产者在一定时期内在各种可能的价格下愿意而且能够提供出售的该种商品的数量。

对于供给的定义,要强调以下三个要点:首先,供给是指生产者或称厂商的市场供给,其目的是为了追求利润最大化。在一元函数假定条件下,市场供给总是涉及价格与供给量两个变量。其次,供给是指厂商愿意发生的供给。作为一个预期的概念,它不是指实际售卖量,是厂商预计、愿意或打算供给的数量。最后,供给是指有效供给量,即有现实生产能力的供给。现实的生产能力指拥有足够的生产条件来支持。

2. 影响供给量的主要因素

一种商品的供给数量取决于多种因素的影响,其中主要的因素有该商品的价格、生产的成本、生产的技术水平、相关商品的价格和生产者对未来的预期。它们各自对商品的供给量的影响如下:

(1)商品自身的价格。一般来说,一种商品的价格越高,生产者提供的产量就越大。相反,商品的价格越低,生产者提供的产量就越小。

(2)生产的成本。在商品自身价格不变的条件下,生产成本上升会减少利润,从而使得商品的供给量减少。相反,生产成本下降会增加利润,从而使得商品的供给量增加。

(3)生产的技术水平。在一般情况下,生产技术水平的提高可以提高劳动生产率,降低生产成本,增加生产者的利润,生产者会提供更多的产量。

(4)相关商品的价格。当一种商品的价格保持不变,而和它相关的其他商品的价格发生变化时,该商品的供给量会发生变化。例如,对某个生产小麦和玉米的农户来说,在玉米价格不变而小麦价格上升时,该农户就可能增加小麦的耕种面积而减少玉米的耕种面积。

(5)生产者对未来的预期。如果生产者对未来的预期是乐观的,如预期商品的价格会上涨,生产者在制定生产计划时就会增加产量供给。如果生产者对未来的预期是悲观的,如预期商品的价格会下降,生产者在制定生产计划时就会减少产量供给。

(6)政府税收政策。政府税收政策直接影响商品的价格,生产者根据商品价格的升降会调整产量供给。

(二) 供给函数

由上述分析可以看出:一种商品的供给量也是多元函数,可用 $Q_s = f(p, w, e, r, t, y \cdots)$ 来表示。在分析局部均衡问题时,我们只是为了说明价格变量对于供给量的影响,没有必要讨论复杂的多元函数,因此,我们假定在供给函数诸多的自变量中价格是变量,其他都是常量。于是得到一元的供给函数。

$$Q_S = f(P)$$

式中,P 为商品的价格;Q_S 为商品的供给量。当使用线性函数时,其形式为:

$$Q_S = -\delta + \gamma(P)$$

式中,δ、γ 为常数,且 δ、$\gamma > 0$。与该函数相对应的供给曲线为一条直线。

二、供给表、供给曲线、供给定律

供给函数 $Q_S = f(P)$ 表示一种商品的供给量和商品价格之间存在着一一对应的关系。这种函数关系也可以分别用供给表和供给曲线来表示。

（一）供给表

商品的供给表是一张表示某种商品的各种价格和与各种价格相对应的该商品的供给数量之间关系的数字序列表。表2-3是一张某商品的供给表。

表2-3　某商品的供给表

价格—数量组合	A	B	C	D	E
价格（元）	2	3	4	5	6
供给量（单位数）	0	200	400	600	800

表2-3清楚地表示了商品的价格和供给量之间的函数关系。例如，当价格为6元时，商品的供给量为800单位；当价格下降为4元时，商品的供给量减少为400单位；当价格进一步下降为2元时，商品的供给量减少为零。供给表实际上是用数字表格的形式来表示商品的价格和供给量之间的函数关系的。

（二）供给曲线

商品的供给曲线是以几何图形表示商品的价格和供给量之间的函数关系，供给曲线是根据供给表中的商品的价格—供给量组合在平面坐标图上所绘制的一条曲线。图2-3便是根据表2-3所绘制的一条供给曲线。

图2-3中的横轴 OQ 表示商品数量，纵轴 OP 表示商品价格。在平面坐标图上，把根据供给表中商品的价格—供给量组合所得到的相应的坐标点 A、B、C、D、E 连结

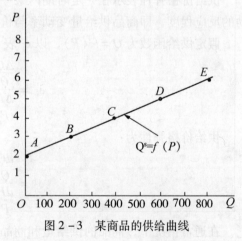

图2-3　某商品的供给曲线

起来的线，就是该商品的供给曲线。它表示在不同的价格水平下生产者愿意而且能够提供出售的商品数量。和需求曲线一样，供给曲线也是一条光滑的和连续的曲线，它是建立在商品的价格和相应的供给量的变化具有无限分割性的假设基础上的。

如同需求曲线一样，供给曲线可以是直线型，也可以是曲线型。如果供给函数是线性函数，则相应的供给曲线为直线型，如图2-3中的供给曲线。如果供给函数是非线性函数，则相应的供给曲线就是曲线型的。直线型的供给曲线上的每点的斜率是相等的，曲线型的供给曲线上的每点的斜率则不相等。

在某些市场上，供给曲线呈现以下多种不同情况：

（1）有些商品的供给曲线会保持水平。有些商品的供应量是固定的，价格上升，供给也无法增加。例如文物的供给。

（2）有些商品的供给曲线会向后弯曲。如劳动力的供给曲线、储蓄的供给曲线等。当价格持续上升时，它们的供给曲线都可能会出现向后弯曲的现象。

（3）有些商品小幅度升降价格时，供给按供给定理正常变动，而大幅度升降价格时，供给则会呈现不规则变化。证券、黄金市场的供给曲线往往在价格下降到一定点后，随着价格继续下降，供给不仅不会减少，反而会继续增加。

（4）有些商品，在正常时期，供给量按供给定理正常变化；在非正常时期，则会出现不正常变化。比如粮食价格变化与供给变化的关系。

（三）供给定理

在其他条件不变的情况下，某商品的供给量与价格之间呈同方向变动，即供给量随着商品本身价格的上升而增加，随着商品本身价格的下降而减少。

三、供给价格弹性

（一）供给价格弹性

供给价格弹性表示在一定时期内某一商品的供给量的相对变动对该商品价格相对变动的反应程度，即商品供给量变动率与价格变动率之比。用 e_s 表示。

假定供给函数为 $Q = f(P)$，以 e_s 表示供给价格弹性系数，则供给价格弧弹性为：

$$e_s = \frac{\frac{\Delta Q}{Q}}{\frac{\Delta P}{P}} = \frac{\Delta Q}{\Delta P} \cdot \frac{P}{Q}$$

供给价格弹性为：

$$e_s = \frac{\frac{dQ}{Q}}{\frac{dP}{P}} = \frac{dQ}{dP} \cdot \frac{P}{Q}$$

在通常情况下，商品的供给量和商品的价格是呈同方向变动的，供给的变动量和价格的变动量的符号是相同的。

弧弹性通常是在函数不连续、不可求导的条件下才利用的。

供给价格弧弹性点公式为：

$$e_s = \frac{\Delta Q}{\Delta P} \cdot \frac{\frac{P_1 + P_2}{2}}{\frac{Q_1 + Q_2}{2}}$$

（二）供给的价格弹性大小的类型

(1) $e_s>1$ 表示富有弹性。
(2) $e_s<1$ 表示缺乏弹性。
(3) $e_s=1$ 表示单一弹性或单位弹性。
(4) $e_s=\infty$ 表示完全弹性。
(5) $e_s=0$ 表示完全无弹性。

相应的供给价格弹性与供给曲线如图 2-4 所示：

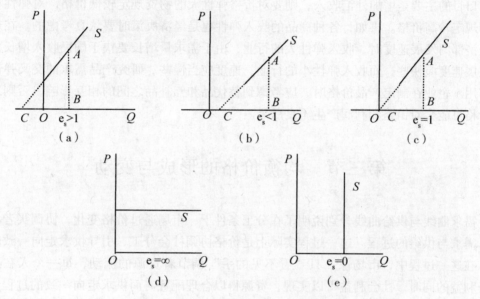

图 2-4 供给价格弹性与线性供给曲线

（三）影响供给弹性的因素

1. 时间因素

当商品的价格发生变化时，厂商对产量的调整需要一定的时间。在很短的时间内，厂商若要根据商品的涨价及时地增加产量，或者根据商品的降价及时地缩减产量，都存在程度不同的困难，相应地，供给弹性是比较小的。但是，在长期内，生产规模的扩大与缩小，甚至转产，都是可以实现的，供给量可以对价格变动作出较充分的反应，供给的价格弹性也就比较大了。

2. 生产成本因素

就生产成本来说，如果产量增加只引起边际成本的轻微的提高，则意味着厂商的供给曲线比较平坦，供给的价格弹性可能是比较大的。相反，如果产量增加只引起边际成本的较大的提高，则意味着厂商的供给曲线比较陡峭，供给的价格弹性可能是比较小的。

3. 生产周期因素

就产品的生产周期来说，在一定的时期内，对于生产周期较短的产品，厂商可以根据市场价格的变化较及时地调整产量，供给的价格弹性相应就比较大。相反，生产周期较长的产品的供给的价格弹性就往往较小。

（四）供给价格弹性对于经济决策的影响

弹性理论对于经济决策的制定有着重要影响。例如，为了提高生产者收入，往往对农产品采取提价办法，而对一些高档消费品采取降价办法。同样，给出口物资定价时，如出口目的主要是增加外汇收入，则要对价格弹性大的物资规定较低价格，对弹性小的物资规定较高价格。再如，各种商品的收入弹性也是经济决策时要认真考虑的。在规划各经济部门发展速度时，收入弹性大的行业，由于需求量增长要快于国民收入增长，因此发展速度应快些，而收入弹性小的行业，速度应当慢些。研究产品需求的交叉弹性也很有用。企业在制定产品价格时，应考虑到替代品和互补品之间的相互影响，否则，变动价格可能会对销路和利润产生不良后果。

第三节 均衡价格的形成与变动

需求曲线与供给曲线分别说明了在分工条件下，市场通过价格变化，协调买者与卖者、需求与供给的过程。这一过程实际上是价格协调社会分工、引导供求走向一致的过程。在这一过程中，市场像一只"看不见的手"调节着资源的流动，每一个人在追求自身利益的同时，社会利益得以实现，资源得以合理配置。而供求走向一致的过程，也就是均衡价格的形成过程。当我们把需求线与供给线放在同一图形，就能直观地说明这一点。因为需求线向右下方倾斜，供给线向右上方倾斜，在一个平面坐标系中，两者有且只有一个焦点。这个焦点的价格称之为均衡价格，这个焦点的交易量称之为均衡交易量。

一、均衡价格的形成

（一）均衡价格的定义

一种商品的均衡价格（equilibrium price），是指该种商品的市场需求量与市场供给量相等时候的价格。在均衡价格水平下的相等的供求数量被称为均衡数量（equilibrium quantity）。从几何意义上说，一种商品市场的均衡出现在该商品的市场需求曲线和市场供给曲线相交的交点上，该交点被称为均衡点。均衡点上的价格和相等的供求量分别被称为均衡价格和均衡数量。

对均衡价格的理解应注意三点：①均衡价格是需求与供给这两种力量相互作用而使价格处于一种相对静止、不再变动的结果；②需求与供给对于均衡价格的形成作用不分主次；③市场上的均衡价格是最后的结果，其形成过程是在市场背后进行的。

（二）均衡价格的形成

在完全竞争的市场环境下，均衡价格是在市场的供求力量的自发调节下形成的。

我们把需求曲线和供给曲线结合在一起，用图 2-5 说明一种商品的均衡价格的决定。

在不存在任何外力干预（政府或垄断企业）的条件下，商品的均衡价格是通过商品市场上需求和供给这两种相反的力量相互作用及其价格波动自发形成的。这可以从以下两个方面来解释。

（1）当市场价格高于均衡价格时，市场出现供大于求的商品过剩或超额供给的状况，在市场自发调节下，一方面会使需求者压低价格来得到他要购买的商品量，另一方面，又会使供给者减少商品的供给量。这样，该商品的价格必然下降，一直下降到均衡价格的水平。

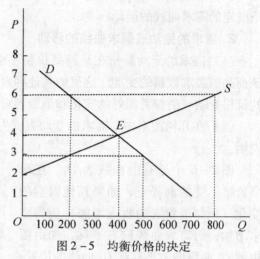

图 2-5 均衡价格的决定

（2）当市场价格低于均衡价格时，市场出现供不应求的商品短缺或超额需求的状况，同样在市场自发调节下，一方面需求者提高价格来得到他所需要购买的商品量，另一方面，又使供给者增加商品的供给量。这样，该商品的价格必然上升，一直上升到均衡价格的水平。由此可见，当实际价格偏离时，市场上总存在着变化的力量，最终达到市场的均衡或市场出清。

（三）均衡价格与均衡交易量的求解

从图 2-5 中，我们可以找到均衡价格与均衡量的求解方式：一是令供给函数与需求函数相等来求解；二是在坐标图上将市场需求曲线与市场供给曲线合并到一幅图上，找到两条曲线的交点即可得。

二、均衡价格的变动

如前所述，均衡价格是供求曲线的共同作用的结果，是既定条件下的动态平衡。因此，如果需求曲线或供给曲线的位置移动，或者说既定条件发生了变化，动态平衡也会变化，均衡价格水平就要发生变动。因此，我们就要先分析这两条曲线移动的内容，然后再说明这两种移动对于均衡价格以及均衡交易量的影响。均衡价格是一个既定条件下的价格动态平衡。

(一) 需求变动

1. 需求量的变动或点沿线的移动

(1) 需求量的变动是指在其他条件不变时，由某商品的价格变动所引起的该商品的需求数量的变动。

(2) 在几何图形中，需求量的变动表现为商品的价格—需求数量组合点沿着同一条既定的需求曲线的运动。

2. 需求的变动或需求曲线的移动

(1) 需求的变动是指在某商品价格不变的条件下，由于其他因素的变动所引起的该商品的需求数量的变动。这里的其他因素变动是指消费者的收入水平变动、相关商品的价格变动、消费者偏好的变化和消费者对商品的价格预期的变动等。

(2) 在几何图形中，需求的变动表现为需求曲线的位置发生移动。以图2-6加以说明。

图2-6中原有的曲线为D_1。在商品价格不变的前提下，如果其他因素的变化（例如消费者的收入增加）使得需求增加，则需求曲线向右平移，如由图中的D_1曲线向右平移到D_2曲线的位置。如果其他因素的变化（例如消费者的收入下降）使得需求减少，则需求曲线向左平移，由需求变动所引起的这种需求曲线位置的移动，表示在每一个既定的价格水平需求数量都增加或减少了。例如，在既定的价格水平P_0，原来的需求

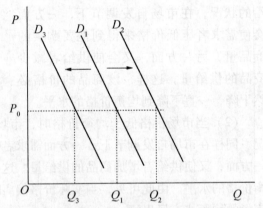

图2-6 需求的变动和需求曲线的移动

数量为D_1曲线上的Q_1，需求增加后的需求数量为D_2曲线上的Q_2，需求减少后的需求数量为D_3曲线上的Q_3。而且，这种在原有价格水平上所发生的需求增加量Q_1Q_2和需求减少量Q_3Q_1都是由其他因素的变动所引起的。譬如说，它们分别是由消费者收入水平的提高和下降所引起的。显然，需求的变动所引起的需求曲线的位置的移动，表示整个需求状态的变化。

由此可以看出，在需求量的变动与需求变动之间存在着区别：①定义上的区别。需求量是不同价格水平时的一组需求量；而需求是某一价格水平的特定的需求量。②假设条件上的区别。需求变动是价格既定时，影响需求其他因素变动所引起的一组需求量的变动；需求量变动是分析影响需求其他因素不变时，价格变动引起的相对应的需求量的变动。③表现形式上的区别。需求变动表现为整个曲线的移动，需求量的变动表现为沿着同一条需求曲线移动。

因此，需求的变化会引起需求量的变化。但是，需求量的变化不一定引起需求的变化。

（二）供给变动

1. 供给量的变动或点沿线的移动

（1）供给量的变动是指在其他条件不变时，由某商品的价格变动所引起的该商品供给数量的变动。

（2）在几何图形中，这种变动表现为商品的价格—供给数量组合点沿着同一条既定的供给曲线的运动。

例如，在图2-3中，供给量的变动描述了随着价格上升所引起的供给数量的逐步增加，A点沿着同一条供给曲线逐步移动到E点。

2. 供给的变动或供给曲线的移动

（1）供给的变动是指在商品价格不变的条件下，由于其他因素变动所引起的该商品供给数量的变动。这里的其他因素变动可以指生产成本的变动、生产技术水平的变动、相关商品价格的变动和生产者对未来的预期的变化等等。

（2）在几何图形中，供给的变动表现为供给曲线的位置发生移动。供给量的变动和供给的变动都是供给数量的变动，它们的区别在于引起这两种变动的因素是不相同的，而且，这两种变动在几何图形中的表示也是不相同的。

图2-7表示的是供给的变动。在图中原来的供给曲线为S_1。在除商品价格以外的其他因素变动的影响下，供给增加，则使供给曲线由S_1曲线向右平移到S_2曲线的位置；供给减少，则使供给曲线由S_1曲线向左平移到S_3曲线的位置。由供给的变化所引起的供给曲线位置的移动，表示在每一个既定的价格水平供给数量都增加或都减少了。例如，在既定的价格水平P_0，供给增加，使供给数量由S_1曲线上的Q_1上升到S_2曲线上的Q_2；相反，供给减

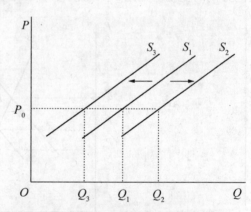

图2-7 供给的变动和供给曲线的移动

少，使供给数量由S_1曲线上的Q_1下降到S_3曲线上的Q_3。这种在原有价格水平上所发生的供给增加量Q_1Q_2和减少量Q_3Q_1，都是由其他因素变化所带来的。譬如，它们分别是由生产成本下降或上升所引起的。很清楚，供给的变动所引起的供给曲线位置的移动，表示整个供给状态的变化。

（三）需求的变动和供给的变动对均衡价格和均衡数量的影响

1. 需求变动的影响

在供给不变的情况下，需求增加会使需求线向右平移，从而使均衡价格和均衡交易量都增加；需求减少会使需求线向左平移，从而使得均衡价格和均衡交易数量减少。因此，在其他条件不变的情况下，需求变动导致均衡价格与均衡交易量同方向的变动。如图2-8所示：

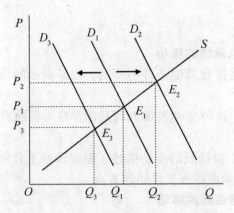

图 2-8　需求的变动和均衡价格的变动

2. 供给变动对均衡的影响

在需求不变的情况下，供给增加会使供给曲线向右平移，从而使得均衡价格下降，均衡交易量增加；供给减少会使供给曲线向左平移，从而使得均衡价格上升，均衡交易量减少。而在其他条件不变的情况下，供给变动导致均衡价格反方向的变动与均衡交易量同方向的变动。如图 2-9 所示：

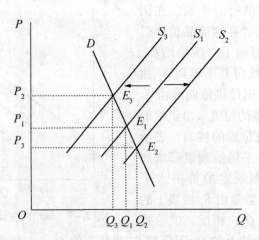

图 2-9　供给的变动和均衡价格的变动

在完全竞争市场上，在其他条件不变的情况下，需求变动分别引起均衡价格和均衡交易量的同方向的变动；供给变动分别引起均衡价格的反方向的变动和均衡交易量的同方向变动。竞争市场上实际价格趋向于供求相等的均衡价格的状况称为供求定理。

3. 如果需求和供给同时发生变动，则商品的均衡价格和均衡数量的变化是难以肯定的

这种情况又细分为两种类型：一是供给与需求同方向变化，一是供给与需求反方向变化。

当供给与需求变化方向相同时，均衡交易量的变化方向可以确定，均衡价格的变化方向不能确定：供给与需求同时增加时（或减少），均衡交易量增加（或减少），而均

衡价格的变化方向取决于供给与需求变化的幅度，当供给增加（或减少）超过需求增加（或减少），均衡价格下降（或上升）；反之，当需求增加（或减少）超过供给增加（或减少），均衡价格上升（或下降）。

而当供给与需求反方向变化时，均衡交易量的变化方向不能确定，均衡价格的变化方向能够确定：供给增加、需求减少时，均衡价格下降，均衡交易量的变化方向不确定；供给减少、需求增加时，均衡价格上升，均衡交易量的变化方向仍不确定。

以图 2-10 为例进行分析。

假定消费者收入水平上升引起的需求增加，使得需求曲线向右平移；同时，厂商的技术进步引起供给增加，使得供给曲线向右平移。比较 S_1 曲线分别与 D_1 曲线和 D_2 曲线的交点 E_1 和 E_2 可见，收入水平上升引起的需求增加，使得均衡价格上升。再比较 D_1 曲线分别与 S_1 曲线和 S_2 曲线的交点 E_1 和 E_3 可见，技术进步引起的供给增加，又使得均衡价格下降。最后，这两种因素同时作用下的均衡价格，将取决于需求和供给各自增长的幅度。由 D_2 曲线和 S_2 曲线的交点 E_4 可得：由于需求增长的幅度大于供给增加的幅度，所以，最终的均衡价格是上升了。

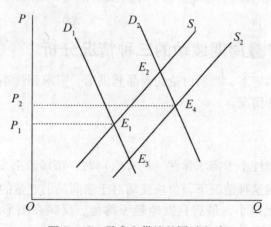

图 2-10 需求和供给的同时变动

第四节 蛛网模型

前面我们用静态分析的方法论述了均衡价格形成所需要具备的条件，用比较静态分析的方法论述了需求和供给的变动对均衡价格变动的影响。但是，前面的分析都是生产周期比较短的产品，产量与价格的均衡点形成不存在长时间波动问题。市场上还存在一类生产周期比较长的商品——比如说农畜产品，它的产量与价格偏离均衡点后的实际波动过程与前一类明显不同。

本节我们将引进时间变化的因素，借助于弹性理论，运用动态分析的方法，分析诸如农畜产品这类生产周期较长的商品的产量和价格在偏离均衡状态以后的实际波动过程及其结果，考察属于不同时期的需求量、供给量和价格之间的相互作用，考察从一种均衡到另一种均衡的过程，即均衡的恢复与稳定条件问题。这一理论称之为蛛网理论，所形成的模型称之为蛛网模型。

一、蛛网模型的基本假设

蛛网模型有两个基本假设条件：

（1）某商品的本期产量 Q_{st} 决定于前一期的价格 P_{t-1}，即供给函数表示一个时期的供给量是前一期价格的函数。

（2）商品本期的需求量 Q_{dt} 决定于本期的价格 P_t，即需求函数表示一个时期的需求量是本期价格的函数。根据以上假设条件，蛛网模型可以用以下联立方程式来表示：

$$Q_t^d = \alpha - \beta P_t$$
$$Q_t^s = -\delta + \gamma P_{t-1}$$
$$Q_t^d = Q_t^s$$

式中，α、β、δ 和 γ 均为常数，且均大于零。

由这三个方程构成的蛛网模型区别了经济变量的时间先后，因此，是一个动态模型。

二、价格与产量周期波动的三种情况分析

在上述函数关系假定下，当所讨论的商品其供给、需求弹性不同时，其价格和产量的周期波动有以下三种情况。

（一）$E_s < E_d$

当该商品的供给弹性小于需求弹性（$E_s < E_d$）时，市场价格变动对供给量的影响小于对需求量的影响。在这种情况下，价格波动对于该商品的产量的影响越来越弱，价格与产量的波动幅度越来越小，最后自发地趋于均衡。反映在图形上，形成一个向内收缩、收敛于均衡点的蛛网，称为收敛形蛛网（如图 2-11 所示）。

在图 2-11 中，由于该商品的供给弹性小于需求弹性，供给曲线 S 斜率的绝对值大于需求曲线 D 斜率的绝对值，从图形上看起来，相对于价格轴而言，S 比 D 较为陡峭，或 D 较 S 较为平缓。或者换一种说法，供给的价格弹性小于需求的价格弹性。在这种场合，当市场由于受到干扰偏离原有的均衡状态以后，实际价格和实际产量会围绕均衡水平上下波动，但波动的幅度越来越小，最后会回复到原来的均衡点。

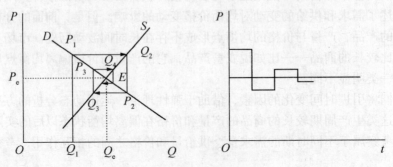

图 2-11 收敛型蛛网

假定:

在第一期由于某种外在原因的干扰,如恶劣的气候条件,实际产量由均衡水平减少为 Q_1。根据需求曲线,消费者愿意支付 P_1 的价格购买全部的产量 Q_1,于是,实际价格上升为 P_1。根据第一期的较高的价格水平 P_1,按照供给曲线,生产者将第二期的产量增加为 Q_2。

在第二期,生产者为了出售全部的产量 Q_2,接受消费者所愿意支付的价格 P_2,于是,实际价格下降为 P_2。根据第二期的较低的价格水平 P_2,生产者将第三期的产量减少为 Q_3。

在第三期,消费者愿意支付 P_3 的价格购买全部的产量 Q_3,于是,实际价格又上升为 P_3。根据第三期的较高的价格水平 P_3,生产者又将第四期的产量增加为 Q_4。

如此循环下去,如图 2-11 所示,逐年的实际价格是环绕其均衡价格上下波动的,实际产量相应地交替出现偏离均衡值的超额供给或超额需求,但价格和产量波动的幅度越来越小,最后恢复到均衡点 E 所代表的水平。由此可见,图中的均衡点 E 所代表的均衡状态是稳定的。也就是说,由于外在的原因,当价格和产量偏离均衡数值(P_e 和 Q_e)后,经济体系中存在着自发的因素,能使价格和产量自动恢复到均衡状态。

从图 2-11 中可以看到,供给曲线比需求曲线较为陡峭时,即供给的价格弹性小于需求的价格弹性,才能得到蛛网稳定的结果,所以,供求曲线的上述关系是蛛网趋于稳定的条件,相应的蛛网被称为"收敛型蛛网"。

(二) $E_s > E_d$

当该商品的供给弹性大于需求弹性($E_s > E_d$)时,市场价格变动对供给量的影响要大于对需求量的影响。在这种情况下,价格波动对于该商品的产量的影响越来越强,价格与产量的波动幅度越来越大,偏离均衡点也越来越远。反映在图形上,形成一个向外扩散、远离于均衡点的蛛网,称为发散型蛛网(如图 2-12 所示)。

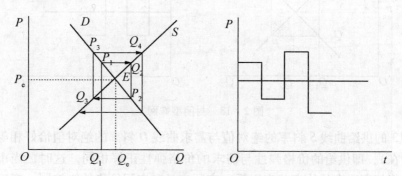

图 2-12 发散型蛛网

图 2-12 与图 2-11 的情况恰好相反,由于该商品的供给弹性大于需求弹性,供给曲线斜率的绝对值小于需求曲线斜率的绝对值,相对于价格轴而言,S 比 D 较为平缓。这时,当市场由于受到外力的干扰偏离原有的均衡状态以后,实际价格和实际产量上下波动的幅度会越来越大,偏离均衡点越来越远。

假定：

在第一期由于某种外在原因的干扰，实际产量由均衡水平 Q_e 减少为 Q_1。根据需求曲线，消费者为了购买全部的产量 Q_1，愿意支付较高的价格 P_1，于是，实际价格上升为 P_1。根据第一期的较高的价格水平 P_1，按照供给曲线，生产者将第二期的产量增加为 Q_2。

在第二期，生产者为了出售全部的产量 Q_2，接受消费者所愿意支付的价格 P_2，于是，实际价格下降为 P_2。根据第二期的较低的价格水平 P_2，生产者将第三期的产量减少为 Q_3。

在第三期，消费者为了购买全部的产量 Q_3，愿意支付的价格上升为 P_3，于是，实际价格又上升为 P_3。根据第三期的较高的价格水平 P_3，生产者又将第四期的产量增加为 Q_4。

如此循环下去，实际产量和实际价格波动的幅度越来越大，偏离均衡产量和均衡价格越来越远。图中的均衡点 E 所代表的均衡状态是不稳定的，被称为不稳定的均衡。因此，当供给曲线比需求曲线较为平缓时，即供给的价格弹性大于需求的价格弹性，得到蛛网模型不稳定的结果，相应的蛛网被称为"发散型蛛网"。

（三）$E_s = E_d$

当该商品的供给弹性小于需求弹性（$E_s = E_d$）时，市场价格变动对该商品的供给量的影响等于对需求量的影响。在这种情况下，价格与产量的波动幅度相同，既不趋于均衡点，又不远离均衡点。价格与产量始终围绕均衡点持续波动，循环不已。反映在图形上，形成一个首尾相连的蛛网，称为封闭型蛛网（如图 2-13 所示）。

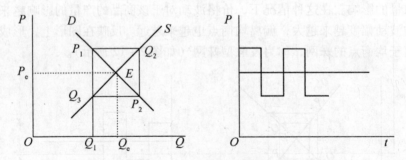

图 2-13 封闭型蛛网

图 2-13 的供给曲线 S 斜率的绝对值与需求曲线 D 斜率的绝对值恰好相等（这是分析的关键所在），即供给的价格弹性与需求的价格弹性正好相同，这时，当市场由于受到外力的干扰偏离原有的均衡状态以后，实际产量和实际价格始终按同一幅度围绕均衡点上下波动，既不进一步偏离均衡点，也不逐步地趋向均衡点。由于该商品的供给弹性小于需求弹性，相对于价格轴而言，供给曲线斜率的绝对值等于需求曲线斜率的绝对值，即供给的价格弹性等于需求的价格弹性，为蛛网以相同的幅度上下波动的条件，相应的蛛网被称为"封闭型蛛网"。

蛛网理论说明了在价格放开、价格机制自发调节时，农产品这一类生产周期比较长的商品市场必然发生蛛网型周期波动,从而影响农业生产和农民收入的稳定的这样一种现象。一般而言,农产品的供给对价格的变动反应较大,但需求较为稳定,对价格变动的反应程度小,即农产品的供给弹性大于需求弹性。因此,市场多呈发散型蛛网波动,这正是农业生产不稳定的重要原因。除了农产品之外,在发生地震等自然灾害、战争等社会灾害的条件下,市场价格有时也难以自发引导均衡,有效配置资源。正因为如此,政府在某些情况下会对农产品的市场价格进行干预,以期改善市场结果。

第五节 政府价格管制:支持价格与限制价格

政府价格管制是指政府为了扶持或限制某些行业的发展对价格进行干预的措施。政府价格管制包括支持价格与限制价格两种类型,并会带来不同的市场后果。

一、支持价格或最低限价

支持价格又称最低限价,是政府为了支持某一行业而规定的该行业产品的最低价格。这一价格高于市场自发形成的均衡价格。支持价格采取了多种形式,在农业中支持价格曾得到广泛运用(如图2-14所示)。

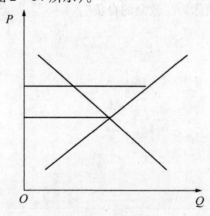

图2-14 支持价格

在图2-14中,OQ为商品数量,OP为价格,供求线相交的价格为市场均衡价格,高于这一价格的横线为支持价格。

支持价格的直接市场后果表现为供过于求或产品积压。除非政府收购与强制摊派,生产者并未在支持价格条件下全部售出预期产量。

二、限制价格或最高限价

限制价格又称最高限价,是政府管制物价措施之一,它是政府为限制某些生活必需品的价格上涨,保护消费者利益而制定的这些产品所规定的最高价格。限制价格低于均衡价格(如图2-15所示)。

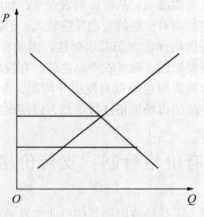

图 2-15 限制价格

在图 2-15 中，OQ 为商品数量，OP 为价格，供求线相交的价格为市场均衡价格，低于这一价格的横线为限制价格。

限制价格的直接市场后果表现为短缺，并伴随黑市交易。因此，除非在特殊的情况下（如自然灾害、战争、公共产品的供给等），政府不宜对价格进行管制。斯密早就指出，最大的悲哀莫过于政府以为能比市场更清楚供求的状况并作出安排。哈耶克也把破坏市场规则的政府计划干预称为"致命的自负"。

第三章 效用论

第一节 效用概述

一、效用的概念

（一）什么是效用

效用是指商品满足人的欲望的能力，或者说，效用是指消费者在消费商品时所感受到的满足程度。我们可以从消费的主体与消费的客体两个方面讨论效用。从消费的主体来讲，效用是某人从自己所从事的行为中得到的满足；从消费的客体来讲，效用是商品满足人的欲望或需要的能力。

（二）效用概念的要点

（1）效用是一个相对概念，只有在同一物品前后满足程度之间相互比较时才有意义。

（2）效用有无或效用大小取决于个人主观心理评价。效用实际是个主观判断，同一物品有无效用或效用大小对不同的人来说是不同的。

（3）效用是一种正常人的心理感觉，不要用个别人的心理感觉去代替一般人的心理。

（4）效用本身不具有伦理学的意义。一种商品是否具有效用要看它是否能满足人的欲望或需要，而不涉及这一欲望或需要的好坏。

（5）同一物品对于不同的人的效用是不同的。因此，除非给出特殊的假定，否则，效用是不能在不同的人之间进行比较的。

二、效用的表示方法

（一）基数效用理论

基数是可以加总求和的数。基数效用论者认为，效用如同长度、重量等概念一样，可以具体衡量并加总求和，具体的效用量之间的比较是有意义的。效用的大小可以用基数（1、2、3……）来表示，计量效用大小的单位被称作效用单位。例如，对某一个人来说，吃一盘土豆和一份牛排的效用分别为 5 效用单位和 10 效用单位，可以说这两种消费的效用之和为 15 效用单位，且后者的效用是前者的效用的 2 倍。根据这种理论，

可以用具体的数字来研究消费者效用最大化问题。

基数论认为：效用可以具体衡量，可以加总求和，可以有效用量的比较。基数效用论作为早期研究消费者行为的一种理论，采用的是边际效用分析方法。

（二）序数效用理论

序数是不可以加总求和的数。序数效用论者对于效用的基本观点：序数效用论是为了弥补基数效用论的缺点而提出来的另一种研究消费者行为的理论。序数效用论者认为，效用的大小是无法具体衡量的，效用之间的比较只能通过顺序或等级即用序数（第一、第二、第三……）来表示。仍就上面的例子来说，消费者要回答的是偏好哪一种消费，即哪一种消费的效用是第一，哪一种是第二。或者是说，要回答的是宁愿吃一盘土豆，还是吃一份牛排。进一步地，序数效用论者还认为，就分析消费者行为来说，以序数来度量效用的假定比以基数效用的假定所受到的限制要少，它可以减少一些被认为是值得怀疑的心理假设。

序数论认为：效用不可以具体衡量，不可以加总求和，不可以有效用量的比较，而只能根据偏好的程度排列出第一、第二……的顺序。

（三）基数效用论与序数效用论两种思路的差异

基数效用论者采用的是边际效用分析方法，序数效用论者采用的是无差异曲线分析方法，但二者的结论是完全相同的。在19世纪和20世纪初，西方经济学家普遍使用基数效用的概念，在现代微观经济学里，通常使用的是序数效用的概念。

本章的重点是介绍序数效用论者是如何运用无差异曲线的分析方法来研究消费者行为。

第二节 基数效用理论的基本分析

一、总效用与边际效用

（一）总效用

总效用是指消费者在一定时间内从一定数量的商品消费中所得到的效用量的总和。或者说，是指消费者从事某一消费行为或消费某一定量的某种物品中所获得的总满足程度。相应的总效用函数为：

$$TU = f(Q)$$

（二）边际效用

边际效用是指每增加一单位某种商品的消费所增加的满足程度。相应的边际效用函数为：

$$MU = \frac{\Delta TU(Q)}{\Delta Q}$$

当商品的增加量趋于无穷小,即 $\Delta Q \to 0$ 时有:

$$MU = \lim_{\Delta Q \to 0} \frac{\Delta TU(Q)}{\Delta Q} = \frac{dTU(Q)}{dQ}$$

(三) 总效用与边际效用的关系

说明边际效用递减规律和理解总效用和边际效用之间的关系见表3-1。

表3-1 某商品的效用表(货币的边际效用 $\lambda = 2$)

商品数量(1)	总效用(2)	边际效用(3)	价格(4)
0	0		
1	10	10	5
2	18	8	4
3	24	6	3
4	28	4	2
5	30	2	1
6	30	0	0
7	28	-2	

根据表3-1所绘制的总效用和边际效用曲线如图3-1所示。

图中的横轴表示商品的数量,纵轴表示效用量,TU 曲线和 MU 曲线分别为总效用曲线和边际效用曲线。由于边际效用被定义为消费品的一单位变化量所带来的总效用的变化量,又由于图中的商品消费量是离散的,所以,MU 曲线上的每一个值都记在相应的两个消费数量的中点上。

在图中,MU 曲线因边际效用递减规律而成为向右下方倾斜的,相应地,TU 曲线则随着 MU 的变动而呈现先上升后下降的变动特点。总结 MU 与 TU 的关系:

当 $MU > 0$ 时,TU 上升;

当 $MU < 0$ 时,TU 下降;

当 $MU = 0$ 时,TU 达到极大值。

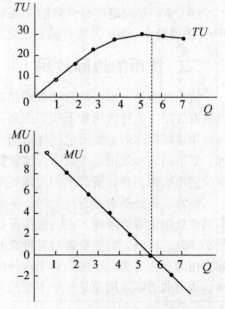

图3-1 某商品的总效用和边际效用曲线

从数学意义上讲,如果效用曲线是连续的,则每一消费量上的边际效用值就是总效用曲线上相应的点的斜率。

（四）边际效用递减规律

边际效用递减规律是指在一定时间内，在其他商品的消费数量保持不变的情况下，随着消费者对某种商品所消费的数量的增加，总效用是增加的，但是消费者从该商品连续增加的每一消费单位中所得到的效用增量，即边际效用是递减的。这一特征被称为边际效用递减原理。我们看到的典型例子是演员陈佩斯表演的小品——《吃面条》；或者我们身边某些人对于杂粮的需求变化，我们也能更深刻地理解政府实施个人收入累进税的经济学原理。

据基数效用论者的解释，边际效用递减规律成立的原因为：一是生理或心理的原因。由于相同消费品的连续增加，从人的生理和心理的角度讲，从每一单位消费品中所感受到的满足程度和对重复刺激的反应程度是递减的。二是"经济合理性"原则决定的。在一种商品具有几种用途时，消费者总是将第一单位的消费品用在最重要的用途上，第二单位的消费品用在次重要的用途上，这样，消费品的边际效用便随着消费品的用途重要性的递减而递减。

边际效用递减规律具有下述几个特点：

(1) MU 的大小，与欲望的强弱成反比。

(2) MU 的大小，与消费量呈反比，$MU=0$ 时，TU 为最大。

(3) MU 是特定时间内的 U，这一次馒头的 MU 从 10 到 -10，下一次，第一个馒头的 MU 又恢复到旧。

(4) MU 是决定产品价格的主观标准，产品的需求价格，不取决于 TU，而取决于 MU，消费量少，MU 大则 P 高，反之则低。

二、货币的边际效用

货币是商品，也服从边际效用递减规律。基数效用论者认为，货币如同商品一样，也具有效用。消费者用货币购买商品，就是用货币的效用去交换商品的效用。商品的边际效用递减规律对于货币也同样适用。对于一个消费者来说，随着货币收入量的不断增加，货币的边际效用是递减的。这就是说，随着某消费者货币收入的逐步增加，每增加单位货币给该消费者所带来的边际效用是越来越小的。

但是，在分析消费者行为时，基数效用论者又通常假定货币的边际效用是不变的。据基数效用论者的解释，在一般情况下，单位商品的价格只占消费者总货币收入量中的很小部分，所以，当消费者对某种商品的购买量发生很小的变化时，所支出的货币的边际效用的变化是非常小的。对于这种微小的货币的边际效用的变化，可以略去不计。这样，货币的边际效用便是一个不变的常数。

三、消费者均衡

（一）消费者均衡的定义

消费者均衡，是指在消费者的偏好不变、商品现行价格和消费者的收入不变的条件下，单个消费者把有限的货币收入分配在 N 种商品的购买中得到最大效用的一种状态。或者说，单个消费者消费 N 种商品的总效用最大化时，既不愿再增加也不愿再减少变动，购买数量处于一种相对静止的状态。此时，消费者应该使自己所购买的各种商品的边际效用与价格之比相等，构成的商品组合不再变动，由此形成的效用总量最大。

（二）消费者均衡的前提假设

（1）消费者的偏好是既定的。这也就是说，消费者对于各种物品效用与边际效用的评价是既定的，不会发生变动。

（2）消费者的收入是既定的，每一元货币的边际效用对于消费者是相同的。

（3）物品的价格是既定的。

消费者均衡就是要说明在这些假设条件下，消费者如何把有限的收入分配于各种物品的购买上，以获得总效用（TU 值）的最大。

（三）消费者均衡的条件

$P_1 X_1 + P_2 X_2 + \cdots + P_n X_n = I$

消费者的收入全部花光，此为均衡的约束条件。

$\dfrac{MU_1}{P_1} = \dfrac{MU_2}{P_2} = \cdots = \dfrac{MU_n}{P_n} = \lambda$

此为均衡条件，式中，$MU_i = \dfrac{dTU}{dQ_i}$，$\dfrac{MU_i}{P_i} = \dfrac{dTU}{dQ_I} \Big/ P_i$ 表示当商品 Q_i 的价格为 P_i 时，每变化单位 Q_i 的消费量所引发的总效用 TU 的变化量；$\lambda = \dfrac{dTU}{dm}$，为单位货币的边际效用。等式的意思是：消费者花费在各种商品上的最后一元钱所带来的边际效用相等，且等于货币的边际效用。具体地讲，消费者对于任何一种商品的最优购买量应该是消费者最后一元钱购买 1 商品、2 商品……n 商品比较时，所得到的边际效用相等，而不是每一种商品的边际效用相等。每一种商品的边际效用相等并不能保证消费者获得最大的效用，因为各种商品的价格是不相等的。

如果能够满足上述两个条件，消费者把有限的收入分配于各种物品的购买上时，其总效用（TU 值）就会最大。

（四）消费者均衡的逻辑证明

以消费者购买两种商品为例，具体说明消费者效用最大化的均衡条件。

$P_1 X_1 + P_2 X_2 = I$

$\dfrac{MU_1}{P_1} = \dfrac{MU_2}{P_2} = \lambda$

从 $\dfrac{MU_1}{P_1} = \dfrac{MU_2}{P_2}$ 的关系分析：

当 $\dfrac{MU_1}{P_1} < \dfrac{MU_2}{P_2}$ 时，这时对于消费者来说，同样的一元钱购买商品 1 所得到的边际

效用小于购买商品 2 所得到的边际效用。假设某消费者一元钱商品 1 买苹果吃,边际效用为 5,一元钱买商品 2 芒果吃,边际效用为 7。这样,理性消费者就会对这两种商品的购买数量作出调整:减少对商品 1 苹果的购买量,将节省的资金转向增加对商品 2 芒果的购买量。在这样的调整过程中,一方面,在消费者用减少一元钱的商品 1 苹果的购买来相应地增加一元钱的商品 2 芒果的购买时,由此带来的商品 1 苹果的边际效用的减少量是 5,小于商品 2 芒果的边际效用的增加量 7 的,7−5=2,这意味着消费者的总效用是增加的。另一方面,在边际效用递减规律的作用下,商品 1 苹果的边际效用会随其购买量的不断减少而递增,商品 2 芒果的边际效用会随其购买量的不断增加而递减。当消费者一旦将其购买组合调整到同样一元钱购买这两种商品所得到的边际效用相等时,即达到 $\frac{MU_1}{P_1} = \frac{MU_2}{P_2}$ 时,他便得到了由减少商品 1 苹果购买和增加商品 2 芒果购买所带来的总效用增加的全部好处,即消费者此时获得了最大的效用。

当 $\frac{MU_1}{P_1} > \frac{MU_2}{P_2}$ 时,这时对于消费者来说,同样的一元钱购买商品 1 苹果所得到的边际效用大于购买商品 2 芒果所得到的边际效用。根据同样的道理,理性的消费者会进行与前面相反的调整过程,即增加对商品 1 苹果的购买量,减少对商品 2 芒果的购买量,直至 $\frac{MU_1}{P_1} = \frac{MU_2}{P_2}$,从而获得最大的效用。

从 $\frac{MU_i}{P_i} = \lambda, i = 1, 2$ 的关系分析:

当 $\frac{MU_i}{P_i} < \lambda, i = 1, 2$ 时,这说明消费者用一元钱购买第 i 种商品所得到的边际效用小于所付出的这一元钱的边际效用。也可以理解为,消费者这时购买的第 i 种商品的数量多了,一元钱拽在手里的感觉要好于用于购买商品消费的感觉。事实上,消费者总可以把这一元钱用在至少能产生相等的边际效用的其他商品的购买上去。这样,理性的消费者就会减少对第 i 种商品的购买,在边际效用递减规律的作用下,直至 $\frac{MU_i}{P_i} = \lambda, i = 1, 2$ 的条件实现为止。

相反,当 $\frac{MU_i}{P_i} > \lambda, i = 1, 2$ 时,这说明消费者用一元钱购买第 i 种商品所得到的边际效用大于所付出的这一元钱的边际效用。也可以理解为,消费者这时购买的第 i 种商品的消费量是不足的,消费者应该继续购买第 i 种商品,以获得更多的效用。一元钱用于购买商品消费的感觉要好于拽在手里的感觉。这样,理性的消费者就会增加对第 i 种商品的购买。同样,在边际效用递减规律的作用下,直至 $\frac{MU_i}{P_i} = \lambda, i = 1, 2$ 的条件实现为止。

四、消费者剩余

(一) 什么是消费者剩余

消费者剩余,是指消费者意愿对某商品支付的价格与实际支付的价格之间的差额,或者说,是消费者消费某种一定量商品所获得的总效用量与为此花费的货币的总效用量的差额。

在消费者购买商品时,消费者对每一单位商品所意愿支付的价格取决于这一单位商品的边际效用。由于商品的边际效用是递减的,所以,消费者对某种商品所愿意支付价格是逐步下降的;而消费者在购买商品时是按照实际的市场价格支付的。于是,在消费者意愿支付的价格和实际的市场价格之间就产生了一个差额,这个差额便构成了消费者剩余。

(二) 消费者剩余的几何表示与代数表示

1. 几何表示

消费者剩余可以用消费者需求曲线以下、市场价格线之上的面积来表示,如图 3-2 中的阴影部分的面积。在图 3-2 中,需求曲线以反需求函数的形式 $P=f(Q)$ 给出,它表示消费者对每一单位商品所愿意支付的价格。假定该商品的市场价格为 P_0,消费者的购买量为 Q_0。在产量 0 到 Q_0 区间需求曲线以下的面积表示消费者为购买 Q_0 数量的商品所愿意支付的总金额,即相当于图中的面积 $OABQ_0$;而实际支付的总金额等于市场价格 P_0 乘以购

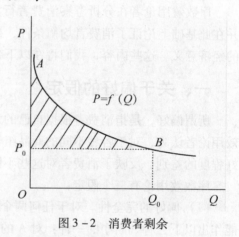

图 3-2 消费者剩余

买量 Q_0,即相当于图中的矩形面积 OP_0BQ_0。这两块面积的差额即图中的阴影部分面积,就是消费者剩余。

2. 代数表示

消费者剩余也可以用数学公式来表示。令反需求函数 $P=f(Q)$,价格为 P_0 时的消费者的需求量为 Q_0,则消费者剩余为:$CS = \int_0^{Q_0} f(Q) \, dQ - P_0 Q_0$。式中,$CS$ 为消费者剩余的英文简写,式子右边的第一项即积分项,表示消费者愿意支付的总金额,第二项表示消费者实际支付的总金额。

综上所述,我们利用单个消费者的需求曲线得到了单个消费者剩余,这一分析可以扩展到整个市场。相类似地,我们可以由市场的需求曲线得到整个市场的消费者剩余,市场的消费者剩余可以用市场需求曲线以下,市场价格线以上的面积来表示。

（三）消费者剩余概念的要点

（1）消费者剩余只是一种心理感觉，并不是实际收入的增加。这一概念是分析某些问题时的一种工具。例如在分析垄断存在所引起的社会福利损失时就运用了这个概念。

（2）生活必需品的消费者剩余空间大。因为消费者对这类物品的效用评价高，需求弹性低，需求曲线比较平缓，需求量大，消费者愿意付出的价格也高，但这类物品的市场价格一般并不高。于是，在由几何图形表示的消费者剩余中，由于曲线斜率低、趋势平缓而引发阴影面积大，消费者剩余大。

第三节　序数效用理论的基本分析

序数效用论者在分析考察消费者行为、消费者均衡时，是用无差异曲线分析方法，并在此基础上论证了消费者均衡条件，推导出消费者的需求曲线，深入地阐述需求曲线的经济意义。这些内容，我们将在以下各节加以说明。

一、关于偏好的假定

所谓偏好，是指消费者根据自己的意愿，对可能消费的商品组合进行的排列。序数效用论者认为，对于各种不同的商品组合，消费者的偏好程度是有差别的，正是这种偏好程度的差别，反映了消费者对这些不同的商品组合的效用水平的评价。

序数效用论有三个假定：

（1）偏好的完全性。对于任何两个商品组合 A 和 B，消费者总是可以作出而且也只能作出以下三种判断中的一种：对 A 的偏好大于对 B 的偏好，对 B 的偏好大于对 A 的偏好，对 A 和 B 的偏好相同。即消费者总是可以比较和排列所给出的不同商品的组合。

（2）偏好的可传递性。如果消费者对 A 的偏好大于 B，对 B 的偏好大于对 C 的偏好，那么，必有对 A 的偏好大于 C。

（3）偏好的非饱和性。如果两个商品组合的区别仅在于其中一种商品的数量不相同，那么，消费者总是偏好含有这种商品数量较多的那个商品组合。

序数效用论者对消费者偏好的这三个基本的假设条件又被称为消费者理论的"公理"。需要注意的是：偏好不取决于商品的价格，也不取决于收入，只取决于消费者对商品的喜爱与不喜爱的程度。

二、无差异曲线及其特征

（一）什么是无差异曲线

无差异曲线是指偏好相同的两种商品的所有组合。或者说，它表示能够给消费者带来相同的效用水平或满足程度的两种商品的所有组合的点的轨迹。无差异曲线也叫等效用线。

（1）无差异曲线表达的是某一个消费者对于某一组商品组合集的效用评价——这一组合集中的任一组合其效用是无差异的。

（2）无差异曲线簇表达的是一个消费者不同的消费愿望，至于这些个愿望能不能实现那是另外一件事。

（3）无差异曲线表达 A 消费者的效用评价，但不代表 B 消费者的效用评价。例如，张三常常在想：如果月薪 1 千元，我只能过温饱水平生活，则 A 商品组合集中的每一个组合对于我来说效用是无差异的；如果月薪 2 千元，我可能过小康水平生活，则 B 商品组合集中的每一个组合对于我来说效用是无差异的；如果月薪 3 千元，我应当过富裕水平生活，则 C 商品组合集中的每一个组合对于我来说效用是无差异的。

（二）无差异曲线的表示方法

无差异曲线可以用表格和坐标图来分别说明。

表 3－2 表示某消费者关于商品 X_1 和商品 X_2 的无差异情况，表中列出了关于这两种商品各种不同的组合。该表有三个子表，每一个子表代表着一种效用水平；包含六种商品组合；六种商品组合中的每一种组合的效用水平是相等的；消费者对这六种组合的偏好程度是无差异的。同样地，消费者对表 3－2 中的表 b 中的所有六种商品组合的偏好程度也都是相同的，表 3－2 中的表 c 中六种商品组合给消费者带来的满足程度也都是相同的。

表 3－2　某消费者的无差异

商品组合	表 a		表 b		表 c	
	X_1	X_2	X_1	X_2	X_1	X_2
A	20	130	30	120	50	120
B	30	60	40	80	55	90
C	40	45	50	63	60	83
D	50	35	60	50	70	70
E	60	30	70	44	80	60
F	70	27	80	40	90	54

由于 3－2 中的表 a、表 b 和表 c 三者各自所代表的效用水平的大小是不一样的，只要对表中的商品组合进行仔细观察和分析，就可以发现，根据偏好的非饱和性假设，或者说，根据商品数量"多比少好"的原则，可以得出结论：表 a 所代表的效用水平低于表 b，表 b 又低于表 c。

根据表 3－2，我们可以绘制出无差异曲线（如图 3－3 所示）。图 3－3 中的横轴和纵轴分别表示商品 X_1 和商品 X_2 的数量，曲线 U_1，U_2，U_3 顺次代表与表 a、表 b 和表 c 相对应的三条无差异曲线。

实际上,我们可以假定消费者的偏好程度可以无限多,也就是说,我们可以有无穷个无差异子表,从而得到无数条无差异曲线。表3-2和图3-3只不过是一种分析的简化而已。

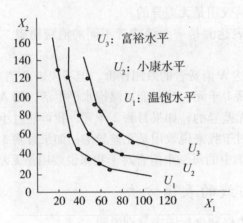

图3-3 某消费者的无差异曲线

(三) 无差异曲线的特征

(1) 同一坐标平面图上可以有无数条无差异曲线,离原点越远的无差异曲线代表的效用水平越高。由于通常假定效用函数是连续函数,即在同一坐标平面上的任何两条无差异曲线之间,存在着无数条无差异曲线。可以这样想象:我们可以画出无数条无差异曲线,以至覆盖整个平面坐标图。根据消费者偏好的非饱和性假设,所有这些无差异曲线之间的相互关系是:离原点越远的无差异曲线代表的效用水平越高,离原点越近的无差异曲线代表的效用水平越低。

(2) 同一坐标平面上的任意两条无差异曲线不会相交。这一点可以用图3-4来说明。其理由在于:不同的无差异曲线代表的是不同的效用水平,而且根据无差异曲线的定义,由无差异曲线U_1可得a、b两点的效用水平是相等的,由无差异曲线U_2可得a、c两点的效用水平是相等的。于是,根据偏好可传递性的假定,必定有b和c这两点的效用水平是相等的。但是,观察和比较图3-4中b和c这两点的商品组合,可以发现c组合中的每一种商品的

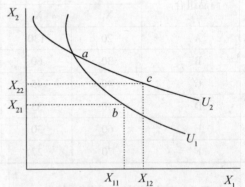

图3-4 违反偏好假定的无差异曲线

数量都多于b组合,于是,根据偏好的非饱和性假定,必定有c点的效用水平大于b点的效用水平。这样一来,这就违背了偏好的完全性假定。由此证明:对于任何一个消费者来说,两条无差异曲线不能相交。

(3) 无差异曲线是凸向原点的。这就是说,无差异曲线不仅向右下方倾斜,而且

以凸向原点的形状向右方倾斜。为什么无差异曲线具有凸向原点的特征呢？这取决于商品的边际替代率递减规律。因为边际替代率通常取决于消费者当前正在消费的每一种商品的量。而且，消费者通常更愿意交易出他们富有的产品，更不愿意交易出他们短缺的产品。由于这一规律的影响，导致无差异曲线的图形凸向原点。

（四）无差异曲线的特殊情况

无差异曲线斜率图形告诉了我们消费者用一个产品交换另一个产品的意愿。当产品间相互替代容易时，无差异曲线轻度凸向原点；当产品间相互替代困难时，无差异曲线重度凸向原点。

（1）如若两种商品为互替商品，无差异曲线为一条斜率不变的直线，如图3-5a所示。完全替代品是指两种商品之间的替代比例是固定不变的情况。在完全替代的情况下，两种商品之间的边际替代率MRS_{12}就是一个常数，相应的无差异曲线是一条斜率不变的直线。例如，在某消费者看来，一杯牛奶和一杯咖啡之间是无差异的，两者总是可以以1∶1的比例相互替代，相应的无差异曲线如图3-5a所示。

（2）如若两种商品为互补商品，无差异曲线则呈直角形状，如图3-5b所示。完全互补品指两种商品必须按固定不变的比例配合同时被使用的情况。在完全互补的情况下，相应的无差异曲线为直角形状，其边际替代率为0（平行于横轴）或为∞（垂直于横轴）。例如，一副眼镜架必须和两片眼镜片同时配合，才能构成一副可供使用的眼镜，则相应的无差异曲线如图3-5b所示。图中水平部分的无差异曲线部分表示，对于一副眼镜架而言，只需要两片眼镜片即可，任何超量的眼镜片都是多余的。换言之，消费者不会放弃任何一副眼镜架去换取额外的眼镜片，所以，相应的$MRS_{12}=0$。图中垂直部分的无差异曲线表示，对于两片眼镜片而言，只需要一副眼镜架即可，任何超量的眼镜架都是多余的。换言之，消费者会放弃所有超量的眼镜架，只保留一副眼镜架与两片眼镜片相匹配，所以，相应的$MRS_{12}=\infty$。

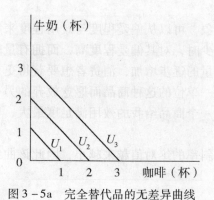

图3-5a　完全替代品的无差异曲线

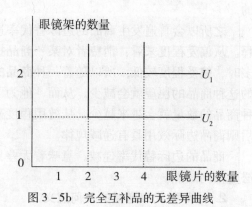

图3-5b　完全互补品的无差异曲线

三、商品的边际替代率

无差异曲线的本质特征是商品不同的组合可以产生相同的效用水平。这表明在维持消费者效用水平不变的条件下可以用一种商品替代另一种商品。

（一）边际替代率的定义

边际替代率，是指在维持效用水平或满足程度不变的前提下，消费者增加一单位的某种商品的消费时所需要放弃的另一种商品的消费数量，通常用 MRS 表示。若用商品1替代商品2，我们以 MRS_{12} 表示；若用2替代1，我们以 MRS_{21} 表示。

商品1对商品2的边际替代率的定义公式为：

$$MRS_{12} = -\frac{\Delta X_2}{\Delta X_1}$$

式中，ΔX_1 和 ΔX_2 分别为商品1和商品2的变化量。由于 ΔX_1 是增加量，ΔX_2 是减少量，当一个消费者沿着一条既定的无差异曲线上下滑动的时候，两种商品的数量组合会不断地发生变化，而效用水平却保持不变。这说明，在维持效用水平不变的前提条件下，消费者在增加一种商品的消费数量的同时，必然会放弃一部分另一种商品的消费数量，即两商品的消费数量之间存在着替代关系。

为了取绝对值，边际替代率公式中加了一个负号。这样使 MRS_{12} 的计算结果取正值。

当商品数量的变化趋于无穷小时，则商品的边际替代率公式为：

$$MRS_{12} = \lim_{\Delta x_1 \to 0} -\frac{\Delta X_2}{\Delta X_1} = -\frac{dX_2}{dX_1}$$

（二）边际替代率递减规律

1. 边际替代率递减的定义

边际替代率递减，是指在维持效用水平不变的前提下，随着一种商品消费数量的连续增加，消费者为得到每一单位的这种商品所需要放弃的另一种商品的消费数量是递减的。

之所以会普遍发生商品的边际替代率递减的现象，可以从偏爱程度与效用程度来解释。从偏爱程度来看：消费者对某一商品拥有量较少时，对其偏爱程度高，而拥有量较多时，偏爱程度较低。所以随着一种商品的消费数量的逐步增加，消费者想要获得更多的这种商品的愿望就会减少，从而，他为了多获得一单位的这种商品而愿意放弃的另一种商品的数量就会越来越少。从效用程度来看：第一个商品给我的效用满足度最大，以后则商品边际效用具有递减规律。

商品的边际替代率递减，意味着无差异曲线的斜率的绝对值越来越小，因此该曲线必定凸向圆点。

2. 边际替代率递减的几何意义

商品的边际替代率递减表示无差异曲线的斜率的绝对值是递减的，决定了差异曲线的形状凸向原点。

第四节 消费者的预算线

一、预算线

(一) 预算线的定义

预算线,是指在消费者的收入和商品价格既定时,消费者的全部收入所能买到的两种商品的不同数量的各种组合。我们每一个人都要消费多种商品。但是,现实中的每一个人的收入是有限的。有限的收入就是该消费者的预算约束。

(二) 预算线的表达式

为了简化问题,也为了能在平面上展示,我们假设消费者只购买两种商品:盒饭与饮料。

$I = p_1 X_1 + p_1 X_2$ 为预算线的表达式。例如,你预算每餐的费用为 10 元钱,只能买盒饭与饮料,且全部花光。当这两种商品价格既定时,所能买到的两种商品组合与预算费用就如表达式。恒等变形后得:

$$X_2 = -\frac{p_1}{p_2} X_1 + \frac{I}{p_2}$$

式中,$-P_1/P_2$ 为斜率,可以看出这是两商品的价格之比;I/P_2 为纵轴截距。其经济学上的意义是在价格 P_1、P_2 一定时,且消费者将其全部收入都用于购买时,增购 X_1 就必减购 X_2,增购 X_2 就必减购 X_1。

(三) 预算线的图形与说明

预算线的图形如图 3-6 所示。从图形中我们可以看到:预算线 AB 把平面坐标图划分为三个区域:①预算线 AB 以外的区域中的任何一点,如 a 点,是消费者利用全部收入都不可能实现的商品购买的组合点。②预算线 AB 以内的区域中的任何一点,如 b 点,表示消费者的全部收入在购买该点的商品组合以后还有

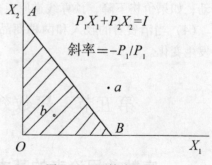

图 3-6 预算线图形

剩余。③唯有预算线 AB 上的任何一点,才是消费者的全部收入刚好花完所能购买到的商品组合数量的组合点。图 3-6 中的阴影部分的区域(包括直角三角形的三条边),被称为消费者的预算可行集或预算空间。

在既定价格和既定收入下,预算线代表了消费者的各种可能的消费机会,但这条线上可以有无数组组合,究竟哪一组合为最优,即能提供最大效用,该线本身是无法说明的。

(四)预算线与无差异曲线的差别

无差异曲线反映消费者主观上对不同产品组合的偏好,即他愿意买哪一种产品组合;预算线则反映消费者客观上能够买哪一种产品组合。

二、预算线的变动

预算线的变动可以归纳为以下几种情况(如图3-7所示)。

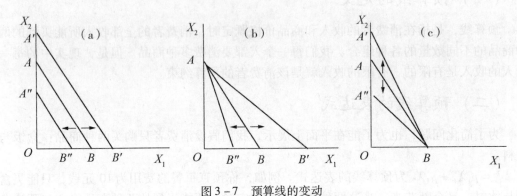

图3-7 预算线的变动

(1)当两种商品的价格不变,消费者的收入发生变化时,预算线的位置会发生平移。如图3-7a所示。

(2)当消费者的收入不变,两种商品的价格同比例同方向变化时,预算线的位置也会发生平移。如图3-7a所示。

(3)当消费者的收入不变,一种商品的价格不变而另一种商品的价格发生变化时,预算线会沿着价格发生变化的商品轴摆动:如果该商品的价格上升,预算线往原点方向摆动;如果价格下降,预算线逆原点方向摆动。如图3-7b与图3-7c所示。

(4)当消费者的收入和两种商品的价格都同比例同方向变化时,预算线的位置不会发生变化。

第五节 序数效用条件下的消费者均衡

一、序数效用论者的基本结论

假定消费者的偏好不变、收入不变、商品的市场价格不变,则只有在既定的预算线与其中一条无差异曲线的切点,才是消费者获得最大效用水平或满足程度的均衡点。或者换句话说,消费者对于两种商品组合,最优购买组合量的选择是在既定的预算线与其中一条无差异曲线的切点上;由此构成的商品组合点不再变动;在这一均衡点上的购买量会使消费者获得效用的最大化(如图3-8所示)。

为什么唯有e点才是消费者效用最大化的均衡点呢?这是因为,就无差异曲线 U_3

来说，虽然它代表的效用水平高于无差异曲线 U_2，但它与既定的预算线 AB 既无交点又无切点。这说明消费者在既定的收入水平下无法实现无差异曲线 U_3 上的任何一点的商品组合的购买。就无差异曲线 U_1 来说，虽然它与既定的预算线相交于 a、b 两点，这表明消费者利用现有收入可以购买 a、b 两点的商品组合；但是，这两点的效用水平低于无差异曲线 U_2，因此，理性的消费者不会用全部收入去购买无差异曲线 U_1 上 a、b 两点的商品组合。事实上，就 a 点和 b 点来说，若消费者能改变购买组合，选择 AB 线段上位于 a 点右边或 b 点左边的任何一点的商品组合，则都可以达到 U_1 更高的无差异曲线，以获得比 a 点和 b 点更大的效用水平。这种沿着 AB 线段由 a 点往右和由 b 点往左的运动，最后必定在 e 点达到均衡。显然，只有当既定的预算线 AB 和无差异曲线 U_2 相切于 e 点时，消费者才在既定的预算约束条件下获得最大的满足。故 e 点就是消费者实现效用最大化的均衡点。

二、消费者效用最大化的均衡条件

我们已经知道切点 e 就是消费者实现效用最大化的均衡点。如图 3-8 所示，在切点 e，无差异曲线和预算线两者的斜率是相等的。我们还知道，无差异曲线斜率的绝对值就是两商品的边际替代率 $MRS_{12} = dX_2/dX_1$，预算线的斜率的绝对值可以用两商品的价格之比来表示 P_1/P_2，因此，在均衡点有：$dX_2/dX_1 = P_1/P$。其中，边际替代

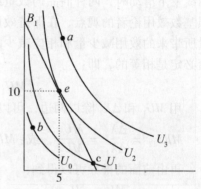

图 3-8 消费者均衡

率是消费者愿意用一种商品交换另一种商品的比率，表达的是一种愿望的交换比率；预算线的斜率是市场上一种商品能够交换另一种商品的比率，表达的是一种现实的交换比率。"边际替代率 = 预算线的斜率"向我们表达的一个信息就是愿望与现实一定要吻合，这就是消费者效用最大化的均衡条件。为什么？我们还可以作一个简单的分析。

如果 $MRS_{12} = -\dfrac{dX_2}{dX_1} = \dfrac{0.5}{1} < \dfrac{1}{1} = \dfrac{P_1}{P_2}$，从不等式的左边看，表达的是消费者愿意用 1 单位的商品 2 换 0.5 单位的商品 1，就可以维持原有的满足度；而从不等式的右边看，表达的是市场现实是消费者用一单位的商品 2 就可以换 1 单位的商品 1。此时是愿望小于现实。比如，张三愿意用 2 斤红辣椒（商品 1）换 1 斤黄瓜（商品 2）。但当他走向集贸市场购买时，发现市场实际行情是 1 斤换 1 斤。作为理性人，他就只用 1 斤红辣椒（商品 1）来换 1 斤黄瓜（商品 2），剩余 1 斤红辣椒或者用于自我消费，或者再换 1 斤黄瓜增加消费，两种措施实施的结果，不仅调整了愿望，使愿望逐渐等于现实，而且使总效用量有所增加。

如果 $MRS_{12} = -\dfrac{dX_2}{dX_1} = \dfrac{1}{0.5} > \dfrac{1}{1} = \dfrac{P_1}{P_2}$，从不等式的左边看，表达的是消费者愿望用 1 单位的商品 1 换 0.5 单位的商品 2，就可以维持原有的满足度；从不等式的右边看，表达的是市场现实是消费者用一单位的商品 1 就可以换 1 单位的商品 2。此时是愿望大于

现实。比如，张三愿意用2斤黄瓜（商品2）换1斤红辣椒（商品1）。但当他走向集贸市场购买时，发现市场实际行情是1斤换1斤。作为理性人，他就只用1斤黄瓜（商品1）来换1斤红辣椒，剩余1斤黄瓜或者用于自我消费，或者再换1斤红辣椒增加消费，两种措施实施的结果，不仅调整了愿望，使愿望逐渐等于现实，而且使总效用量有所增加。

三、序数效用论者所得出的消费者均衡条件与基数效用论者所得出的均衡条件从本质上讲是相同的

证明1

观察消费者均衡的图形可以看到：在无差异曲线上，消费者沿着一条既定的无差异曲线上下滑动时，两种商品的数量组合会不断地发生变化，而效用水平却保持不变。按照基数效用论者的观点，在保持效用水平不变的前提下，消费者增加一种商品的消费数量所带来的效用减少量和相应减少的另一种商品消费数量所带来的效用的增加量的绝对值必定是相等的，即：

$$|MU_1 \cdot \Delta X_1| = |MU_2 \cdot \Delta X_2|$$

用 MU_1 和 ΔX_2 除以两边，可以得到：

$$MRS_{12} = \frac{\Delta X_2}{\Delta X_1} = \frac{MU_1}{MU_2}，或：MRS_{12} = \lim_{\Delta x \to 0} -\frac{\Delta X_2}{\Delta X_1} = \frac{MU_1}{MU_2}$$

再由前面的推导可以得到：

$$MRS_{12} = \frac{MU_1}{MU_2} = \frac{P_1}{P_2}（这就是序数效用论者关于消费者均衡的条件）$$

或：$\frac{MU_1}{P_1} = \frac{MU_2}{P_2} = \lambda$（这就是基数效用论者关于消费者均衡的条件）

证明2

设消费者的效用函数 $U = U(X_1, X_2)$ 预算约束条件为 $I = P_1 X_1 + P_2 X_2$，建立拉格朗日函数：

$$L = L(X1, X2, \lambda) = U(X1, X2) + \lambda(I - P1 X1 - P2 X2)$$

分别对三个变量求一阶偏导数，并令其分别等于零，整理可得：

$$\frac{MU_1}{MU_2} = \frac{P_1}{P_2}$$

再整理，即得：

$$\frac{MU_1}{P_1} = \frac{MU_2}{P_2} = \lambda$$

序数效用论者所得出的消费者均衡条件与基数效用论者所推导出来的消费者效用最大化的均衡条件相同表示：在一定的预算约束下，为了实现最大的效用，消费者应该选择最优的商品组合，使得消费者愿意用一单位的某种商品去交换的另一种商品的数量，应该等于该消费者能够在市场上用一单位的这种商品去交换得到的另一种商品的数量。

这才是理性消费者的消费行为表现，也与基数效用论者所得出的均衡条件相同。

从上面的分析我们可以得知：以基数效用论为基础的消费者均衡与以序数效用论为基础的消费者均衡在本质上是相同的，只是两者的表现形式有所不同。如果我们把商品的边际效用之比看作消费者对商品的主观效用的评价，而把价格之比看作市场对商品的客观评价，那么消费者均衡条件表明：当主观评价与客观评价正好相符时，消费者效用达到最大化。

第六节　价格变化和收入变化对消费者均衡的影响

上一节讨论了消费者均衡点是在假定消费者的偏好不变、收入不变、商品的市场价格不变的条件下达到的。本节将讨论消费者的收入与商品的市场价格发生变化了，消费者的购买选择将会发生变化。

一、价格-消费曲线

（一）价格-消费曲线的定义

价格-消费曲线，是指在消费者的偏好不变、收入不变及其他商品价格不变的条件下，与某一种商品的不同价格水平相联系的消费者预算线和无差异曲线相切的消费者效用最大化的均衡点的轨迹。

（二）价格-消费曲线的推导

如果消费者的货币收入不变，一种商品的价格发生变化导致另一种商品的相对价格发生变化，消费者便会沿着价格-消费曲线来作出自己的购买选择，以实现效用最大化。价格变化→预算线位置发生变化→与无差异曲线的切点位置发生变化。所有的切点联接起来，就是价格-消费曲线。

（三）需求曲线的推导

（1）均衡点 E_1 有一个既定价格 P_1^0，X_1 对应一个既定消费量 $\overline{X}_1^0$；给定一个价格变化 P_1'，X_1 对应一个既定消费量 $\overline{X}_1^1$；将上述所有点在另一张坐标图中描图出来，即为消费需求曲线。

（2）序数效用论者所推导的需求曲线与基数效用论者所推导的需求曲线具有相同的特征：①序数效用论者的需求曲线也是向右下方倾斜的，它表示商品的价格与需求量呈反方向变动；②需求曲线上与每一价格水平相对应的商品需求量都是可以给消费者带来最大效用水平或满足程度的需求量。如图3-9所示。

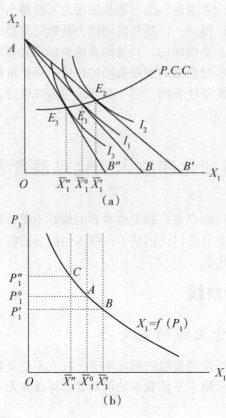

图 3-9 需求曲线推导

二、收入-消费曲线

(一) 收入-消费曲线的定义

收入-消费曲线,是指在消费者的偏好和商品价格不变的条件下,与消费者的不同收入水平相联系的消费者效用最大化的均衡量的轨迹。我们可以设想保持商品的价格不变而让消费者的收入连续发生变化,这样可以得到许多相互平行的预算线。这些预算线分别与众多无差异曲线相切,得到若干个切点,连接这些切点便得到一条收入-消费曲线。

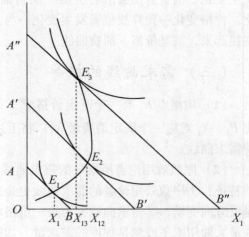

图 3-10 收入-消费曲线

在图 3-10 中,随着收入水平的不断增加,预算线由 AB 平移至 $A'B'$,再平移至 $A''B''$,于是,形成了三个不同的消费者效用最大化的均衡点 E_1、E_2 和 E_3。如果收入水平的变化是连续的,则可以得到无数个这样的均衡点的轨迹,这便是图 3-10 中的收入-消费曲线。

（二）收入-消费曲线的两种情况

第一种情况是两种商品都是正常品：这时，收入-消费曲线便向右上方倾斜。

第二种情况是一种商品为正常品，另一种商品为劣等品；这时，收入-消费曲线便向后弯曲（如图3-10所示）。

三、恩格尔定律

19世纪德国统计学家恩格尔（Ernst Engel）发现，家庭对不同商品的支出比例与家庭收入高低之间有非常明显的关系。在低收入家庭中，食物的支出占收入的绝大部分，当收入逐渐增加时，食物支出占收入的比例则逐渐缩小。由于此种现象普遍存在于不同国家之间，故我们将之称为恩格尔定律。

恩格尔定律的表述如下：

（1）随着家庭收入增加，用于购买食品的支出占家庭收入的比重就会下降。

（2）随着家庭收入增加，用于住宅建筑和家务经营的支出占家庭收入的比重大体不变。

（3）随着家庭收入的增加，用于其他方面的支出和储蓄占家庭收入的比重就会上升。

第七节 替代效应和收入效应
——对序数效用条件下消费者均衡点变化的补充说明

从比较静态分析来看，当一种商品的价格发生变化时，会对消费者产生两种影响：一是使消费者的实际收入水平发生变化，二是使商品的相对价格发生变化。这两种变化都会对消费者的购买决策产生影响，进而改变对该种商品的需求量。这两种现象就是我们本节要讨论的替代效应和收入效应，作为"对序数效用条件下消费者均衡点变化的补充说明"。

一、替代效应和收入效应的概念

为更好理解替代效应和收入效应的概念，可从一种商品的价格变化谈起。例如，鸡蛋的价格下降，会引发两种情况出现：一是会引起消费者的实际收入水平相对提高。作为理性人，他有可能会增加消费支出从而增加效用。二是会导致这种商品相对便宜。作为理性人，他也有可能会不增加消费支出，而只是调整消费结构，如更多地购买这种商品而减少购买别的商品。

（一）替代效应的概念

替代效应，是指在实际收入不变条件下，某种商品价格的变动引起其他商品相对价格呈相反方向变动，从而引起的该商品需求量的变化，消费者会购买比较便宜的商品以替代比较昂贵的商品。在价格下降引起的增收部分被剔除后，消费者沿着原有的无差异线增加比较便宜的商品购买以替代比较昂贵的商品购买。

（二）收入效应的概念

收入效应，是指在货币收入不变的条件下，某种商品价格的变动引起消费者实际收入呈相反方向变动，从而也引起的该商品购买量的变化。比如一个家庭，它的收入用来购买 X_1、X_2 两种商品，在价格未变动以前，全部收入购买的两种商品是以使它获得最大满足的方式组合的。现在假定：X_1 商品的价格下降，在购买原来数量的 X_1 商品之后，家庭的收入将有所剩余；X_1 商品价格的下降等于增加了这个家庭的实际收入，这剩余的收入可以用来购买 X_1 商品，也可以用来购买 X_2 商品。

（三）收入效应与替代效应的差别

收入效应改变消费者的效用水平，替代效应不改变消费者的效用水平。

（四）总效应

某种商品价格变化的总效应，是指一种商品价格变动所引起的该商品需求量的变动。在坐标图上应是当消费者从一个均衡点移到另一个均衡点时需求的总变动。这个总效应可以被分解为替代效应与收入效应两个部分。

二、正常物品的替代效应和收入效应

（一）正常物品的替代效应与收入效应

正常物品是需求的收入弹性大于零的商品。因为需求的收入弹性大于零，其需求量与实际收入同方向变化。作一条平行于新的预算线并切于原有的无差异曲线的补偿预算线，可以刻画替代效应和收入效应的作用程度。

假设：消费者用全部收入购买 X_1、X_2 两种商品。当价格未发生变动时，预算线 AB 与无差异曲线 U_1 相切于 a，a 是消费者最初的最大满足的均衡点。当 X_1 商品价格下降时，消费者实际收入提高，用全部收入可以购买到的 X_1 商品数量右移到 B'，形成新的预算线 AB'。在这种情况下，X_1 商品的消费量增加，X_2 商品的消费量减少。为了区分收入效应和替代效应，作一条与 AB' 平行，并代表与 AB' 相同的价格比例的补偿预算线 FG，它代表实际收入假设不变、而价格发生变动、给消费者带来同等满足程度的两种商品 X_1、X_2 的各种不同组合。

补偿预算线的意义：当价格变动引起消费者实际收入发生变动时，补充预算线是用来表示以假设的货币收入的增减来维持消费者实际收入水平不变的一种分析工具。具体地说：在商品价格下降引起实际收入提高时，假设可取走一部分货币收入，以使消费者的实际收入维持原有的效用水平。图 3 – 11 FG 曲线即为补偿预算线。

（二）两种效应的分解

在图 3-11 中，当商品 X_1 的价格下降时，我们可以从两个方面来观察可能对消费者产生的影响：替代效应作用，使需求量的增加量为 $X_1'X_1''$，表现在图 3-11 上就是由点 a 沿着 I_1 曲线向点 c 的移动产生的水平距离。收入效应作用，使需求量的增加量 $X_1''X_1'''$，就是由点 c 向点 b 的移动产生的水平距离。总效应作用，商品 X_1 的需求量的增加量为 $X_1'X_1'''$，表现在图 3-11 上就是由点 a 向点 b 的移动产生的水

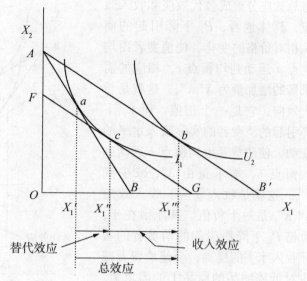

图 3-11 正常物品的替代效应和收入效应

平距离。替代效应分析只考虑纯粹的商品边际替代率的变化而不考虑消费者的福利变化；收入效应分析只考虑纯粹的消费者的福利变化而不考虑商品边际替代率的变化。在这里，P_1 下降时，替代效应所引起的需求量的增加量 $X_1'X_1''$ 是一个正值，即符号为正，也就是说，正常物品的替代效应引起的需求量变化与价格变化呈反方向变动。收入效应所引起的需求量的增加量 $X_1''X_1'''$ 也是一个正值，表明当 P_1 下降使得消费者的实际收入水平提高时，消费者必定会增加对正常物品商品 X_1 的购买。也就是说，正常物品的收入效应引起的下列变化与价格呈反方向变动。图 3-11 表示了正常物品价格下降时的替代效应和收入效应。

（三）结论

对于正常物品来说，替代效应与价格呈反方向的变动，收入效应也与价格呈反方向的变动，在它们的共同作用下，总效应必定与价格呈反方向的变动。正因为如此，正常物品的需求曲线是向右下方倾斜的。

三、低档物品的替代效应和收入效应

低档物品含义是需求的收入弹性小于零的商品。因为这一特点，其需求曲线的变化以及在此基础上形成的替代与收入效应变化都有其不同于正常物品的情况。现以图 3-12 为例分析低档物品价格下降时的替代效应和收入效应。

对于一般低档品，当价格下降，替代效应的作用是增加需求量，收入效应的作用是减少需求量（价格下降使实际收入增加，需求量反而减少）。图中商品 1 的价格 P_1 变化前的消费者的效用最大化的均衡点为 a 点，P_1 下降以后的消费者的均衡点为 b 点，因此，价格下降所引起的商品 1 的需求量的增加量为 $X_1'X_1'''$，这便是总效应。运用与正常物品分析相同的方法，作与预算线平行且与无差异曲线 U_1 相切的补偿预算线 FG，便可

将总效应分解成替代效应和收入效应。具体地看，P_1下降引起的商品相对价格的变化，使消费者由均衡点a运动到均衡点c，相应的需求量的增加量为$X_1'X_1'''$，这就是替代效应，它是一个正值。而P_1下降引起的消费者的实际收入水平的变动，使消费者由均衡点c运动到均衡点b，需求量由X_1'''减少到X_1''，这就是收入效应。收入效应$X_1'''X_1''$是一个负值，其原因在于：价格P_1下降所引起的消费者的实际收入水平的提高，会使消费者减少对低档物品的商品1的需求量。由于收入效应是一个负值，所以，图3-12中的b点必定落在a、c两点之间。

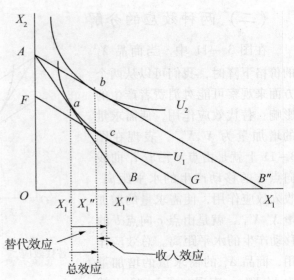

图3-12 低档物品的替代效应和收入效应

商品1的价格P_1下降所引起的商品1的需求量的变化的总效应为$X_1'X_1''$，它是正的替代效应$X_1'X_1'''$和负的收入效应$X_1'''X_1''$之和。由于替代效应$X_1'X_1'''$的绝对值大于收入效应$X_1'''X_1''$的绝对值，或者说，由于替代效应的作用大于收入效应，所以，总效应$X_1'X_1''$是一个正值。

综上所述，对于低档物品来说，替代效应与价格呈反方向的变动，收入效应与价格成同方向的变动，而且，在大多数的场合，收入效应的作用小于替代效应的作用，所以，总效应与价格呈反方向的变动，相应的需求曲线是向右下方倾斜的。

四、吉芬物品的替代效应和收入效应

吉芬物品，是指需求量与价格呈同方向变动的特殊商品。因为这一特点，其需求曲线的变化以及在此基础上形成的替代效应与收入效应变化都有其不同于正常物品与低档物品的情况。用图3-13分析吉芬物品替代效应和收入效应。

商品1的价格P_1下降前后的消费者的效用最大化的均衡点分别为a点和b点，相应的商品1的需求量的减少量为$X_1''X_1'$，这就是总效应。通过补偿预算线FG可得：$X_1''X_1'''$为替代效应，它是一个正值。$X_1'''X_1'$是收入效应，它是一个负值，而且，负的收入效应$X_1'''X_1'$的绝对值大于正的替代效应$X_1''X_1'''$的绝对值，所以，最后形成的总效应$X_1''X_1'$为负值。在图中，a点必定落在b、c两点之间。

很清楚，吉芬物品是一种特殊的低档物品。作为低档物品，吉芬物品的替代效应与价格呈反方向的变动，收入效应则与价格成同方向的变动。作为特殊的低档物品，其特殊性在于：收入效应的作用很大，以致超过了替代效应的作用，从而使得总效应与价格成同方向的变动。这也就是吉芬物品的需求曲线呈现出向右上方倾斜的特殊形状的原因。

运用以上分析的结论就可以解释"吉芬难题"了。在19世纪中叶的爱尔兰，购买土豆的消费支出在大多数的贫困家庭的收入中占一个较大的比例，于是，土豆价格的上升导致贫困家庭实际收入水平大幅度下降。在这种情况下，变得更穷的人们不得不大量地增加对劣等物品土豆的购买，这样形成的收入效应是很大的，它超过了替代效应，造成了土豆的需求量随着土豆价格的上升而增加的特殊现象。

现将正常物品、低档物品和吉芬物品的替代效应和收入效应所得到的结论综合于表3-3。

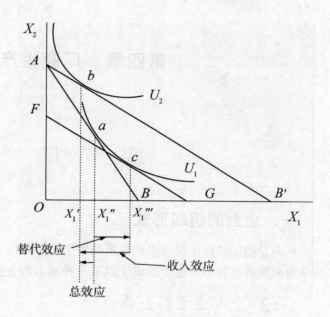

图3-13 吉芬物品的替代效应和收入效应

表3-3 商品价格变化所引起的替代效应和收入效应

商品类别	替代效应与价格的关系	收入效应与价格的关系	总效应与价格的关系	需求曲线的形状
正常物品	反方向变化	反方向变化	反方向变化	向右下方倾斜
低档物品	反方向变化	同方向变化	反方向变化	向右下方倾斜
吉芬物品	反方向变化	同方向变化	同方向变化	向右上方倾斜

我们分析商品价格及收入变化引起的价格效应与收入效应，主要目的是为了更清楚地看到消费者购买行为的变化与趋势。

第四章 厂商生产理论

第一节 厂　　商

一、企业的组织形式

厂商是指能够作出统一生产决策的单个经济单位。单个经济单位在数百年的市场经济孕育和发展过程中，逐步形成了以下三种基本的企业组织形式。

（一）个人业主制企业

个人业主制企业是指个人出资兴办、完全归个人所有和个人控制的企业。这种企业在法律上称为自然人企业，是最早产生的也是最简单的企业形态。

（二）合伙制企业

合伙制企业是由两个以上的企业主共同出资，为了利润共同经营，并归若干企业主共同所有的企业。合伙人出资可以是资金、实物或是知识产权。

（三）公司制企业

公司制企业是由许多人集资创办并且组成一个法人的企业。公司是法人，在法律上具有独立的人格，是能够独立承担民事责任、具有民事行为能力的组织。

公司制企业又有以下几种形式。

1. 无限责任公司

这是由两个以上负无限责任的股东出资组成，股东对公司债务负连带无限清偿责任的公司。英美法系不承认这种公司为公司法人，而大陆法系则承认这种公司为公司法人。

2. 有限责任公司

这是指由两个以上股东共同出资，每个股东以其所认缴的出资额对公司承担有限责任，公司以其全部资产对其债务承担责任的企业法人。

3. 责任两合公司

这是由少数有限责任股东和少数无限责任股东共同组成的公司。

4. 股份有限公司

这是指由两个以上股东共同出资，每个股东以其所认缴的股份额对公司承担有限责任，公司以其全部资产对其债务承担责任的企业法人。

5. 股份两合公司

这是由一人以上的无限责任股东和一定人数或一定人数以上的有限责任股东出资组成的法人企业。

二、企业的性质

关于企业性质的讨论严格来说源于美国经济学家科斯 1937 年《企业的性质》一文。科斯在该文中讨论的问题是"企业在一个专业化交换经济中出现的根本原因"到底是什么。科斯把这一问题依然放在分工与专业化经济的背景之中来加以考虑。由于分工导致专业化经济与市场交换,市场交易需要支付成本,交易成本的存在会抵消分工与专业化经济的效率。基于此,科斯对于企业的性质与企业的规模边界给出了一个解释。

科斯指出,如果通过管理协调,其增加的成本小于节约的交易成本,企业就会在分工中出现。他在《企业的性质》与《社会成本问题》两文中先后指出:市场的运行是有成本的,通过形成一个组织,并允许某个权威(一个企业家)来支配资源,就能节约某些市场运行成本。因此,企业的显著特征就是作为价格机制的替代物。这种情形表明,由个人之间中间产品的交换来组织分工,存在着较高的交易成本,存在着交易机会、交易信息、交易价格等一系列的不确定性,如果通过设立一个企业组织,增加一个管理协调费用,节约了纯粹个人交易行为的成本,而把上述所有的外部不确定性内部化了,企业就有存在的理由。

按照科斯的观点,在分工基础上产生专业化与市场交换,而市场交换要支付交易成本,而交易成本会使资源配置的效率降低。如果通过管理协调可以替代市场协调从而节约交易成本,纵向一体化企业就会从分工与专业化经济中出现。这样,市场协调与管理协调就成为建立在劳动分工与专业化基础之上的两种不同的、可以相互替代的配置资源的方式。

科斯解释设定了协调专业化生产的两个可以相互替代的规则,一个是市场协调,另一个是组织协调,并且当组织协调比市场协调更有效率时,企业就会从分工演化中出现。对此,科斯的学生与同事张五常提出了异议。张五常指出:说一个企业取代市场是不太正确的,不如说一种契约形式取代另一种契约形式。在张五常看来,企业并非用非市场规则替代市场规则,而是通过劳动的交换替代中间产品的交换。张五常认为,在既存在要素市场也存在产品市场的条件下,如果劳动交换的效率大于中间产品交换的效率,就可以极大地节约定价费用和整个交易成本,并且使得专业化、分工、协作的好处表现出来,企业的存在就有理由。

在解释企业的性质与起源问题上,张五常 1983 年的解释为科斯所接受,即企业是劳动市场对中间产品市场的一种替代。从交易费用的角度来看,市场和企业是两种不同的组织生产分工的方法:一种是内部管理方式,另一种是协议买卖方式。两种方式都存在一定的费用,即前者是组织费用,后者是交易费用。企业之所以出现正是由于企业的组织费用低于市场的交易费用。因此,交易费用的降低是企业出现的重要原因之一。科斯交易费用的思想为产权理论奠定了基础,在 20 世纪 60 年代以后引起经济学界的广泛重视。

三、企业的目标

在一般情况下，经济学认为厂商的经营目标是追求利润的最大化。

在信息不对称的情况下，厂商追求的目标可能是实现销售收入的最大化，尽管在公司制企业里，所有者与经营者分离，经营者往往会追求自身效用的最大化，而不是公司利益的最大化，但从长期来看，厂商的经营目标在于追求利润的最大化。

第二节 生产函数概述

一、生产函数

生产函数表示在一定时间内，在技术水平不变的情况下，生产中所使用的各种生产要素与所能生产的最大产量之间的关系，或者说，一组既定的投入与之所能生产的最大产量之间的依存关系。

假定用 Q 表示所能生产的最大可能产量，用 X_1，X_2，…，X_n 表示某产品生产过程中各种生产要素的投入量，则生产函数可用如下一般表达式表示：

$$Q = f(X_1, X_2, X_3, \cdots, X_n)$$

该生产函数表示在既定的生产技术条件下，生产要素组合（X_1，X_2，…，X_n）在某一时期所能生产的最大可能产量为 Q。

在本科经济学教学中，我们常常先从最简单的问题入手，常假定只使用劳动和资本两种生产要素，如果用 L 表示劳动投入量，用 K 表示资本投入量，则生产函数可用下式表示：

$$Q = f(L, K)$$

二、生产函数的类型

（一）固定替代比例的生产函数

固定替代比例的生产函数如图 4-1 所示。该函数表示在每一产量水平上任何两种生产要素之间的替代比例都是固定的。其表达形式为：

$$Q = aL + bK$$

当产量为 Q^0 时，恒等变形得：

$$L = \frac{Q^0}{a} - \frac{b}{a}K$$

显然，这是一条线性函数，对应于一个 ΔK，ΔL 的替代量是固定的，与其对应的等产量线是一条直线。

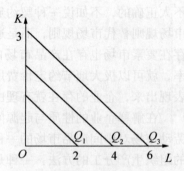

图 4-1 固定替代比例的生产函数

（二）固定投入比例的生产函数

固定投入比例生产函数如图 4-2 所示。该函数表示在每一产量水平上任何要素投入量之间的比例都是固定的生产函数。假定只用 L 和 K，则固定比例生产函数的通常形式为：

$$Q = min\left\{\frac{L}{u}, \frac{K}{v}\right\}$$

式中：

u 为固定的劳动生产系数（单位产量配备的劳动数），

v 为固定的资本生产系数（单位产量配备的资本数）。

在固定比例生产函数下，产量取决于较小比值的那一要素。这时，产量的增加，必须有 L、K 按规定比例同时增加，若其中之一数量不变，单独增加另一要素量，则产量不变。既然都满足最小比例，也就有：

$$Q = \frac{L}{u} = \frac{K}{v}，进一步有：\frac{K}{L} = \frac{V}{U}$$

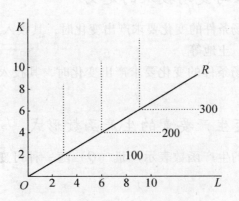

图 4-2 固定投入比例生产函数

（三）柯布-道格拉斯的生产函数

该函数又称为 $C-D$ 生产函数，是以两位经济学家柯布（Chales W. Cobb）与道格拉斯（Paul H. Douglas）的名字命名的。由于柯布-道格拉斯生产函数具有许多经济学上所需要的良好的性质，因此经济分析中使用比较多。该生产函数的一般形式是：

$$Q = AL^{\alpha}K^{\beta}$$

式中 Q 代表产量，L 和 K 分别代表劳动和资本的投入量，A 为规模参数，$A>0$，α 为产出弹性，表示劳动贡献在总产量中所占的份额（$0<\alpha<1$），β 为资本产出弹性，表示资本贡献在总产量中所占的份额（$0<\beta<1$）。柯布-道格拉斯生产函数规模报酬状况取决于 $\alpha+\beta$ 的数值大小。

若：$\alpha+\beta>1$，则规模报酬递增；

$\alpha+\beta=1$，则规模报酬不变；

$\alpha+\beta<1$，则规模报酬递减。

第三节 一种可变生产要素的生产函数

一、基本概念

（一）短期与长期的定义

短期是指在这段时期内，生产者来不及调整全部生产要素（L，K）的数量，至少有一种生产要素的数量是固定不变的时期。

长期是指在这段时期内，所有投入的生产要素（L，K）都是可以变动的。

微观经济学常以一种可变生产要素的生产函数考察短期生产理论，以两种可变生产要素的生产函数考察长期生产理论。

（二）固定投入与变动投入的定义

固定投入是指当市场条件的变化要求产出变化时，其投入量不能随之变化的投入。例如，厂房、机器设备、土地等。

变动投入是指当市场条件的变化要求产出变化时，其投入量能立即随之变化的投入。例如劳动量的投入。

（三）一种可变生产要素的生产函数形式

一种可变生产要素的生产函数表示产量（Q）随一种可变投入（X）的变化而变化。

其函数形式如下：

$$Q = f(X)$$

若假设仅使用劳动与资本两种要素，并设资本要素不变，劳动要素可变，则有函数：

$$Q = f(L, \overline{K})$$

二、总产量、平均产量、边际产量

（一）总产量、平均产量、边际产量的定义

1. 总产量的定义

总产量（TP_L）是指在资本投入既定的条件下，与一定可变生产要素劳动的投入量相对应的最大产量总和。

其公式为：

$$TP_L = f(L, \overline{K})$$

2. 平均产量的定义

平均产量（AP_L）是指平均每个单位可变生产要素劳动所能生产的产量。
其公式为：

$$AP_L = \frac{TP_L}{L} = \frac{f(L, \bar{K})}{L}$$

3. 边际产量的定义

边际产量（MP_L）是指每增加一单位可变要素劳动的投入量所引起的总产量的变动量。
其公式为：

$$MP_L = \frac{\Delta TP_L(L, \bar{K})}{\Delta L} \quad \text{或} \quad MP_L = \lim_{\Delta L \to 0} \frac{\Delta TP_L}{\Delta L} = \frac{dTP_L(L, \bar{K})}{dL}$$

类似地，我们还可以定义资本的总产量（TP_K）、资本的平均产量（AP_K）、资本的边际产量（MP_K）。

设在资本投入量为 20 个单位、劳动投入量为 0～8 个单位情况下，总产量、平均产量、边际产量见表 4-1。

表 4-1

资本投入量（K）	劳动投入量（L）	总产量（TP_L）	平均产量（AP_L）	边际产量（MP_L）
20	0	0	—	—
20	1	6.0	6.00	6.0
20	2	13.5	6.75	7.5
20	3	21.0	7.00	7.5
20	4	28.0	7.00	7.0
20	5	34.0	6.80	6.0
20	6	38.0	6.30	4.0
20	7	38.0	5.40	0.0
20	8	37.0	4.60	-1.0

（二）总产量曲线、平均产量曲线、边际产量曲线

根据表 4-1 可以绘制出总产量曲线、平均产量曲线、边际产量曲线（如图 4-3 所示）。

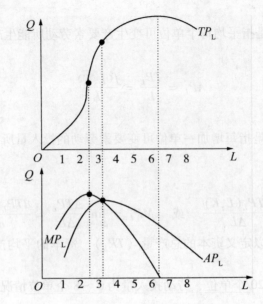

图4-3 总产量、平均产量、边际产量曲线

（1）总产量曲线的特点。初期随着可变投入的增加，总产量以递增的增长率上升，然后以递减的增长率上升，达到某一极大值后，随着可变投入的继续增加反而下降。

（2）平均产量曲线的特点。初期，随着可变要素投入的增加，平均产量不断增加，到一定点达到极大值，之后随着可变要素投入量的继续增加，转而下降。

（3）边际产量曲线的特点。边际产量在开始时，随着可变要素投入的增加不断增加，到一定点达极大值，之后开始下降，边际产量可以下降为零，甚至为负。边际产量是总量增量的变动情况，它的最大值在 TP_L 由递增上升转入递减上升的拐点。

三、边际报酬递减规律

（一）边际报酬递减规律的定义

对于一种可变生产要素的生产函数来说，边际产量表现出先上升而最终下降的规律，称之为边际报酬递减规律。

（二）边际报酬递减的原因

在任何产品的生产过程中，可变生产要素的投入量和固定生产要素的投入量之间都存在着一种最佳组合比例。

（三）边际报酬递减规律的要点

（1）这一规律只存在于技术系数可变的生产函数中。对于技术系数固定的生产函数，由于各种生产要素中可以相互替代，其组合比例是不可改变的，所以，当改变其中一种生产要素的投入量时，边际产量突变为零，不存在依次递减的趋势。

(2) 这一规律发生作用的前提是技术水平不变。如果技术进步,边际产量可能增加。

(3) 这一规律又是以假定其他生产要素投入量不变即生产规模不变为前提的。如果生产规模发生变动,边际产量也会发生变动。

四、总产量曲线、平均产量曲线、边际产量曲线之间的关系

一种可变生产要素的生产函数的产量曲线见图4-4。

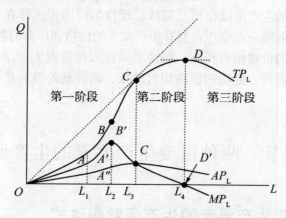

图4-4 一种可变生产要素的生产函数的产量曲线

(一)总产量曲线与边际产量曲线之间的关系

(1) 当边际产量上升时,总产量以递增的速率增加;当边际产量下降时,总产量以递减的速率增加;当边际产量为负值时,总产量绝对减少。

(2) 某一点的边际产量就是某一点总产量的导数。

(3) 边际产量为零的点就是总产量最大的点。

(二)总产量曲线与平均产量曲线之间的关系

连接总产量曲线上任何一点与坐标原点的线段的斜率,就是相应的平均产量值。

(三)平均产量曲线与边际产量曲线之间的关系

当平均产量上升时,边际产量大于平均产量;当平均产量下降时,边际产量小于平均产量;当平均产量达到最大值时,边际产量等于平均产量。

五、生产的三个阶段划分

第一阶段($O-L_3$阶段):在这一阶段中,劳动的边际产量始终大于劳动的平均产量,从而劳动的平均产量和总产量都在上升,且劳动的平均产量达到最大值。说明在这一阶段,可变生产要素相对于不变生产要素投入量显得过小,不变生产要素的使用效率不高,因此,生产者增加可变生产要素的投入量就可以增加总产量。生产者若将增加生产要素投入量,则把生产扩大到第二阶段。

第二阶段（$L_3 - L_4$ 阶段）：在这一阶段中，劳动的边际产量小于劳动的平均产量，从而使平均产量递减。但由于边际产量仍大于零，所以总产量仍然连续增加，但以递减的变化率增加。在这一阶段的起点 L_3，AP_L 达到最大，在终点 L_4，TP_L 达到最大。

第三阶段（L_4 之后）：在这一阶段中，平均产量继续下降，边际产量变为负值，总产量开始下降。这说明，在这一阶段，生产出现冗余，可变生产要素的投入量相对于不变生产要素来说已经太多，生产者减少可变生产要素的投入量是有利的。因此，理性的生产者将减少可变生产要素的投入量，把生产退回到第二阶段。

综上所述，合理的生产阶段在第二阶段，理性的厂商将选择在这一阶段进行生产。至于选择在第二阶段的哪一点生产，要看生产要素的价格和厂商的收益。如果相对于资本的价格而言，劳动的价格相对较高，则劳动的投入量靠近 L_1 点对于生产者有利；如果相对于资本的价格而言，劳动的价格相对较低，则劳动的投入量靠近 L_4 点对于生产者有利。

第四节　两种可变生产要素的生产函数

一、两种可变生产要素的生产函数表达式

$$Q = f(L, K)$$

式中，L 表示可变要素劳动的投入量，K 表示可变要素资本的投入量，Q 表示产量。该函数表示，在长期内，在技术水平不变的条件下，两种可变要素投入量的组合与能生产的最大产量之间的依存关系。

在两种可变投入生产函数下，生产者经常要考虑的一个问题是如何使生产要素投入量达到最优组合，以使生产一定产量下的成本最小。西方经济学家运用了与无差异分析、等成本分析类似的方法，即等产量线与等成本线的分析。

二、等产量曲线

（一）等产量曲线的定义

等产量曲线（Isoquant Curve），是指在技术水平不变的条件下，生产同一产量的两种生产要素投入量的所有不同组合点的轨迹（这与无差异曲线有异曲同工之理解）。与等产量曲线相对应的生产函数是：

$$Q = f(L, K) = Q^0$$

式中，Q^0 为常数，表示等产量水平，这一函数是一个两种可变要素的生产函数；这一函数在坐标图上的曲线叫等产量曲线。

图 4-5 是等产量曲线图形。这一等产量曲线图是从三维空间中的等产量点向 $L-K$ 平面投影而来的，因此曲线的纵坐标与横坐标所表示的并不是变量与自变量的关系。在图 4-5 中，L 与 K 都是自变量，Q 才是因变量。

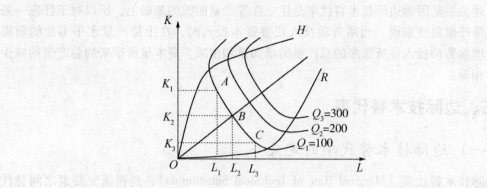

图 4-5 等产量曲线

图 4-5 中三条等产量曲线，它们分别表示产量为 100、200、300 单位。以代表 100 单位产量的等产量曲线为例，即可以使用 A 点的要素组合生产（OL_1，OK_1），也可以使用 B 点的要素组合（OL_2，OK_2）或 C 点的要素组合（OL_3，OK_3）生产。这是连续性生产函数的等产量线，它表示两种投入要素的比例可以任意变动，产量是一个连续函数，这是等产量曲线的基本类型。

（二）等产量曲线的特点

（1）距原点越远的等产量曲线表示的产量水平越高，反之则低。

（2）同一平面坐标上的任何两条等产量曲线不会相交。因为每一条产量线代表不同的产量水平，如果相交，则与上述说法相矛盾。

（3）等产量线向右下方倾斜，凸向原点。主要原因是等产量曲线上任何一点的边际技术替代率为负（下面要展开讨论），意味着在产量水平一定时，增加某一要素的投入量，减少另一要素投入量。这样的调整才是有意义的。

为什么等产量曲线向右下方倾斜并凸向原点？主要原因是边际技术替代率为负。我们必须认识它。

（三）边际技术替代率与边际产量的关系

边际技术替代率（绝对值）等于两种要素的边际产量之比。

设生产函数 $Q = f(L, K)$ 则：

$$dQ = \frac{dQ}{dL} \cdot dL + \frac{dQ}{dk} \cdot dK = MP_L \cdot dL + MP_K \cdot dK$$

由于同一条等产量线上产量相等，即 $dQ = 0$ 则上式变为：

$$MP_L \cdot dL + MP_K \cdot dK = 0$$

即：$-\dfrac{dK}{dL} = \dfrac{MP_L}{MP_K}$

由边际技术替代率公式可知：

$$MRTS_{LK} = \frac{MP_L}{MP_K}$$

上述关系是因为边际技术替代率是建立在等产量曲线的基础上，所以对于任意一条给定的等产量曲线来说，当用劳动投入代替资本投入时，在维持产量水平不变的前提下，由增加劳动投入量所带来的总产量的增加量和由减少资本量所带来的总产量的减少量必然相等。

三、边际技术替代率

（一）边际技术替代率的定义

边际技术替代率（Marginal Rate of Technical Substitution），是指研究要素之间替代关系的一个重要概念，它是指在维持产量水平不变的条件下，增加一单位某种生产要素投入量时所减少的另一种要素的投入数量。以 $MRTS_{LK}$ 表示劳动对资本的边际技术替代率，则：

$$MRTS_{LK} = -\frac{\Delta K}{\Delta L}$$

式中，ΔK 和 ΔL 分别表示资本投入量的变化量和劳动投入量的变化量，式中加负号是为了使 $MRTS_{LK}$ 为正值，以便于比较。

如果要素投入量的变化量为无穷小，上式变为：

$$MRTS_{LK} = \lim_{\Delta \to 0} -\frac{\Delta K}{\Delta L} = -\frac{dK}{dL}$$

上式说明等产量曲线上某一点的边际技术替代率就是等产量曲线该点斜率的绝对值。

边际技术替代率为负值，因为在代表一给定产量的等产量曲线上，作为代表一种技术上有效率的组合，意味着为生产同一产量，增加 L 的使用量，必须减少 K 的使用量，二者反方向变化。

（二）边际技术替代率与边际产量的关系

边际技术替代率（绝对值）等于两种要素的边际产量之比。这是因为在等产量曲线上，生产者沿着一条既定的等产量曲线上下滑动时，两种生产要素投入的数量组合会不断地发生变化，而产量水平却保持不变。如果增加劳动要素的投入量，必定会有劳动要素投入下的总产量的增量；如果减少资本的投入量，必定会有资本要素投入下的总产量的减量。由于在等产量线上要维持产量水平不变，生产者增加一种生产要素的投入数量所带来的产量增量与相应减少的另一种生产要素投入数量所带来的总产量的减少量的绝对值必定是相等的，即：

$$|MP_L \cdot \Delta L| = |MP_K \cdot \Delta K|$$

用 MU_1 和 ΔX_2 除以两边，可以得到：

$$-\frac{\Delta K}{\Delta L} = \frac{MP_L}{MP_K}$$

由边际技术替代率的定义公式得：

$$MRTS_{LK} = -\frac{\Delta K}{\Delta L} = \frac{MP_L}{MP_K}, \text{ 或 } MRTS_{LK} = -\frac{dK}{dL} = \frac{MP_L}{MP_K}$$

设等产量曲线的生产函数 $Q = f(L, K) = Q^0$ 则：

$$dQ = \frac{dQ}{dL} \cdot dL + \frac{dQ}{dK} \cdot dK = MP_L \cdot dL + MP_K \cdot dK = dQ^0$$

还可以通过全微分得。由于同一条等产量线上产量相等，即 $dQ^0 = 0$，则上式变为：

$$MP_L \cdot dL + MP_K \cdot dK = 0$$

即：$-\frac{dK}{dL} = \frac{MP_L}{MP_K}$

由边际技术替代率公式可知：

$$MRTS_{LK} = \frac{MP_L}{MP_K}$$

上述关系是因为边际技术替代率是建立在等产量曲线的基础上，所以，对于任意一条给定的等产量曲线来说，当用劳动投入代替资本投入时，在维持产量水平不变的前提下，由增加劳动投入量所带来的总产量的增加量和由减少资本量所带来的总产量的减少量必然相等。

（三）边际技术替代率递减规律

边际技术替代率递减规律，是指在维持产量不变的前提下，当一种要素的投入量不断增加时，每一单位的这种要素所能代替的另一种生产要素的数量是递减的。其原因在于边际产量是逐渐下降的：其一，当资本量不变时，随着劳动投入量的增加，则劳动的边际产量有递减趋势；其二，当资本量也下降时，劳动的边际产量会下降得更多。

四、等成本线

（一）等成本线的定义

等成本线，是指在既定的成本和既定的生产要素价格条件下生产者可以购买到的两种生产要素的各种不同数量组合的轨迹。其公式表达式称之为成本方程。也称为厂商的预算限制线，表示厂商对于两种生产要素的购买不能超出它的总成本支出的限制。

（二）等成本线的表达式

设 w 为劳动的价格，r 为资本的价格，则有 $C = w \cdot L + r \cdot K$，对上式进行恒等变形，可导出 $K = -\frac{w}{r}L + \frac{C}{r}$，由此式可得出等成本线。

（三）等成本线的图形

等成本线的图形如图 4-6 所示。图 4-6 中等成本线在纵轴上的截距 C/r 表示全部成本支出用于购买资本 K 时所能购买的资本数量，等成本线在横轴上的截距 $\frac{C}{W}$ 表示全部成本支出用于购买劳动 L 时所能购买的劳动数量，等成本线的斜率为 $-\frac{w}{r}$，其大小取决于劳动和资本两要素相对价格的高低。

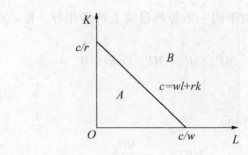

图 4-6　等成本线

在图 4-6 中，在等成本线以内的区域，其中的任意一点（如 A 点）表示既定的总成本没有用完；等成本线以外的区域，其中的任意一点（如 B 点）表示既定的成本不够购买该点的劳动和资本的组合；等成本线，其上的任意一点表示既定的全部成本刚好能购买的劳动和资本的组合。

（四）等成本线的移动

如果出现下面两种情况，等成本线会发生移动。

1. 当投入的要素价格发生变化

例如，当资本价格不变，而劳动价格发生变化时，会使等成本线左右旋转。具体分为四种情况：①L 变化而 K 不变化；②K 变化而 L 不变化；③L、K 等比例变化；④L、K 不等比例变化。

2. 总成本——生产者的投资发生变化

如果两种生产要素的价格不变，等成本线可因总成本——生产者的投资的增加或减少而平行移动。等成本线的斜率就不会发生变化，在同一平面上，距离原点越远的等成本线代表成本水平越高。如果厂商的成本或要素的价格发生变动，都会使等成本线发生变化。其变化情况依两种要素价格变化情况的不同而具体分析。

五、最优的生产要素组合

在长期生产实践中，任何一个理性的生产者都会选择最优的生产要素组合进行生产，从而实现产出的最大化。所谓生产要素的最优组合是指在既定的成本条件下的最大产量或既定产量条件下的最小成本。生产要素的最优组合也称为生产者的均衡。下面分两种情况来分析。

（一）既定成本下最大产量的要素最优组合

如 4-7 图所示：假定厂商的既定成本为 C，劳动的价格为 w，资本的价格为 r，把一条等成本线和 N 条等产量线画在同一个平面坐标系中。从图 4-7 可以确定厂商在既定成本下实现最大产量的最优要素组合,即生产的均衡点。

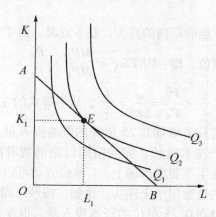

图4-7 既定成本下最大产量的要素最优组合

1. Q_3 曲线上的任何一点都不是最优的生产要素投入组合点

因为成本既定,所以图4-7中只有一条等成本线,但可供厂商选择的产量水平有很多,图中画出了3个产量水平Q_1、Q_2、Q_3。先看等产量线Q_3,图中等产量线Q_3代表的产量水平最高,但处于等产量线以外的区域,表明厂商在既定成本条件下,不能购买到生产Q_3产量所需的要素组合,因此Q_3代表厂商在既定成本下无法实现的产量。

2. Q_1 曲线上的任何一点都不是最优的生产要素投入组合点

等产量线Q_1与等成本线交于a、b两点,在a点由于等产量线的斜率的绝对值大于等成本线的斜率的绝对值,即:$MRTS_{LK} > \dfrac{w}{r}$。我们知道,等产量曲线上某一点的斜率的绝对值等于该点上两要素的边际技术替代率,等成本线的斜率的绝对值等于两要素的价格之比。两要素的边际技术替代率等于两要素的边际产量之比(4.22),于是有 $MRTS_{LK} = -\dfrac{dK}{dL} = \dfrac{P_L}{P_K} = \dfrac{w}{r}$。而两要素的边际技术替代率反映了两要素在生产中的替代比率,要素的价格之比反映了两要素在购买中的替代比率。只要两者不相等,厂商总可以在总成本不变的条件下通过对要素组合的重新选择,使总产量得到增加。

假定:$MRTS_{LK} = -\dfrac{dK}{dL} = \dfrac{4}{1} > \dfrac{P_L}{P_K} = \dfrac{w}{r} = \dfrac{1}{1}$

从不等式的左边看,在生产过程中,厂商放弃1单位的资本投入量时,只需加0.25单位的劳动投入量,就可以维持产量不变;这代表着厂商的生产技术设计,如同前面讨论消费者决策时,代表的是一种愿望。从不等式的右边看,在生产要素市场上,1单位的资本可换1单位的劳动。这代表一种现实。不等式表达的是愿望大于现实。比如,按照厂商的生产技术设计,厂商放弃1单位的资本投入量时,只需加0.25单位的劳动投入量,就可以维持产量不变。但生产要素市场现实是1单位的资本可换1单位的劳动。在理性人假设下,厂商在不改变成本总支出的情况下,减少1单位的资本购买,替代增加1单位的劳动购买,这样可以多得到0.75单位的劳动投入量,按照厂商的生产技术设计计算,可使总产量增加。所以,只要$MRTS_{LK} = \dfrac{MP_L}{MP_K} > \dfrac{P_L}{P_K} = \dfrac{w}{r}$,厂商就会在不改变总成本支出的情况下，通过不断地用劳动代替资本而使总产量增加，直至由不等式转变为等式。

同样道理，可以分析 b 点的厂商的行为。在 b 点时，由于等产量线的斜率的绝对值小于等成本线的斜率的绝对值，即：$MRTS_{LK} = \dfrac{MP_L}{MP_K} < \dfrac{P_L}{P_K} = \dfrac{w}{r}$。

假定 $MRTS_{LK} = -\dfrac{dK}{dL} = \dfrac{1}{4} < \dfrac{P_L}{P_K} = \dfrac{w}{r} = \dfrac{1}{1}$，从不等式的左边看，在生产过程中，厂商放弃 1 单位的劳动投入量只需增加 0.25 单位的资本投入量，就可以维持原有的产量水平；这代表着厂商的生产技术设计，如同前面讨论消费者决策时，代表的是一种愿望。从不等式的右边看，在生产要素市场上，1 单位劳动可以替代 1 单位的资本。这代表一种现实。不等式表达的是愿望小于现实。比如，按照厂商的生产技术设计，厂商减少 1 单位劳动投入，只能得到 0.25 单位的资本投入量。但生产要素市场现实是 1 单位的资本可换 1 单位的劳动。在理性人假设下，厂商在不改变成本总支出的情况下，减少一单位的劳动购买，替代增加 1 单位的资本购买，这样可以多得到 0.75 单位的资本投入量，按照厂商的生产技术设计计算，可使总产量增加。所以，只要 $MRTS_{LK} = \dfrac{MP_L}{MP_K} < \dfrac{P_L}{P_K} = \dfrac{w}{r}$，厂商就会在不断改变总支出的条件下，不断地用资本代替劳动，而使总产量增加。因此，厂商不会在 a、b 两点达到均衡。

3. Q_2 曲线上的 E 点是最优的生产要素投入组合点

等产量线 Q_2 与等成本曲线相切于点 E 点，则此时等成本线斜率的绝对值与等产量线斜率的绝对值相等。即：$MRTS_{LK} = \dfrac{MP_L}{MP_K} = \dfrac{P_L}{P_K} = \dfrac{w}{r}$，此时无论厂商减少劳动投入量或减少资本投入量，在维持产量不变的情况下，都不可能多得到另一种生产要素的投入量，因此也不能使总产量增加，所以此时厂商不再变动生产要素组合，实现了生产者均衡，也达到了生产要素的最优组合。

所以达到生产要素最优组合的条件是：$MRTS_{LK} = \dfrac{w}{r}$。

（二）既定产量下最小成本的要素最优组合

如图 4-8 所示：假设厂商的既定产量为 Q，则可分析既定产量下最小成本的要素最优组合。

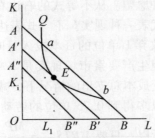

图 4-8 既定产量下最小成本的要素最优组合

图 4-8 中有一条等产量线 Q，三条等成本线 AB、$A'B'$、$A''B''$。等产量线 Q 代表既定的产量，三条等成本线斜率相同，但总成本支出不同：$C_{AB} > C_{A'B'} > C_{A''B''}$。

（三）逻辑说明

1. $A''B''$ 等成本线上的任何一点都不是最优的生产要素投入组合点

图 4-8 中等成本线 $A''B''$ 与等产量线 Q 没有交点，等产量线 Q 在等成本线 $A''B''$ 以外，所以产量 Q 是在 $A''B''$ 的成本水平下无法实现的产量水平。

2. AB 等成本线上的任何一点都不是最优的生产要素投入组合点

等成本线 AB 与等产量线 Q 有两个交点 a、b，按照上述相同的分析方法可知：厂商不会在 a、b 点达到均衡。

3. $A'B'$ 等成本线上的 E 点是最优的生产要素投入组合点

等成本线 $A'B'$ 与等产量线 Q 相切于 E 点，按照上述相同的分析方法可知：厂商不会在 a、b 点达到均衡，只有在切点 E，才是厂商的最优生产要素组合。

因此，厂商最优生产要素组合的约束条件是：

$$MRTS_{LK} = \frac{w}{r}$$

该式表示厂商应该选择最优的生产要素组合，使得两要素的边际技术替代率等于两要素的价格之比，从而实现成本既定条件下产量最大，或产量既定条件下成本最小。

上式说明如果劳动和资本可以实现替代，那么生产要素最优组合比例不仅要视它们各自的生产力，而且要视它们各自的价格而定。

既定成本条件下的产量最大化与既定产量条件下的成本最小化所推导出的两要素的最优组合原则是一致的。

（四）要素最优组合（生产者均衡）的条件

要素最优组合是在等产量线与等成本线相切之点上的组合，在该点上，两线斜率相等：

$$MRTS_{LK} = \frac{w}{r}$$

由于已经推导出边际技术替代率与边际产量的关系，所以，均衡条件还可以表示为：

$$MRTS_{LK} = \frac{MP_L}{MP_K} = \frac{w}{r}$$

或

$$\frac{MP_L}{w} = \frac{MP_K}{r}$$

（五）利润最大化可以得到最优生产要素的组合

设厂商的利润函数为：$\pi(L,K) = P \cdot f(L,K) - (wL + rK)$

利润最大化的一阶条件为：$\frac{\partial \pi}{\partial L} = P \frac{\partial f}{\partial L} - w = 0, \frac{\partial \pi}{\partial K} = P \frac{\partial f}{\partial K} - r = 0$

整理后得：$\dfrac{\dfrac{\partial f}{\partial L}}{\dfrac{\partial f}{\partial K}} = \dfrac{MP_L}{MP_K} = \dfrac{w}{r}$

厂商在追求最大利润的过程中，可以得到最优的生产要素组合。换句话说，利润最大化的点，当然就是最优生产要素组合的点——当然就是生产者均衡的点。可不可以反过来说，生产者均衡点就是利润最大化的点？这一点可以用数学方法证明。即对于利润函数求一阶导数，并令其分别等于零，即可推出。

（六）扩展线——生产者均衡点的变化

在消费者行为理论中，当均衡点建立后，一旦商品的价格或消费者的收入发生变化，将会导致均衡点的变化。我们曾经分别用收入-消费线与价格-消费线分析了商品价格的变化以及消费者收入的变化所引起的消费者效用最大化均衡点的变化。关于厂商生产理论也存在着类似的分析。若生产要素的价格或厂商成本开支发生了变化，将会引起最优生产要素组合的均衡点发生变化。我们将分别通过扩展线与替代弹性的讨论分析厂商成本支出的变化与生产要素价格的变化及其结果。

1. 扩展线

假定生产要素的价格不变、生产技术条件不变，厂商的生产成本发生变化，厂商的不同的等产量线与等成本线相切所形成的一系列不同的生产均衡点的轨迹就称为扩展线。

如果生产要素价格不变，厂商的经费支出增加，等成本线会平行地向上移动；如果厂商改变产量，等产量线也会发生平移。这些等产量曲线将与相应的等成本线相切，形成一系列生产者均衡点，把所有这些

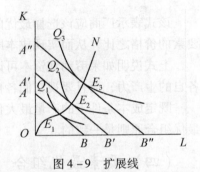

图 4-9　扩展线

连接起来形成的曲线叫作生产扩展线。图 4-9 中的曲线 ON 就是一条扩展线。由于生产要素的价格保持不变，生产者均衡约束条件又是 $MRTS_{LK} = \dfrac{w}{r}$，所以扩展线上的所有的生产均衡点的边际技术替代率相等。在生产扩展线上，可以用最小成本生产最大产量，从而获得最大利润，所以厂商愿意沿此路径扩大生产，虽然其他路径也能达到使产量扩大的结果，但不是最优路径，只有沿均衡点扩大规模是最优路径。厂商究竟会把生产推进到扩展线上的哪一点上，单凭扩展线是不能确定的，还要看市场上需求的情况。

2. 等斜线

等斜线是一组等产量曲线中两要素的边际技术替代率相等的点的轨迹。

等斜线一定是一条扩展线系列，扩展线不一定是等斜线。假定生产要素价格、生产技术和其他条件不变，厂商扩大产出与成本支出，生产要素的最佳投入组合点将服从于扩展线。扩展线是企业长期进行生产计划时必须遵循的路线。

第五节 规模报酬

随着厂商生产规模的变化,产量也相应发生变化,研究其变化规律,涉及规模报酬问题。

一、规模报酬的概念

规模报酬,是指生产规模变动与所引起的产量变化的关系。企业生产规模的改变,一般说来是通过各种要素投入量的改变实现的,在长期中才能得到调整。

各种要素在调整过程中,可以以不同组合比例同时变动,也可以按固定比例变动。在生产理论中,常以全部生产要素以相同的比例变化来定义企业的生产规模变化。因此,所谓规模报酬是指在其他条件不变的情况下,各种生产要素按相同比例变动所引起的产量的变动。根据产量变动与投入变动之间的关系可以将规模报酬分为规模报酬递增、规模报酬不变和规模报酬递减三种情况。

二、规模与产量之间变动关系的三种情况

(一) 规模报酬递增

一个厂商的生产规模扩大后,如果产量增加的比例大于生产要素增加的比例,则称为规模报酬递增。例如,若某厂商将投入的劳动和资本都等比例地扩大 n 倍,而产量增加的幅度大于 n 倍,就说该厂商的规模收益递增。如图 4-10a 所示,当劳动和资本分别投入为两个单位时,产出为 100 个单位,但生产 200 单位产量所需的劳动和资本投入分别小于四个单位。产出是原来的两倍,投入却不到原来的两倍。

(二) 规模报酬不变

一个厂商的生产规模扩大后,如果产量增加的比例等于生产要素增加的比例,则称为规模报酬不变。例如,若某厂商将投入的劳动和资本都等比例地扩大 n 倍,而产量增加的幅度等于 n 倍,就说该厂商的规模收益不变。如图 4-10b 所示,当劳动和资本投入分别为 2 个单位时,产出为 100 个单位,当劳动和资本分别为 4 个单位时,产出为 200 个单位。产出与投入增加相同的倍数。

(三) 规模报酬递减

一个厂商的生产规模扩大后,如果产量增加的比例小于生产要素增加的比例,则称为规模报酬递减。例如,若某厂商将投入的劳动和资本都等比例地扩大 n 倍,而产量增加的幅度小于 n 倍,就说该厂商的规模收益递减。如图 4-10c 所示,当劳动与资本投入为 2 个单位时,产出为 100 个单位;但当劳动与资本分别投入为 4 个单位时,产出低于 200 个单位,投入是原来的两倍,但产出却不及原来的两倍。

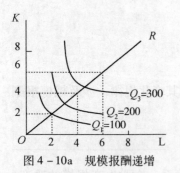
图4-10a 规模报酬递增
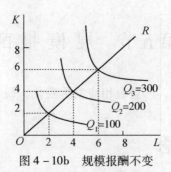
图4-10b 规模报酬不变
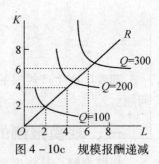
图4-10c 规模报酬递减

规模报酬的上述三种情况也可以用数学公式来表示。

令：生产函数 $Q = f(L, K)$

(1) 如果 $f(\lambda L, \lambda K) > \lambda f(L, K)$，其中 $\lambda > 0$，则生产函数 $Q = f(L, K)$ 具有规模报酬递增的性质；

(2) 如果 $f(\lambda L, \lambda K) = \lambda f(L, K)$，其中 $\lambda > 0$，则生产函数 $Q = f(L, K)$ 具有规模报酬不变的性质；

(3) 如果 $f(\lambda L, \lambda K) < \lambda f(L, K)$，其中 $\lambda > 0$，则生产函数 $Q = f(L, K)$ 具有规模报酬递减的性质。

一般而言，随着企业的生产规模的扩大，最初往往规模报酬递增，然后可能有一个规模报酬不变的阶段；如果厂商继续扩大生产规模，就会出现规模报酬递减。在长期内，追求利润最大化的厂商的主要任务是，通过生产规模的调整，尽可能降低长期平均成本。

第五章 成本-收益分析

第一节 成本与利润

一、机会成本与生产成本

生产一单位的某种商品的机会成本是指生产者所放弃的使用相同的生产要素在其他生产用途中所得到的最高收入。而生产一单位某种商品的生产成本则是指生产过程中投入的各种生产要素的总成本。

机会成本不等于实际成本。首先,机会成本是一种观念上的成本或损失,而不是作出某项选择时实际支付的费用或损失;其次,机会成本只是人们在作出一种选择时所放弃的其他若干种可能的选择中最好的一种,是机会代价或机会损失,而不是实际损失;最后,不仅厂商在生产决策上有机会成本,而且个人在消费决策上、在时间利用上也都存在机会成本问题。

而理性决策者作出任何决策时都要贯彻下述原则:使收益大于或至少等于机会成本。如果机会成本大于收益,则这项决策从经济学的观点看就是不合理、不经济的。

二、显性成本和隐性成本

企业的生产成本包括显性成本与隐性成本两个部分。

显性成本,是指厂商在生产要素市场上购买或租用所需要的生产要素的实际支出。这些支出是在会计账目上作为成本项目记入账上的各项费用支出。它是一般会计学上的成本概念,它包括厂商支付所雇佣的管理人员和工人的工资、所借贷资金的利息、租借土地、厂房的租金以及用于购买原材料或机器设备、工具和支付交通能源费用等支出的总额,即厂商对投入要素的全部货币支付。

隐性成本,是指厂商自己拥有的且被用于该企业生产过程的那些生产要素所应支付的费用。这些费用并没有在企业的会计账目上反映出来,所以称为隐性成本。例如,厂商将自有的房屋建筑作为厂房,在会计账目上并无租金支出,不属于显性成本。但西方经济认为既然租用他人的房屋需要支付租金,那么当使用厂商自有房屋时,也应支付这笔租金,所不同的是这时厂商是向自己支付租金。

会计学的成本指显性成本,包括直接成本与间接成本;经济学的成本指经济成本,包括隐性成本与显性成本。厂商从事一项经济活动不仅要能够弥补显性成本,而且还要能够弥补隐性成本。隐性成本也要从机会成本角度按照企业自有生产要素在其他用途中

所能得到的最高收入来支付。当然,并不是厂商所耗费的所有成本都要列入机会成本之中。只有那些与厂商决策有关的成本才列入机会成本之中,一些与厂商决策无关的成本则不列入厂商的机会成本中去。例如,有一种成本,称为沉没成本,不列入机会成本之中。沉没成本是已经花费而又无法补偿的成本。

三、社会成本与私人成本

社会成本,是指从整个社会整体来看待的成本,社会成本也是一种机会成本,即把社会的资源用于某一种用途就放弃了该资源最有利可图的其他机会。

私人成本,是指个人活动由他本人承担的成本。私人经济活动往往对社会造成影响,从而产生社会成本。与上述成本对应的概念是社会收益与个人收益,社会收益是指整个经济活动为社会带来的收益,而私人收益是指社会个人的经济活动为自身带来的收益。按照诺斯的观点,近代西方经济增长的关键,在于一个有效率的私人产权组织的出现,它在制度安排上确立的所有权造成了一种激励,将个人的经济努力变成私人收益接近社会收益的活动,而个人被外部化的损失降低到了最小限度。

本章所讨论的成本与收益概念是指私人成本与私人收益。其中使用的成本的概念既包括显性成本,也包括隐性成本。

四、利润

经济学中的利润概念是指经济利润,等于总收入减去总成本的差额。而总成本既包括显性成本也包括隐性成本。因此,经济学中的利润概念与会计利润不一样。

隐性成本是指稀缺资源投入任一种用途中所能得到的正常的收入,如果在某种用途上使用经济资源所得的收入还抵不上这种资源正常的收入,该厂商就会将这部分资源转向其他用途以获得更高的报酬。因此,西方经济学中隐性成本又被称为正常利润。将会计利润再减去隐性成本,就是经济学中的利润概念,即经济利润。企业所追求的利润就是最大的经济利润。可见正常利润相当于中等的或平均的利润,它是生产某种产品所必须付出的代价。因为如果生产某种产品连正常或平均的利润都得不到,资源就会转移到其他用途中去,该产品就不可能被生产出来。而经济利润相当于超额利润,亦即总收益超过机会成本的部分。

经济利润可以为正、负或零。经济利润对资源配置和重新配置具有重要意义。如果某一行业存在着正的经济利润,这意味着该行业内企业的总收益超过了机会成本,资源的所有者将要把资源从其他行业转入这个行业中。因为他们在该行业中可能获得的收益,超过该资源的其他用途。反之,如果一个行业的经济利润为负,资源将要从该行业退出。经济利润是资源配置和重新配置的信号。正的经济利润是资源进入某一行业的信号;负的经济利润是资源从某一行业撤出的信号;只有经济利润为零时,企业才没有进入某一行业或从中退出的动机。

利润与成本之间的关系可用下列公式表示:

会计利润 = 总收益 − 显性成本

正常利润 = 隐性成本
经济成本 = 隐性成本 + 显性成本
经济利润 = 总收益 - 经济成本 = 总收益 - （显性成本 + 隐性成本）

会计成本中无视隐性成本，而经济成本中要考虑隐性成本。因此，会计利润要大于经济利润。

第二节　短期总产量与短期总成本的关系

一、短期总成本曲线与短期总产量曲线的关系

（一）由短期生产函数引出反函数

$Q = f(L, \bar{K})$，Q 是 L 的函数，根据反函数的定义，我们也可以说，L 可以是 Q 的函数。而 $W \cdot L(Q) + r \cdot \bar{K} = STC(Q)$，由此反函数，又引出短期总成本的定义。

（二）短期总成本的定义及其表达式

短期总成本（short-run total cost），是指短期内生产一定产品所需要的成本总和。它分为固定成本与变动成本。即：

$$STC = FC + TC = w \cdot L(Q) + r \cdot K$$

但在短期中，固定成本并不随产量的变动而变动，所以，$r \cdot K$ 应为 $r \cdot \bar{K}$

$$STC(Q) = w \cdot L(Q) + r \cdot \bar{K}$$

如果以 $\Phi(Q)$ 表示可变成本 $w \cdot L(Q)$，b 表示固定成本 $r \cdot \bar{K}$，则有：

$$STC(Q) = \varphi(Q) + b$$

（三）短期总成本曲线可以由短期总产量曲线推导出来

（1）在短期总产量曲线 TP_L 上，找到与每一产量水平相应的可变要素的投入量 L，再用所得到的 L 去乘已知的劳动价格 w，便可得到每一产量水平上的可变成本 $w \cdot L(Q)$。

（2）将这种产量与可变成本的对应关系描绘在相应的平面坐标图中，即可得到短期可变成本曲线。

（3）将短期可变成本曲线往上垂直平移 $r \cdot K$ 个单位，即可得到短期总成本曲线。

二、短期总成本和扩展线的图形

在短期内，假设厂商仍只使用劳动和资本两种生产要素，其中，劳动投入量是可变的，资本投入量是固定的。那么，使产量最大化、成本最小化的生产要素投入的最优组合点，也可以用扩展线的图形来说明（如图 5-1 所示）。

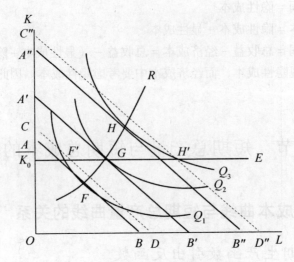

图 5-1 短期总成本和扩展线的图形

（1）如果厂商生产的产量为 Q_2，那么，厂商选择的最优要素组合为 G 点。

（2）如果厂商的产量为 Q_3，长期内厂商的均衡点为 H。但短期内，厂商的最优生产要素组合为 H' 点，此时，有短期总成本大于长期总成本。

（3）如果厂商的产量为 Q_1，长期内厂商的均衡点为 F 点，但短期内，厂商的最优生产要素组合为 F' 点，此时，有短期总成本大于长期总成本。

上面的分析表明：如果厂商生产要素投入组合点 $(L, \overline{K})$ 与产量线 Q 的交点不在扩展线上，则有短期总成本大于长期总成本。如果厂商生产要素投入组合点 $(L, \overline{K})$ 与产量线 Q 的交点在扩展线上，则有短期总成本等于长期总成本。

第三节　短期成本曲线

一、短期成本的分类

（一）总不变成本

总不变成本，是指那些短期内无法改变的固定投入所带来的成本，这部分成本不随产量的变化而变化。总不变成本一般包括厂房和资本设备的折旧费、地租、利息、财产税、广告费、保险费等项目支出。即使在企业停产的情况下，也必须支付这些费用。

当产量为 0 时，也须付出相同数量，产量增加这部分支出仍不变，因此曲线为一同水平线。

（二）总可变成本

总可变成本，是指短期内可以改变的可变投入的成本，它随产量的变化而变化，如原材料、燃料、动力支出、雇佣工人的工资等。当产量为零时，变动成本也为零，产量越多，变动成本也越多。是从原点开始的不断向右上方上升的曲线。

可变成本变动规律为：初期随着产量增加先递减上升，到一定阶段后转入递增上升。

（三）总成本

总成本，是指短期内生产一定产量所付出的全部成本。由于 TVC 是产量的函数，因此 TC 也是产量的函数。用公式表示为：

$$TC(Q) = TFC + TVC(Q)$$

由于 FC 值不变，所以 TC 与 VC 任一点的垂直距离始终等于 FC，且变动规律与 VC 的变动规律一致，只是不是从原点出发。

总成本、总固定成本、总变动成本的曲线形状及相互关系可以用图 5-2 说明。

在图 5-2 中，TFC 是一条水平线，表明 TFC 与产量无关。TVC 与 TC 曲线形状完全相同，都是先以递减的速度上升，再以递增的速度上升。不同的是 TVC 的起点是原点，而 TC 的起点是 TFC 与纵坐标的交点。这是因为总成本是由总固定成本和总变动成本加总而成的，而总固定成本是一常数，所以任一产量水平的 TC 与 TVC 之间的距离均为 TFC。

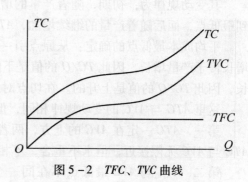

图 5-2　TFC、TVC 曲线

（四）平均不变成本

平均不变成本是指厂商短期内平均生产每一单位产品所消耗的固定成本。其公式为：

$$AFC = \frac{TFC}{Q}$$

AFC 曲线随产量的增加一直呈下降趋势。这是因为短期中总固定成本保持不变。由 $AFC = \frac{TFC}{Q}$，可知随 Q 增加，平均固定成本递减，但 AFC 曲线不会与横坐标相交，这是因为短期中总固定成本不会为零。

（五）平均可变成本

平均可变成本是指厂商短期内生产每一单位产品所消耗的变动成本。其公式为：

$$AVC = \frac{TVC}{Q}$$

其变动规律为初期随着产量增加而不断下降，产量增加到一定量时，AVC 达到最低点，而后随着产量继续增加，开始上升。

最低点的确定：从原点引一条射线与 VC 相切，切点的左边，总可变成本增长慢于产量增长,因此 VC/Q 的值是下降的。在切点的右边,总可变成本快于产量增长,因此 VC/Q 的值是上升的。在切点对应的产量上,平均可变成本达到最低点。

(六) 平均总成本

平均总成本是指厂商短期内平均生产每一单位产品所消耗的全部成本。其公式为:

$$AC = \frac{TC}{Q}$$

由 $TC = TFC + TVC$ 得:

$$AC = \frac{TC}{Q} = \frac{TFC + TVC}{Q} = \frac{TFC}{Q} + \frac{TVC}{Q}$$

即 $AC = AFC + AVC$ 上式说明平均成本由平均固定成本和平均变动成本构成。

其变动规律为:初期,随着产量的增加,不断下降,产量增加到一定量时,ATC 达到最低点,而后随着产量的继续增加,ATC 开始上升。

平均成本最低点的确定:从原点引一条射线与 TC 相切,切点的左边,总可变成本增长慢于产量增长,因此 TC/Q 的值是下降的。在切点的右边,总可变成本快于产量增长,因此 TC/Q 的值是上升的。在切点对应的产量上,平均总成本达到最低点。

这里 ATC 与 AVC 的变动规律相同,但有两点不同,须特别注意:

第一,ATC 一定在 AVC 的上方,两者差别在于垂直距离永远 AFC。当 Q 无穷大是,ATC 与 AVC 无限接近,但永不重合,不相交。

第二,ATC 与 AVC 最低点不在同一个产量上,而是 ATC 最低点对应的产量较大。即 AVC 已经达到最低点并开始上升时,ATC 仍继续下降,只要 AVC 上升的数量小于 AFC 下降的数量,ATC 就仍在下降。

(七) 边际成本

边际成本是指厂商在短期内增加一单位产量所引起的总成本的增加。其公式为:

$$MC = \frac{\Delta TC}{\Delta Q}$$

当 $\Delta Q \to 0$ 时,

$$MC = \lim_{\Delta Q \to 0} \frac{\Delta TC}{\Delta Q} = \frac{dTC}{dQ}$$

从公式可知:MC 是 TC 曲线上相应点的切线的斜率。

MC 随着产量的增加,初期迅速下降,在降至最低点后迅速上升,上升的速度快于 AVC、ATC。MC 的最低点在 ATC 由递减上升转入递增上升的拐点的产量上。由于 $TC = FC + VC$,而 FC 始终不变,因此 MC 的变动与 FC 无关,MC 等于增加单位产量所增加的可变成本。即:

$$MC = \frac{dTC}{dQ} = \frac{dVC}{dQ}(因为\ dTC = dVC + dFC, 而\ dFC = 0)$$

以上成本概念的曲线以及它们之间的关系如图 5-3 所示。

上编 微观经济学

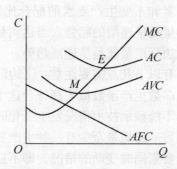

图 5-3 AFC、AVC、AC 和 MC 曲线

AC、AVC、MC 曲线都是 U 形。AC 曲线在 AVC 曲线的上方，它们之间的距离相当于 AFC，而且 MC 曲线在 AVC 曲线、AC 曲线的最低点分别与之相交，即 M、E 点。

二、短期成本曲线的综合图

现在可以将这些不同类型的短期成本曲线置于同一张图中（如图 5-4 所示）以分析不同类型的短期成本曲线相互之间的关系。

（1）总成本随着产量的增加而上升，而边际成本总的变化趋势则为：先下降，以后逐渐上升。

（2）如果边际成本小于平均成本，必引起平均成本下降；如果边际成本大于平均成本，必引起平均成本上升。打一个比喻，平均成本如同你前面所学课程的总平均成绩，边际成本如同你新要考试课程的成绩，如果新要考试课程的成绩高于前述课程的平均成绩，必然会引起你的汇总平均成绩上升；反之，就会引起你的汇总平均成绩的下降。

（3）边际成本线在上升阶段穿过平均成本最低点。

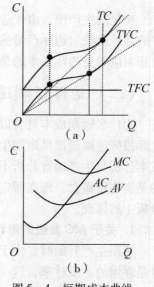

图 5-4 短期成本曲线

三、短期成本变动的决定因素——边际报酬递减规律

（一）边际报酬递减规律的定义

边际报酬递减规律，是指在技术水平和其他要素投入量不变的条件下，连续地增加一种可变生产要素的投入量，当这种可变生产要素的投入量小于某一特定数值时，增加该要素的投入量所带来的边际产量是递增的；当这种可变要素投入量连续增加并超过这一特定值时，增加该要素投入所带来的边际产量是递减的。

边际报酬递减规律是短期生产的一条基本规律，是消费者选择理论中边际效用递减法则在生产理论中的应用或转化形态。边际报酬递减规律成立的原因在于，在任何产品的生产过程中，可变生产要素与不变生产要素之间在数量上都存在一个最佳配合比例。开始时由于可变生产要素投入量小于最佳配合比例所需要的数量，随着可变生产要素投入量的逐渐增加，可变生产要素和不变生产要素的配合比例越来越接近最佳配合比例，所以，可变生产要素的边际产量是呈递增的趋势。当达到最佳配合比例后，再增加可变要素的投入，可变生产要素的边际产量就是呈递减趋势。

关于边际报酬递减规律，有以下几点需要注意：①边际报酬递减规律是一个经验性的总结，但现实生活中的绝大多数生产函数似乎都符合这个规律；②这一规律的前提之一是假定技术水平不变，故它不能预示技术情况发生变化时，增加一单位可变生产要素对产出的影响；③这一规律的另一前提是至少有一种生产要素的数量是维持不变的，所以这个规律不适用于所有生产要素同时变动的情况，即不适用于长期生产函数；④改变各种生产要素的配合比例是完全可能的，即可变技术系数。

（二）边际报酬递减规律下的短期边际产量和短期边际成本之间的对应关系

在短期生产中，由于边际报酬呈递减规律，边际产量的递增的阶段对应的是边际成本的递减阶段，边际产量的递减阶段对应的是边际成本的递增阶段，与边际产量的最大值相对应的是边际成本的最小值。所以，决定了 MC 曲线呈 U 型特征。

（三）边际报酬递减规律在短期成本函数中的体现

为什么短期成本具有以上所述的变动规律？原因恰在于边际报酬递减规律的作用，边际报酬递减规律是短期生产中的一个基本规律。这一规律同样适用于短期成本分析。成本分析与生产函数分析不同的是成本分析中用的是价值量概念，而生产函数分析中用的是实物量概念。现在假定生产要素的价格不变，来分析边际报酬递减规律在短期成本分析中的体现。

1. 关于 MC 曲线的形状

短期生产开始时，由于边际报酬递增的作用，增加一单位可变投入所生产的边际产量是递增的，反过来，这一阶段增加一单位产量所需的边际成本是递减的。随着变动投入的增加，当超过一定界限后，边际报酬递减规律发生作用，增加一单位可变投入所生产的边际产量是递减的，反过来，这一阶段每增加一单位产量所需要的边际成本是递增的。因此，在边际报酬递减规律作用下，MC 曲线随可变投入的增加先递减，然后增加，最终形成一条 U 形的曲线。

2. 关于 TC 曲线和 TVC 曲线的形状

考虑到 TC 曲线和 TVC 曲线的形状完全相同，在此仅就 TC 曲线的形状进行分析。MC 曲线在边际报酬递减规律作用下先降后升，而 MC 又是 TC 曲线上相应点的斜率，因此，TC 曲线的斜率也是先递减后递增的，即 TC 曲线先以递减的速度增加，再以递增的速度增加。MC 曲线的最低点则对应 TC 曲线上由递减向递增变化的拐点。

3. 关于 AC、AVC 曲线的形状

在边际报酬递减规律作用下，MC 曲线呈 U 形，随可变投入数量的增加，MC 先减小，后增加。根据边际量和平均量之间的关系，随可变投入数量的增加，MC 先减小，则相应的 AC 也减小；随着可变投入数量的进一步增加，MC 开始增加，但小于 AC 的数值,则 AC 继续减少;当 MC 继续增加,且 MC > AC 时,AC 也开始增加。因此,在边际报酬递减规律作用下,AC 曲线也呈 U 型,但 AC 曲线的最低点晚于 MC 曲线的最低点出现。这是因为 MC 曲线经过最低点开始上升时,由于 MC < AC,AC 曲线仍在下降。同样的道理也适用于 AVC 曲线。随着可变投入数量的增加,MC 曲线、AC 曲线、AVC 曲线最低点出现的先后顺序是 MC、AVC、AC。

四、平均成本曲线和边际成本曲线的几何画法

(一) 由 TFC 曲线可以推导出 AFC 曲线

因为 $AFC = TFC/Q$,所以,任何产量水平上的 AFC 值都可以由连接原点到 TFC 曲线上的相应的点的线段的斜率给出。

(二) 由 TVC 曲线可以推导出 AVC 曲线

因为 $AVC = TVC/Q$,所以,任何产量水平上的 AVC 值都可以由连接原点到 TVC 曲线上的相应的点的线段的斜率给出。

(三) 由 TC 曲线可以推导出 AC 曲线

因为 $AC = TC/Q$,所以,任何产量水平上的 AC 值都可以由连接原点到 TC 曲线上的相应的点的线段的斜率给出。

(四) 由 TC 曲线和 TVC 曲线可以推导出 MC 曲线

因为 $MC = dTC/dQ$,所以,任何产量水平上的 MC 值既可以由 TC 曲线又可以由 TVC 曲线上的相应的点的斜率给出。

五、短期产量曲线与短期成本曲线之间的关系

(一) 平均产量与平均可变成本

$$AVC = \frac{TVC}{Q} = \frac{w \cdot L(Q)}{Q} = w \cdot \frac{1}{\frac{Q}{L(Q)}}$$

即:
$$AVC = w \cdot \frac{1}{AP_L}$$

上式反映了平均产量与平均可变成本的关系:

(1) AP_L 与 AVC 呈反比。当 AP_L 递减时,AVC 递增;当 AP_L 递增时,AVC 递减;当 AP_L 达到最大值时,AVC 最小。因此 AP_L 曲线的顶点对应 AVC 曲线的最低点。

(2) MC 曲线与 AVC 曲线相交于 AVC 的最低点。由于产量曲线中 MP_L 曲线与 AP_L 曲线在 AP_L 曲线的顶点相交,所以 MC 曲线在 AVC 曲线的最低点与其相交。

(二) 边际产量与边际成本

由 MC 的定义得：

$$MC = \frac{dT}{dQ} = \frac{Cd(w \cdot L(Q) + r \cdot \bar{k})}{dQ} = w \cdot \frac{dL(Q)}{dQ} + 0$$

又因为：

$$MP_L = \frac{dQ}{dL(Q)}$$

所以：

$$MC = w \cdot \frac{1}{MP_L}$$

（1）MC 与 MP_L 呈反比关系。二者的变动方向相反。由于 MP_L 曲线先上升，然后下降，所以 MC 曲线先下降，然后上升；且 MC 曲线的最低点对应 MP_L 曲线的顶点。

（2）从上式中可看出，生产函数与成本函数存在对偶关系，可以由生产函数推导出成本函数。结合 MP 与 MC 的关系可知：当 TP_L 曲线以递增的速度上升时，TC 曲线和 TVC 曲线以递减的速度上升；当 TP_L 曲线以递减的速度上升时，TC 曲线和 TVC 曲线以递增的速度上升；TP_L 曲线上的拐点对应 TC 曲线和 TVC 曲线上的拐点。

第四节 长期总成本曲线

一、长期总成本与长期总成本曲线

(一) 长期总成本的定义

长期总成本，是指厂商在长期中在各种产量水平上通过改变生产要素的投入量所能达到的最低总成本。它反映的是理智的生产者在追求利润最大化的趋动下通过改变生产要素的投入在不同产量点上成本的最低发生额。

(二) 长期总成本曲线的推导

1. 由短期总成本曲线的包络线推导出

长期总成本是无数条短期总成本曲线的包络线。在短期内，对于既定的产量（例如不同数量的订单），由于生产规模不能调整，厂商只能按较高的总成本来生产既定的产量。但在长期内，厂商可以变动全部的生产要素投入量来调整生产，从而将总成本降至最低。从而长期总成本是无数条短期总成本曲线的包络线。

假设长期中只有三种可供选择的生产规模，分别由三条 STC 曲线表示。这三条 STC 曲线都不是从原点出发，每条 STC 曲线在纵坐标上的截距也不同，生产规模由小到大依

次为 STC_1、STC_2、STC_3。现在假定生产 Q_2 的产量。厂商面临三种选择：第一种是在 STC_1 曲线所代表的较小生产规模下进行生产，相应的总成本在 d 点；第二种是在 STC_2 曲线代表的中等生产规模下生产，相应的总成本在 b 点；第三种是在 STC_3 所代表的较大生产规模下，相应的总成本在 e 点。长期中所有的要素都可以调整，因此厂商可以通过对要素的调整选择最优生产规模，以最低的总成本生产每一产量水平。在 d、b、e 三点中 b 点代表的成本水平最低，所以长期中厂商在 STC_2 曲线所代表的生产规模生产 Q_2 产量，所以 b 点在 LTC 曲线上。这里 b 点是 LTC 曲线与 STC 曲线的切点，代表着生产 Q_2 产量的最优规模和最低成本。通过对每一产量水平进行相同的分析，可以找出长期中厂商在每一产量水平上的最优生产规模和最低长期总成本，也就是可以找出无数个类似的 b（如 a、c）点，连接这些点即可得到长期总成本曲线。

2. 由企业的扩展线推导出

因为扩展线本身就表示：对于既定的产量，使成本最小的两种生产要素最佳组合投入点的轨迹。而"两种生产要素最佳组合投入"就是一个长期的概念。于是，将产量点以及对应于产量点所得到的成本点（可以通过 $w \cdot OB$ 或 $R \cdot OA$ 算出）在坐标图上描出，即可推导出长期总成本 LTC 曲线。（如图 5-5 所示）。

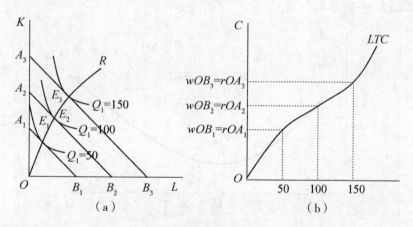

图 5-5 生产扩展线和长期总成本曲线

以图 5-5 中 E_1 点为例进行分析。E_1 点生产的产量水平为 50 单位，所应用的要素组合为 E_1 点所代表的劳动与资本的组合，这一组合在等成本线 A_1B_1 上，所以其成本即为 A_1B_1 所表示的成本水平，假设劳动价格为 w，则 E_1 点的成本为 $w \cdot OB_1$。将 E_1 点的产量和成本表示在图 5-5（b）中，即可得到长期总成本曲线上的一点。同理，找出生产扩展线上每一个产量水平的最低总成本，并将其标在图 5-5（b）中，连接这些点即可得到 LTC 曲线。

由此可见，LTC 曲线表示厂商在长期内进行生产的最优生产规模和最低总成本。LTC 从原点开始，因不含固定成本；LTC 曲线先递减上升，到一定点后以递增增长率上升。

二、长期平均成本与长期平均成本曲线

(一) 长期平均成本的定义

长期平均成本（LAC），是指厂商在长期内按产量平均计算的最低总成本。

(二) 长期平均成本曲线的推导

1. 根据长期总成本曲线的推导出

长期平均成本曲线 LAC 是 SAC 曲线的包络线。

其公式为：

$$LAC = \frac{LTC}{Q}$$

从上式可以看出，LAC 是 LTC 曲线连接相应点与原点连线的斜率。因此，把长期总成本曲线上每一点的长期总成本值除以相应的产量，便得到每一产量点上的长期平均成本值。再把每一产量和相应的长期平均成本值描绘在平面坐标图中，即可得长期平均成本曲线（如图5－6所示）。

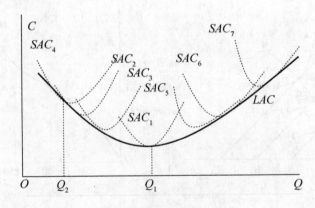

图5－6 长期平均成本曲线

2. 由无数条短期平均成本曲线的包络线推导出

假设经济社会有一订单 Q_1。假设经济社会可供选择的生产规模有 n 个厂商，他们是 $SAC_1……SAC_n$（可设计为 Q_1 垂线上的 n 条曲线）。假设所有厂商都来生产该订单。短期内由于至少有一种生产要素不能调整，任一厂商的生产规模都不可能达到与该订单相匹配的最优状态。长期内，任一厂商都可以调整自己的全部生产要素，都可以达到与该订单最为匹配的最优生产规模——SAC_1。于是，厂商选择 SAC_1 进行生产。因此此时的成本 OC_1 是生产 Q_1 产量的最低成本。同理，如果生产 Q_2 产量，可供厂商选择的生产规模中，因为 SAC_2 的成本较低，所以厂商会选择 SAC_2 曲线进行生产，其成本为 OC_2。如果生产 Q_3，则厂商会选择 SAC_3 曲线所代表的生产规模进行生产。有时某一种产出水平可以用两种生产规模中的任一种进行生产，而产生相同的平均成本。例如，生产 Q_1'

的产量水平,即可选用 SAC_1 曲线所代表的较小生产规模进行生产,也可选用 SAC_2 曲线所代表的中等生产规模进行生产,两种生产规模产生相同的生产成本。厂商究竟选哪一种生产规模进行生产,要看长期中产品的销售量是扩张还是收缩。如果产品销售量可能扩张,则应选用 SAC_2 所代表的生产规模;如果产品销售量收缩,则应选用 SAC_1 所代表的生产规模。将与 Q_1、Q_2、Q_3 三个产量点对应的点连接起来所形成的曲线,就是 LAC 曲线。

分析中,常假定存在无数个可供厂商选择的生产规模,从而有无数条 SAC 曲线,于是便得到长期平均成本曲线,LAC 曲线是无数条 SAC 曲线的包络线。在每一个产量水平上,都有一个 LAC 与 SAC 的切点,切点对应的平均成本就是生产相应产量水平的最低平均成本,SAC 曲线所代表的生产规模则是生产该产量的最优生产规模。

其基本点为:LAC 曲线相切于与某一产量对应的最小的 SAC 曲线,在切点之外,SAC 高于 LAC;LAC 曲线最低点与某一特定 SAC 曲线最低点相切,其余之点,LAC 并不切于 SAC 最低点。而是 LAC 最低点左侧,相切于 SAC 最低点左侧;LAC 最低点右侧,相切于 SAC 最低点右侧。

从前述内容可知,短期内,生产规模不能变动,因而厂商要做到在既定的生产规模下使平均成本降到最低。而长期决策则要在相应的产量下使成本最低。虽然从短期看用小的生产规模达到了 SAC_1 的最低点,但是它们仍高于生产这一产出水平的长期平均成本。尽管用 SAC_2 生产这一产量的平均成本不是在 SAC_2 曲线的最低点,但这是生产 Q_2 产量水平的长期最低平均成本。这是因为短期内厂商仍然受到固定投入的限制,不可能使生产要素的组合比例调整到长期最低水平。只有在长期中,厂商才可能对所有投入要素进行调整,从而使它们的组合达到最优,从而达到长期平均成本最低点,因此,在其他条件相同的情况下,短期成本要高于长期成本。

(三)影响长期平均成本曲线变化的因素

(1) 规模经济与规模不经济。规模经济,是指由于生产规模扩大而导致长期平均成本下降的情况。规模不经济,是指由于企业规模扩大使得管理无效而导致长期成本上升的情况。

(2) 外在经济与外在不经济。外在经济,是指由于厂商的生产活动所依赖的外界环境改善而产生的。外在不经济,是指企业生产所依赖的外界环境日益恶化。

(3) 学习效应。学习效应,是指在长期的生产过程中,企业的工人、技术人员、经理人员等可以积累起产品生产、产品的技术设计,以及管理人员方面的经验,从而导致长期平均成本的下降。

(4) 范围经济。范围经济,是指在相同的投入下,由一个单一的企业生产联产品比多个不同的企业分别生产这些联产品中每一个单一产品的产出水平要高。因为这种方式可以通过使多种产品共同分享生产设备或其他投入物而获得产出或成本方面的好处。

三、长期边际成本与长期边际成本曲线

(一) 长期边际成本的定义

长期边际成本,是指长期中增加一单位产量所增加的最低总成本。
其公式为:

$$LMC = \frac{\Delta LTC}{\Delta Q}$$

当 $\Delta Q \to 0$ 时,

$$LMC = \lim_{\Delta Q \to 0} \frac{\Delta LTC}{\Delta Q} = \frac{dLTC}{dQ}$$

(二) 长期边际成本曲线的推导

长期边际成本曲线与短期成本曲线如图5-7所示。

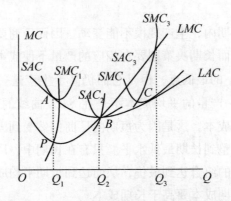

图5-7 长期边际成本曲线与短期成本曲线

(1) 由长期总成本曲线推导。从上式中可以看出 LMC 是 LTC 曲线上相应点的斜率。因此,可以从 LTC 曲线推导出 LMC 曲线。

(2) 由短期边际成本曲线推导。因为长期总成本曲线是短期总成本曲线的包络线,对应于某一产量点,包络线上的长期总成本曲线与短期总成本曲线切点上斜率相等。即 $LMC = SMC$。

将每一产量点上对应的 SMC 来计算,再用一条平滑的曲线连起来,便得到一条光滑的曲线,即为长期边际成本 LMC 曲线。

(三) 长期边际成本曲线的形状

长期边际成本曲线呈U型,它与长期平均成本曲线相交于长期平均成本曲线的最低点。

第五节 厂商成本与收益的均衡

一、厂商的收益

厂商收益，是指厂商的销售收入。厂商的收益可以分为总收益、平均收益和边际收益。

（一）总收益

总收益是指厂商按一定价格出售一定量产品时所获得的全部收入，即价格与销售量的乘积，以 P 表示商品的市场价格，以 Q 表示销售量，则有：

$$TR(Q) = P \times Q$$

（二）平均收益

平均收益是指厂商出售一定数量商品，每单位商品所得到的收入，也是平均每单位商品的卖价。它等于总收益与销售量之比，也等于商品的单位价格。即：

$$A(PQ) = \frac{T(PQ)}{Q} = \frac{P \times Q}{Q} = P$$

在价格不变的条件下，厂商平均收益线是一条水平线，且与价格线重合；在价格递减的条件下，厂商的平均收益线是一条向右下方倾斜的直线。

（三）边际收益

边际收益，是指厂商增加一单位产品销售所获得的收入增量。即：

$$MR = \frac{\Delta TR}{\Delta Q}$$

在价格不变的条件下，厂商边际收益线是一条水平线，与价格线重合，也与平均收益线重合；在价格递减的条件下，厂商的边际收益线与平均收益线均是一条向右下方倾斜的直线，且边际收益线位于平均收益线的左侧。

二、成本与收益的均衡

（一）利润最大化的条件

在市场经济社会里，厂商的行为是追求利润最大化。如何才能达成这一目标呢？现实中的做法不仅仅是将总收益与总成本进行一般比较，而且还要将每一笔投资的边际收益与边际成本进行比较。其实，边际收益等于边际成本时也即是总收益最大点。明白这一点是非常重要的。

（1）当 $MR > SMC$ 时，表明厂商增加产量是有益的。此时，厂商会不断地增加产

量，直到 $MR = SMC$ 为止。

（2）当 $MR < SMC$ 时，表明厂商增加产量是无益的。此时，厂商会不断地减少产量，直到 $MR = SMC$ 为止。

（3）当 $MR = SMC$ 时，表明厂商既不增加产量也不减少产量。所以，在厂商的短期生产中，$MR = SMC$ 是厂商实现利润最大化的均衡条件。

（二）利润最大化条件的数学证明

利润等于总收益减总成本。即：

$$\pi(Q) = TR(Q) - TC(Q)$$

其中 π 为利润，TR 为总收益，TC 为总成本。成本包括显成本与隐成本。由于收益与成本都是产出的函数，即 $TR = R(Q)$，$TC = C(Q)$，所以利润也是产出的函数，即 $\pi = \pi(Q)$。就 $\pi(Q) = TR(Q) - TC(Q)$ 式的利润函数对产出求一阶导数，并令该导数值等于0，可以得到利润最大化的必要条件。

由：

$$\frac{d\pi}{dQ} = \frac{dTR}{dQ} - \frac{dTC}{dQ} = 0$$

得到：

$$MR = MC$$

其中：$MR = dTR/dQ$，为某产量点的边际收益；$MC = dTC/dQ$，为某产量点的边际成本，即厂商达到利润最大化的必要条件是生产推进到边际成本等于边际收益的产量点。

在 $MR = MC$ 的均衡点上，厂商可能是盈余的，也可能是亏损的。如果是盈利的，这时的利润就是相对最大利润；如果是亏损的，这时的亏损就是相对最小亏损。不管是盈还是亏，在 $MR = MC$ 点上，厂商都处在收益曲线和成本曲线所能产生的最好的结果之中。

（三）利润最大化的充分条件

满足利润最大化的必要条件为 $MR = MC$。在该产量点，总成本曲线切线的斜率（dC/dq）等于总收益曲线切线的斜率（dR/dq）。但是，仅仅满足利润最大化的必要条件并不能保证厂商获得最大化利润。所以，除了给出利润最大化的必要条件外，我们还要给出利润最大化的充分条件。利润最大化的充分条件是在某产量点上的二阶导数小于零。即：

$$\frac{d\pi^2}{dq^2} < 0$$

本章提供的利润最大化原则，即 $MC = MR$，是厂商均衡的分析工具，对于不同市场结构下的厂商行为都是适用的。

第六章 完全竞争市场

第一节 市场的类型与完全竞争市场的特征

一、市场的定义与市场类型划分的标准

(一) 市场的定义

市场,是指协调社会分工的产物,是物品买卖双方相互作用并得以决定其交易价格和交易数量的一种组织形式或制度安排。作为商品交换的场所,在同一市场中的相同或相近的产品,其价格有迅速走向一致的趋势。

(二) 市场类型划分的标准

市场类型划分的标准有以下四个因素:
(1) 市场上厂商的数目。
(2) 厂商之间各自提供的产品的差别程度。
(3) 单个厂商对市场价格控制的程度。
(4) 厂商进入或退出一个行业的难易程度。

二、市场的类型

根据市场类型划分的标准,可以把市场分为完全竞争、垄断竞争、寡头垄断和完全垄断四种类型(见表 6-1)。

表 6-1　市场的类型

市场的类型	厂商的数目	产品差别的程度	对价格控制的程度	进出一个行业的难易程度	接近哪种市场情况
完全竞争	很多	完全无差别	没有	很容易	一些农产品
垄断竞争	很多	有差别	有一些	比较容易	香烟、糖果
寡头垄断	几个	有差别或无差别	相当程度	比较困难	钢铁、汽车
完全垄断	一个	唯一的产品,没有接近的替代产品	很大程度,但经常受到管制	很困难,几乎不可能	公用事业,如水、电

与市场相对应的另一个概念是行业。行业是指为同一个商品市场生产和提供商品的所有厂商的总体。行业的类型与市场的类型是一致的。

三、完全竞争市场的特征

（一）完全竞争市场的定义

完全竞争又称为纯粹竞争。完全竞争市场，是指竞争充分而不受任何阻碍和干扰的一种市场结构。

（二）完全竞争市场的特征

1. 市场上有大量的卖者和买者

作为众多参与市场经济活动的经济单位的个别厂商或个别消费者，单个的销售量和购买量都只占很小的市场份额，其供应能力或购买能力对整个市场来说是微不足道的。这样，无论卖方还是买方都无法左右市场价格，或者说单个经济单位将不把价格作为决策变量，他们是价格接受者。显然，在交换者众多的市场上，若某厂商要价过高，顾客可以从别的厂商购买商品和劳务，同样，如果某顾客压价太低，厂商可以拒绝出售给顾客而不怕没有别的顾客光临。

2. 参与经济活动的厂商出售的产品具有同质性

这里的产品同质不仅指商品之间的质量、性能等无差别，还包括在销售条件、装潢等方面是相同的。因为产品是相同的，对于购买商品的消费者来说哪一个厂商生产的产品并不重要，他们没有理由偏爱某一厂商的产品，也不会为得到某一厂商的产品而必须支付更高的价格。同样对于厂商来说，没有任何一家厂商拥有市场优势，他们将以可能的市场价格出售自己产品。

3. 所有的资源都可以在各行业之间自由流动

厂商可以无成本地进入或退出一个行业，即劳动可以随时从一个岗位转移到另一个岗位，或从一个地区转移到另一个地区；资本可以自由地进入或撤出某一行业。资源的自由流动使得厂商总是能够及时地向获利的行业运动，及时退出亏损的行业，这样，效率较高的企业可以吸引大量的投入，缺乏效率的企业会被市场淘汰。资源的流动是促使市场实现均衡的重要条件。

4. 参与市场活动的经济主体都掌握相关的完全信息

市场中的每一个卖者和买者都掌握与自己决策、与市场交易相关的全部信息。这一条件保证了消费者不可能以较高的价格购买，生产者也不可能以高于现行价格出卖，每一个经济行为主体都可以根据所掌握的完全信息，确定自己最优购买量或最优生产量，从而获得最大的经济利益。

显然，理论分析上所假设的完全竞争市场的条件是非常严格的，而在现实中没有一个市场真正具有以上四个条件，通常只是将某些农产品市场看成是比较接近的完全竞争市场类型。但是，完全竞争市场作为一个理想经济模型，有助于我们了解经济活动和资源配置的一些基本原理，解释或预测现实经济中厂商和消费者的行为。

第二节 完全竞争厂商的需求曲线与收益

一、完全竞争厂商的需求曲线

（一）行业需求曲线

在任何一个商品市场中，市场需求是针对市场上所有厂商组成的行业而言的，消费者对整个行业所生产的商品的需求称为行业所面临的需求，相应的需求曲线称为行业所面临的需求曲线，也就是市场的需求曲线，它一般是一条从左上方向右下方倾斜的曲线。图6-1（a）中的 D 曲线就是一条完全竞争市场的需求曲线，是向右下方倾斜的。

（二）单个厂商产品需求曲线

消费者对行业中的单个厂商所生产的商品的需求量，称为厂商所面临的需求量，相应的需求曲线称为厂商所面临的需求曲线，简称为厂商的需求曲线。在完全竞争条件下，厂商所面临的需求曲线是一条由既定的市场均衡价格出发的水平线。图6-1（b）中的 d 曲线就是一条完全竞争厂商的需求曲线，是一条与横轴平行的水平线。

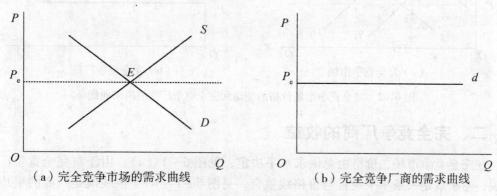

(a) 完全竞争市场的需求曲线　　　　　　(b) 完全竞争厂商的需求曲线

图6-1　完全竞争市场和完全竞争厂商的需求曲线

（三）单个厂商市场需求曲线

（1）在完全竞争市场上，单个厂商是市场价格的接受者，而不是价格的设定者。这在图形上的表现就是完全竞争厂商的需求曲线是一条水平线。假设某家厂商把价格定得略高于市场价格，由于产品具有同质性，且消费者有完备信息并可以自由流动，那么将没有人购买该厂商的产品。也就是说，厂商一旦涨价，它所面临的需求会下降为零。如果厂商的价格等于市场价格，则由于厂商数目众多的条件，一个厂商的供应是无足轻重的，无论厂商供应多少，价格都维持不变，或者说在既定的市场价格下，厂商可能销售掉任意数量的商品。厂商会不会把价格降到市场价格以下呢？降价原本是为了刺激需求，既然每个厂商在市场价格下可以供应任意数量，那又何必降价呢？因此，在完全竞争市场上，厂商既不能提高价格，又不愿降低价格，只能是市场价格接受者。从需求的角度看，完全竞争厂商所面临的需求是水平的，水平需求的弹性是无穷大的，价格趋近于零的上升，需求降为零，价格趋近于零的下降，购买者会蜂拥而至，厂商面对的需求会变成无穷大。

图 6-1（b）中的厂商的需求曲线 d 是相对于图 6-1（a）中的市场需求曲线和市场供给曲线共同作用所决定的均衡价格而言的。如果市场的供给曲线或需求曲线的位置发生移动，就会形成新的市场均衡价格，相应地，在图 6-1（b）中便会形成另一条从新的均衡价格水平出发的呈水平线形状的厂商的需求曲线。

（2）完全竞争厂商的与某一价格水平重合的水平需求曲线不意味着完全竞争市场的价格固定不变。因为需求函数本身是一个多元函数，其他变量的变化会影响需求的变化；供给函数也是一个多元函数，其他变量的变化会影响到供给的变化；需求与供给的变化又会影响到供求曲线位置的移动——从而形成市场的新的均衡价格，使单一的完全竞争厂商面临新的需求曲线（如图 6-2 所示）。

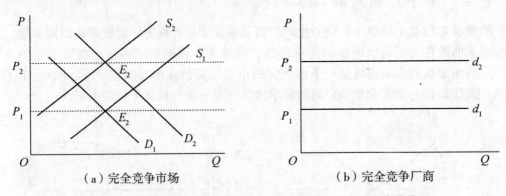

图 6-2　完全竞争市场价格的变动和完全竞争厂商的需求曲线

二、完全竞争厂商的收益

在完全竞争市场，价格由总供求水平决定，见图 6-1（a）。由于对完全竞争厂商来说，需求线是一条水平线且与价格线重合，见图 6-1（b）。该线既是厂商的平均收益线，也是厂商的边际收益线。即，在完全竞争市场条件下，对单个厂商来说，可以在既定价格水平上卖出任意多或任意少的商品，存在着：

$$AR = MR = P \cdot TR = Q \cdot P$$

第三节　完全竞争厂商的短期均衡

一、完全竞争厂商短期均衡的含义

完全竞争厂商短期均衡有以下三种含义。

（一）完全竞争市场

在该市场，厂商只能被动接受市场价格而不能左右市场价格；但在短期内，不仅市场供求可能会发生变化，市场价格可能会发生波动。由于厂商成本的比较重，短期内厂商可能处于盈利状态，也可能处于盈亏平衡状态，或亏损状态。

（二）短期

短期是指生产规模是给定的，厂商在这一期限内并不能根据市场需求情况来调整全部生产要素。因此，在短期里，不仅产品的市场价格是既定的，而且生产中的不变要素投入量是无法改变的；反映在图形中就是 SAC、SMC、d（$AR = MR = P$）曲线都是固定的，厂商只能通过变动可变要素的投入量来调整产量，从而通过对产量的调整来实现 $MR = MC$ 的利润最大化均衡条件。

（三）均衡

这里的均衡是指实现利润最大化下的最优产量点的决定。这是厂商行为原则的最终目标。短期中厂商实现利润最大化的均衡条件是 $MR = SMC$。

二、完全竞争厂商短期均衡的类型

（一）行业供给小于需求，价格水平高，平均收益大于平均总成本，即 $P = AR > SAC$，厂商处于超额盈利状态，如图 6-3（a）所示

在这种条件下，厂商面对的市场价格较高，达到 P_1、面临的需求曲线为 d_1 时，厂商便会不断增加产品投放，直到由 $MR = SMC$ 的利润最大化原则确定的 Q_1 点上，SMC 曲线与 MR_1 曲线的交点 E_1 即为厂商的短期均衡点。这时平均收益为 OP_1，平均总成本为 Q_1F，单位产品获得的利润为 E_1F，总收益为 $OQ_1 \times OP_1$，总成本为 $OQ_1 \times Q_1F$，利润总量为 $OQ_1 \times E_1F$，图中矩形 HP_1E_1F 的面积。如果产量超过 OQ_1 以后，$MC > P_1$，增加产量会降低总利润，若产量小于 OQ_1，增加产量都能增加总利润，只有使产量确定在 OQ_1，$MR = P = SMC$，总利润达到最大。

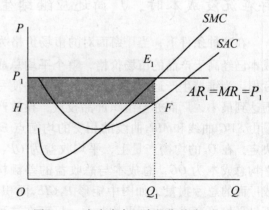

图 6-3 完全竞争厂商短期均衡（a）

（二）行业供给等于需求，价格水平中等，平均收益等于平均总成本，即 $P = AR = SAC$，厂商的经济利润恰好为零，处于盈亏平衡状态，如图 6-3（b）所示

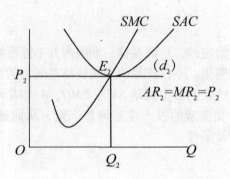

图 6-3 完全竞争厂商短期均衡（b）

在这种条件下，厂商面对的市场价格为 P_2，需求曲线为 d_2，厂商也会不断增加产品投放，直到由 $MR = SMC$ 的利润最大化原则确定的 Q_2 点上。在 Q_2 产量上，平均收益等于平均成本，总收益也等于总成本，如图 6-3（b）中矩形 $OP_2E_2Q_2$ 面积，此时厂商的经济利润为零，但实现了全部的正常利润。由于在该点上，厂商既无经济利润，又无亏损，所以也把 SMC 与 SAC 的交点称为"盈亏平衡点"或"收支相抵点"。

（三）行业供给大于需求，价格水平低，平均收益小于平均总成本但仍大于平均可变成本，即 $AVC < AR < SAC$，厂商亏损，在存在沉没成本时，厂商还应继续生产，如图 6-3（c）所示

在这种条件下，当厂商面对的市场价格为 P_3，需求曲线为 d_3，此时厂商的平均总成本已经高于产品的市场价格，整个平均总成本曲线 SAC 处于价格 P_3 线之上，出现了亏损。为维持生产运行、收获边际贡献并使亏损达到最小，厂商亦要组织产品投放，投放产量由 SMC 曲线和 MR_3 曲线的相交的均衡点 E_3 决定，在 Q_3 的均衡产量上，平均收益为 OP_3，平均总成本为 OG，总成本与总收益的差额构成厂商的总亏损量，如图中矩形 P_3GIE_3 面积。不过平均可变成本小于平均收益。厂商在这种情况下，应立即停止生产还是应继续进行生产，取决于是否存在沉没成本。沉没成本是指一旦停止生产，已投入的不能再收回的成本。这里我们假定厂商的某些不变成本或全部不变

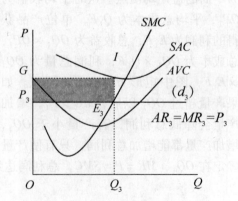

图 6-3 完全竞争厂商短期均衡（c）

成本是沉没成本,则当价格或平均收益介于平均总成本和平均可变成本之间时,虽然出现亏损,厂商仍会继续生产,因为此时厂商获得的全部收益,不仅能够弥补全部的可变成本,还能够收回一部分固定成本,即厂商继续生产所获得的收益超过继续生产所增加的成本。当然,如果某厂商一旦停止生产,成本就会变为零,并且所有的不变成本都可以收回,也就是说厂商没有沉没成本,那么只要价格降到平均总成本水平以下,厂商就会停止生产。

(四)行业供给严重大于需求,价格水平超低,平均收益等于平均可变成本,即 $P=AR=AVC$,厂商处于亏损状态,且处于生产与停产的临界点,如图6-3(d)所示

在这种条件下,厂商面对的价格为 P_4,需求曲线为 d_4,此线恰好切于平均可变成本 AVC 曲线的最低点,SMC 曲线也交于该点。根据 $MR_4 = SMC$ 的利润最大化原则,这个点就是厂商短期均衡点 E_4,决定的均衡产量为 Q_4。在 Q_4 产量上,平均收益小于平均总成本,必然是亏损的。同时平均收益仅等于平均可变成本,这意味着厂商进行生产所获得的收益,只能弥补可变成本,而不能收回任何的不变成本,生产与不生产对厂商来说,结果是一样的。所以,SMC 曲线与 AVC 曲线的交点是厂商生产与不生产的临界点,也称为"停止营业点"或"关闭点"。

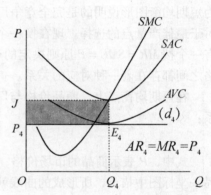

图6-3 完全竞争厂商短期均衡(d)

(五)行业供给严重大于需求,价格水平超低,平均收益小于平均可变成本,即 $AR<AVC$,厂商处于亏损状态且停止生产,如图6-3(e)所示

当价格进一步下降至 P_5、面临的需求曲线为 d_5 时,MR_5 曲线与 SMC 曲线相交之点为短期均衡点 E_5,相对应的产量为 Q_5。在这一产量上,平均收益已小于平均可变成本,意味着厂商若继续生产的话,所获得的收益连可变成本都收不回来,更谈不上收回固定成本了,所以厂商停止生产。

上述分析表明,完全竞争厂商短期均衡的条件是:

短期内,在完全竞争的市场条件下,无论市

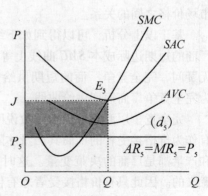

图6-3 完全竞争厂商短期均衡(e)

场价格怎样变化,由于厂商不能根据市场需求情况来调整全部生产要素,厂商只能按 $AR \geq AVC$;$SMC = MR$ 原则来调整自己的产量点。企业应该将生产点推进到边际成本与边际收益相等点。

即可得出:$AR \geq AVC$;$SMC = MR$

也就是我们在上面所说的企业的最佳产量点 Q_1、Q_2、Q_3、Q_4、Q_5;在上述的最佳产量点上,厂商或者可以获得最大利润,或者可以利润为零,或者可以蒙受最小亏损。

三、完全竞争厂商的短期供给曲线

前面已经论证了完全竞争厂商的短期均衡过程,借助于短期均衡综合图形说明了这一过程完全遵循边际收益等于边际成本原则。再进一步分析,短期均衡的综合图形——短期边际成本曲线完全可以看成是完全竞争厂商的短期供给曲线。为什么这么说呢?因为短期均衡图形说明的是完全竞争厂商在 $P_1 \cdots P_4$ 不同的价位下按照 $MR = SMC = P$ 原则对于最佳产量点的选择。现在换一个角度看,短期内给定一个价格 P_i,完全竞争厂商就有一个按 $MR = SMC = P$ 原则决定的产量 Q_i;在每一个短期均衡点上,厂商的产量与价格之间都存在着一种对应的关系。

在短期均衡点上,商品价格与厂商最优产量之间的对应关系可以表示为以下函数关系:

$$Q_s = f(P)$$

式中,P 表示商品的市场价格,Q_s 表示厂商的最优产量或供给量。将 (P_i, Q_i) 在另一坐标图中描点,所形成的曲线就是完全竞争厂商的短期供给曲线。只不过它必须满足 $P_i \geq AVC$ 这一条件,如果不能满足,完全竞争厂商连边际贡献都没有了,这是厂商的停止生产点。

在图 6-4 中可以看到,根据 $MR = SMC = P$ 的短期均衡条件,商品的价格和厂商的最优产量的组合点或均衡点 E_1、E_2、E_3、E_4,都出现在厂商的边际成本 SMC 曲线上。若进一步严格地说,商品价格与厂商愿意提供的产量的组合点,并非出现在全部的边际成本曲线上。我们知道,边际成本曲线穿过平均可变成本的最低点,价格低于这一点,厂商关闭,产量为零;价格超过这一点,产量与价格的关系由边际成本曲线所决定。既然是通过边际成本曲线来确定厂商在该价格下的产量,因此边际成本曲线反映了产量与市场价格之间的关系。

基于以上分析,可以得到如下结论:完全竞争厂商的短期供给曲线,就是完全竞争厂商的短期边际成本 SMC 曲线上等于和高于平均可变成本 AVC 曲线最低点的部分。毫无疑问,完全竞争厂商的短期供给曲线是向右上方倾斜的。图 6-4 中实线部分所示即为完全竞争厂商短期供给曲线。

完全竞争厂商短期供给函数说明了厂商的产量是如何随着价格变化而变化,但是只有作为价格接受者的厂商其产量才随着价格变化而变化。厂商若是价格设定者,则价格和产量都是厂商的决策变量。这时,若问"给定某一价格,企业将生产多少"是没有意义的。因此只有价格接受者才有供给函数。

从对完全竞争厂商短期供给曲线的推导过程中,可以清楚地看到供给曲线背后的生

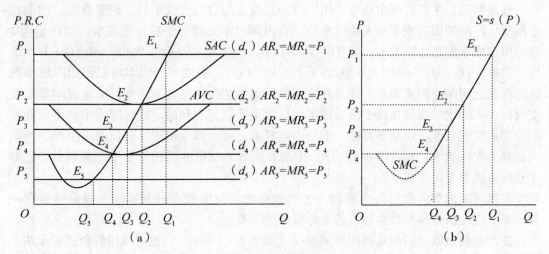

图6-4 完全竞争厂商短期供给曲线

产者追求最大利润的经济行为。供给曲线不仅仅是表示在其他条件不变的条件下,生产者在每一价格水平愿意而且能够提供的产品的数量,更重要的是,生产者所提供的产品数量是在既定价格水平下能够给他带来最大利润或最小亏损的产品数量。

四、生产者剩余

生产者剩余,是指厂商在提供一定数量的某种产品时实际接受的总价格量或总支付量与愿意接受的最小总价格量或总支付量之间的差额。已知厂商从事生产或经营,总是要追求利润最大化,而保证利润最大化的条件就是要使 $MR=MC$,只要 $MR>MC$,厂商就是有利的,由于在完全竞争市场里,$MR=P$,因此只要价格 P 高于边际成本 MC,厂商进行生产,就可以得到生产者剩余。此时厂商实际接受的总价格或总支付就是价格线以下的总收益,而厂商愿意接受的最小总价格或总支付便是边际成本线以下的总边际成本。用图形来表示,则价格直线和边际成本曲线所围成的面积即为生产者剩余。如图6-5(a)中阴影部分的面积。

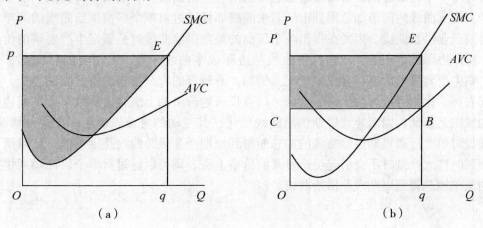

图6-5 生产者剩余

在短期里，生产者剩余还可以用厂商的总收益与总可变成本的差额来衡量。因为在短期里，厂商的固定成本是无法改变的，总边际成本必然等于总可变成本。当产量为 1 时，可变成本即是边际成本，即 $VC(1) = MC(1)$，当产量为 2 时，$VC(2) = MC(1) + MC(2)$，以此类推，$VC(Q) = MC(1) + MC(2) + \cdots + MC(Q)$。表明可变成本可以用边际成本曲线与横轴之间的面积来表示。此外在短期里厂商无论生产还是不生产，固定成本都是要支付的，实际上只要价格高于可变成本，厂商生产就是有利的。这时继续生产不仅能收回全部的可变成本，还能够补偿一部分固定成本，可以减少损失，若厂商不生产，将损失全部的固定成本。所以图 6-5（b）中阴影矩形 CPEB 的面积便是生产者剩余，它等于总收益减去总可变成本。

在以后的内容中我们将会看到，生产者剩余，与消费者剩余这两个概念结合在一起，是分析经济效率和社会福利的十分有用的工具。

生产者剩余既可以用几何图形来表示（如图 6-5 所示），也可以用解析式表示法：令反需求函数 $P_d = f(Q)$，价格为 P_0 时的生产者需求量为 Q_0，则生产者剩余为：

$$PS = [(OP_0 - OH) \cdot OQ + OP_0 \cdot OQ_0] - \int_0^Q f(Q)dQ$$

五、完全竞争行业的短期供给曲线

假定生产要素价格不变，设行业中有 n 个厂商，每个厂商的短期供给函数为：

$$Q_i = S_i(P) \quad (i = 1,2,3,\cdots n)$$

完全竞争行业的短期供给曲线是由行业内所有厂商的短期供给曲线的水平加总而成的。用公式表示为：

$$S(P) = \sum_{i=1}^n S_i(P) = n \cdot S(P) \quad (i = 1,2,3,4\cdots n)$$

行业的短期供给曲线也是向右上方倾斜的。

为什么要假定生产要素价格不变？消费者需求理论告诉我们，通过对单个消费者需求曲线的加总可以得到市场需求曲线。在讨论完单个厂商的短期供给曲线以后，是否可以通过对单个厂商短期供给曲线的加总得出市场供给曲线？一般而言，我们不能像通过对个人需求曲线的简单加总得到市场需求曲线那样通过对单个厂商供给曲线的简单加总而得到产业供给曲线。因为在得出各个厂商的短期供给曲线时是假定生产要素的价格不变，所以边际成本不变，从而供给曲线与边际成本曲线一致。若所有的厂商都扩大产量，则生产要素的价格将会发生变化。例如，若所有的农户都增加农产品的生产，将会引起农药、化肥等投入物价格的上涨。厂商投入物价格的上涨将会导致单个厂商边际成本曲线向上移动，因而导致短期供给曲线变化，其变动的量难以确定。在这种情况下，会通过对单个厂商短期供给曲线的加总而得到短期产业供给曲线是困难的。如果所有的厂商同时扩大产量时不会引起生产要素的价格上涨，则可以通过对单个厂商短期供给曲线的简单加总得到短期产业供给曲线。

第四节 完全竞争厂商的长期均衡

一、完全竞争厂商的长期均衡与短期均衡的不同点

（1）从厂商均衡的角度来分析，短期与长期的含义在于：在短期内，厂商的规模和厂商的数目都是不变的，因为时间过短，厂商来不及调整规模，新厂商也来不及加入该行业所致；而在长期内，不仅厂商的规模可以调整，而且厂商的数目也是可以增减的。

（2）在完全竞争市场价格给定的条件下，厂商在长期生产中对全部要素的可以表现为两个方面：一方面表现为对最优生产规模的调整，另一方面表现为进入或退出一个行业的选择。

（3）在短期的情况下，只要厂商出售产品的平均收益大于平均变动成本就可以开工生产。长期厂商则不能这样做。长期内厂商必须使得自己所出售的产品的平均收益能够弥补平均总成本，即平均变动成本加平均固定成本。如果长期调整也不能改变企业的亏损状态，则企业应该退出该行业，而转入那些其平均收益可以弥补其平均成本的行业生产。

二、完全竞争厂商的长期均衡

在长期内，完全竞争厂商的所有要素都是可变的，厂商通过对全部生产要素的调整，来实现最大利润的原则。完全竞争厂商在长期中对生产要素的调整表现为两方面：一是厂商自身对最优生产规模的调整，二是厂商进入或退出一个行业即厂商数目的调整。

（一）完全竞争厂商自身对最优生产规模的调整

在短期里，如果厂商能够获得利润，它会进一步加以调整，以得到更多的利润。但是，在长期里，厂商会调整生产规模，努力降低单位产品成本，获得比在短期所能获得的更大的利润。不过，这里是假定产品的市场价格始终不变。但实际上，如果市场需求不变的话，各个厂商自身都调整规模，即使厂商数量没有变化，整个行业的产量也会相应地发生变化，随着整个市场供给量的增加，往往会引起价格下降。

（二）行业中厂商数目的调整

在完全竞争市场，要素可以在不同部门之间自由流动，或者说厂商可以自由进入或退出一个行业。而生产要素总是会流向能获得更大利润的行业，也总是会从亏损的行业退出，正是由于行业之间生产要素的自由流动或厂商的自由进出，导致了完全竞争厂商长期均衡时的经济利润为零，只能获得正常利润。具体来看，如果当某一行业开始时的产品价格较高为 P_3，厂商根据利润最大化均衡条件，将选择最优生产规模进行生产，

如图6-6中的Q_3产量。此时厂商获得了利润，这样会招致竞争，吸引一部分厂商进入到该行业中。随着行业内厂商数量的增加，市场上的产品供给就会增加，在市场需求相对稳定的情况下，市场价格就会不断下降，单个厂商的利润随之逐步减少，厂商也将随着价格的变化进一步调整生产规模。只有当市场价格水平下降到使单个厂商的利润减少为零时，新厂商的进入才会停止，厂商退出该行业（如图6-6所示），至此，厂商的生产规模调整至Q_2产量上。

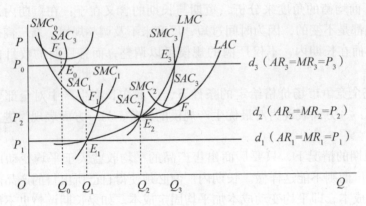

图6-6 厂商进入或退出行业

相反，如果市场价格较低为P_1，厂商根据$MR=MC$的条件，相应的最优生产规模选择在Q_1产量上。此时，厂商是亏损的，这会使得行业内原有厂商中的一部分退出该行业的生产，随着行业内厂商数量的逐步减少，市场上产品的供给就会减少，若市场需求相对稳定，产品的市场价格就会上升，单个厂商的利润又会随之逐步增加。只有当市场价格水平上升到使单个厂商的亏损消失即利润为零时，厂商的退出才会停止。总之，不论是新厂商的加入，还是原有厂商的退出，最终这种调整将使市场价格达到等于长期平均成本最低点的水平，如图中的价格水平P_2。在这一水平，行业中的每个厂商既无利润，也无亏损，但都实现了正常利润小，实现了长期均衡。

图6-6中E_2点是完全竞争厂商的长期均衡点。在这个长期均衡点上，LAC曲线达到最低点，代表最优生产规模的SAC_2曲线相切于该点，相应的SMC_2曲线和LMC曲线都从该点通过，厂商面对的需求曲线与LAC曲线相切于这一点。总而言之，完全竞争厂商的长期均衡出现在LAC曲线的最低点。此时不仅生产的平均成本降到长期平均成本的最低点，而且商品的价格也等于最低的长期平均成本。

因此，我们得到完全竞争厂商的长期均衡条件为：

$$MR = LMC = SMC = LAC = SAC = AR = P$$

此时单个厂商的利润等于零。

在理解长期均衡时，我们要注意两点：

（1）长期均衡点E_2就是收支相等点。这时，成本与收益相等。厂商所能获得的只是作为生产要素之一的企业家才能的报酬——利润。

（2）长期均衡点就是平均成本与边际成本相等点，即$MR=AR=P$。也就是这两曲线相交时，平均成本一定处于最低点。这也就说明了在完全竞争条件下，可以实现成本最小化,从而也就是经济效率最高。

三、完全竞争行业的长期供给曲线

在进行短期分析的时候,我们知道,在生产要素价格不变的情况下,通过对厂商供给的简单加总可以得到产业的供给曲线。产业的长期供给曲线是否也可以通过这种方法得到?答案是否定的。即使生产要素价格在长期不发生变化,我们也不能通过对单个厂商供给的简单加总得到产业的供给曲线。因为长期内,厂商自由进出该产业,我们不知道对哪些企业的供给进行加总。况且在长期内,产业的扩张、收缩会引起生产要素价格的变化,我们更不可能通过对单个厂商供给的简单加总得到产业供给曲线。

根据行业产量变化对生产要素价格所可能产生的影响,以下我们将分别就成本不变行业、成本递增行业以及成本递减行业三种情况讨论产业长期供给曲线。

(一) 成本不变行业的长期供给曲线

成本不变行业,是指该行业的产量变化所引起的生产要素需求的变化,不对生产要素的价格发生影响。当成本不变时,完全竞争行业达到长期均衡的供给曲线是一条水平线(如图6-7所示)。它表明:成本不变的行业是在不变的均衡价格水平提供产量,该均衡价格水平等于厂商的不变的长期平均成本的最低点。或者说,当市场需求变化时,会引起行业长期均衡产量的同方向变化,但长期均衡价格不会发生变化。

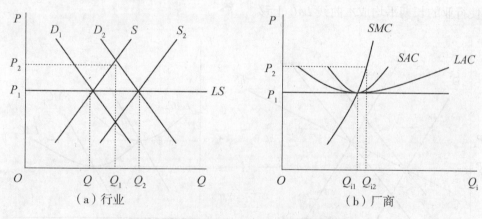

图6-7 成本不变行业长期均衡及供给曲线

在图6-7中,起初该行业及其中的厂商都处于均衡状态,由市场需求曲线D和市场短期供给曲线S的交点所决定的市场均衡价格为P,行业的生产量是厂商生产量的总和。其表现为:①假定由于各种因素使市场需求增加,需求曲线由D向右移到D_2,与原来的供给曲线S相交,相应的市场价格提高到P_2。②基于新的价格水平,厂商不仅可以获得净利润,而且在原有规模上扩大产量至Q_{12},获得更多的利润。③从长期看,新的厂商受着利润的吸引,会不断进入到该行业中来。新厂商的加入,应当会引起生产要素需求量的增加,进而会引起生产要素价格的上升。④但是,这个行业是成本不变行业,新厂商的加入引发的对于生产要素需求量的增加并不会引起生产要素价格的上升。⑤既然没有引起生产要素价格的变化,因而不会引起企业的生产成本变化——成本曲线位置不变，新厂商的进入引起的供给增加却使供给曲线不断向右移动，总产量增加会使产品价格逐步下降，单个厂商的利润也随之下降，原有厂商沿着它们的边际成本曲线削减生产。这个过程一直要延续到单个厂商的利润消失为止，即供给曲线移动到 S_2 的位置，使得市场价格又回到原来的长期价格水平，单个厂商在原来的长期平均成本曲线 LAC 的最低点实现均衡，仍然生产原来的产量，市场的均衡产量的增加量为 Q_1Q_3，它是由新加入的厂商提供的。将各个短期需求曲线和相应的供给曲线的长期均衡点连接起来，就是完全竞争行业成本不变时的长期供给曲线 LS。总之，不变成本行业有着一条水平的长期供给曲线。如果需求增加，产品价格将提高，随着新厂商加入该行业，供给曲线向右移动，最终迫使价格恢复到原有水平。厂商能长期维持成本不变，主要是由于生产要素的供给是完全弹性的。

（二）成本递增行业的长期供给曲线

成本递增行业，是指该行业的产量增加所引起的生产要素需求的增加，会导致生产要素的价格上升。当成本递增时，完全竞争行业达到长期均衡的供给曲线是一条向右上方倾斜的曲线。它表明：当行业实现长期均衡时，虽然产量增加了，但是其价格也上涨了。这是由于外部不经济提高了投入物的价格或降低了投入物的生产效率引起的。例如增加投入物的供应量必须提高其价格才能获得；或者由于行业扩大生产后不得不增雇效率较低的工人；再或者一些产业随着行业的扩展，它的产出率发生递减现象；等等，这些都使行业的长期平均成本曲线 LAC 上移。

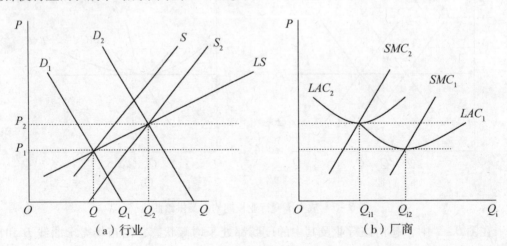

图 6-8　成本递增行业长期均衡及供给曲线

图 6-8 表明当需求增加时成本递增行业调整供给的过程。设该行业和其中的厂商是在价格为 P_1 时达到初始的均衡状态。其表现为：①假如这时需求增加，需求曲线向右移动，短期价格上涨，厂商在短期内仍以短期的边际成本曲线所代表的既定的生产规模调整生产，并因此获得利润。②长期内，净利润的出现吸引新厂商进入到该行业，整个行业的供给增加。行业供给增加，会增加对生产要素的需求。③该行业为成本递增行业，生产要素需求的增加使得生产要素的市场价格上升，从而使得厂商的长期平均成本

曲线 LAC 的位置上移。同时行业内新厂商的加入，产量还是增加了，供给增加使供给曲线向右移动为 S_2。最终在 LAC_2 曲线和 SMC_2 曲线的位置及 S_2 曲线的位置，实现厂商和行业的长期均衡。④虽然新厂商的进入增加了全行业的产量，但成本的上升不会使价格回跌到原来的水平，而是形成一个新的均衡价格水平 P_2，厂商在 LAC_2 曲线的最低点实现长期均衡，每个厂商的利润又都为零。⑤连接行业的两个长期均衡点的直线就是行业的长期供给曲线 LS。它是一条向右上方倾斜的长期供给曲线。很显然，对于成本递增行业，在长期内，行业的产品价格和供给量呈同方向变动，市场需求的变动不仅会引起行业长期均衡价格同方向变动，还引起行业长期均衡产量的同方向变动。

（三）成本递减行业的长期供给曲线

成本递减行业是指该行业的产量增加所引起的生产要素需求的增加，会导致生产要素的价格下降。当成本递减时，完全竞争行业达到长期均衡的供给曲线是一条向右下方倾斜的曲线。它表明：当行业实现长期均衡时，不但产量增加，而且其价格也降低了。这主要是由于外部经济在起作用。随着一个行业的发展而产生的外部经济可以概括为两个方面：一是降低了投入物的价格，二是提高了投入物的生产效率。例如，由于行业的扩大，改善了运输条件，使行业中各家厂商降低了运输成本。行业的扩大，有条件大量供应原材料和半成品，它们的价格将会降低，质量也会提高，从而降低采购成本。行业的扩大也有可能使公共资金随之扩大，就有可能资助人员培训，从而提高劳动力的技术水平和更有效地利用已知的技术。总之外部经济能降低厂商的长期平均成本。

图6-9表明当需求增加时成本递减行业调整供给的过程。

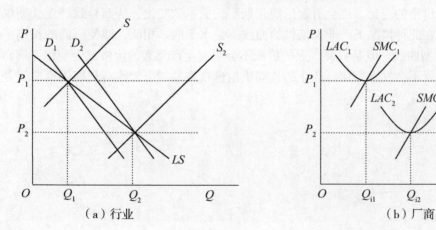

图6-9 成本递减行业长期均衡及供给曲线

设该行业和其中的厂商是在价格为 P_1 时达到初始的均衡状态。其表现为：①假如这时需求增加，需求曲线向右移动，短期价格上涨，厂商在短期内仍以短期的边际成本曲线所代表的既定的生产规模调整生产，并因此获得利润。②长期内，净利润的出现吸引新厂商进入到该行业，整个行业的供给增加。③该行业为成本递减行业，行业供给增加，会增加对生产要素的需求，但生产要素的增加使得生产要素的市场价格反而下降了，从而使得厂商的长期平均成本曲线 LAC 的位置下移。同时行业内新厂商的加入，产量还是增加了，供给增加使供给曲线向右移动为 S_2。最终在 LAC_2 曲线和 SMC_2 曲线的位置及 S_2 曲线的位置，实现厂商和行业的长期均衡。④虽然新厂商的进入增加了全行业的产量，但成本的下降不会使价格回跌到原来的水平，而是形成一个新的均衡价格水平 P_2，厂商在 LAC_2 曲线的最低点实现长期均衡，每个厂商的利润又都为零。⑤连接行业的两个长期均衡点的直线就是行业的长期供给曲线 LS。它是一条向右下方倾斜的长期供给曲线。很显然，对于成本递减行业，在长期内，行业的产品价格和供给量呈反方向变动。市场需求的变动引起行业长期均衡价格反方向变动，引起行业长期均衡产量的同方向变动。

从以上分析可见，我们不能通过将行业内厂商的长期边际成本曲线加总的方法推导行业的长期供给曲线。不能否认，每个厂商都是在长期供给曲线上 $LMC = P$ 的每一个点上进行生产的，但当行业沿 LS 曲线进行调整时，厂商正在进入或退出该行业。因此，不可能像在短期那样，对一既定数量厂商 LMC 曲线进行加总。而且对于成本递增或递减行业来说，LMC 曲线本身也会由于要素价格的变化而移动。

需要指出，这里所讨论的不变成本产业、递增成本产业与递减成本产业与我们在生产理论中所讨论的常数规模报酬、递增规模报酬以及递减规模报酬属于不同的概念范畴。不变成本产业、递增成本产业或递减成本产业是就整个产业进行讨论的，而常数规模报酬、递增规模报酬以及递减规模报酬则往往是就某个厂商进行讨论的。况且，即使把产业与厂商结合起来分析，常数规模报酬也并不意味着不变成本，递减规模报酬也不一定产生递增成本，递增规模报酬也并不总是导致递减成本。拿常数规模报酬与不变成本这两个概念来讲，即使厂商的生产是在常数规模报酬下进行，只要产业规模的调整会引起生产要素价格的变化，也会引起厂商长期平均成本的变化，从而导致产业长期供给价格的变化。在此种情况下产业长期供给曲线不是水平的。相反，即使厂商的长期平均成本曲线是 U 型曲线，但是只要产业的扩张不会引起生产要素的价格发生变化，厂商的长期平均成本就不会发生变化，产业的长期供给价格将是一个常数，长期供给曲线是水平的。

第七章 完全垄断市场

第一节 完全垄断市场的特征与厂商收益

一、完全垄断市场的定义与特征

（一）完全垄断市场的定义

完全垄断又称独占、卖方垄断或纯粹垄断。完全垄断市场，是指一家厂商控制了某种产品全部供给的市场结构。

（二）完全垄断市场的特征

（1）厂商数目唯一，一家厂商独自控制了一个行业产品的全部供给。由于整个行业仅存在唯一的供给者，企业就是行业。

（2）完全垄断企业对产品的市场价格有决定性的影响。由于垄断企业控制了整个行业的供给，也就控制了整个行业的价格。完全垄断企业可以有两种经营决策：以较高价格出售较少产量，或以较低价格出售较多产量。但垄断厂商要想扩大销售量，必须降低价格。

（3）完全垄断企业的产品不存在任何相近的替代品。否则，其他企业可以生产替代品来代替垄断企业的产品，完全垄断企业就不可能成为市场上唯一的供给者。因此，消费者无其他选择。

（4）完全垄断行业存在坚实的进入壁垒，或者存在自然垄断，或者存在合法垄断，其他任何厂商进入该行业都极为困难或不可能，要素资源难以流动。

二、完全垄断市场的类型

完全垄断市场和完全竞争市场一样，都只是一种理论假定，是对实际中某些产品的一种抽象，现实中绝大多数产品都具有不同程度的替代性。

导致垄断的原因包括自然垄断与合法垄断两种情形。自然垄断又分为对资源的独家控制与规模经济两种情况，合法垄断包括专利制度与特许经营权制度两种类型。

（一）自然垄断

1. 对资源的独家控制

如果一家厂商控制了用于生产某种产品的全部资源或基本资源的供给，其他厂商就不能生产这种产品，从而该厂商就可能成为一个垄断者。

2. 规模经济

如果某种商品的生产具有十分明显的规模经济性，需要大量固定资产投资，规模报酬递增阶段要持续到一个很高的产量水平，此时，大规模生产可以使成本大大降低。那么由一个大厂商供给全部市场需求的平均成本最低，两个或两个以上的厂商供给该产品就难以获得利润。这种情况下，该厂商就形成自然垄断。许多公用行业，如自来水供应、电力供应、石油供应、煤气供应、地铁等是典型的自然垄断行业。

（二）合法垄断

1. 专利制度

专利权是政府和法律允许的一种垄断形式。专利权是为促进发明创造，发展新产品和新技术，而以法律的形式赋予发明人的一种权利。专利权禁止其他人生产某种产品或使用某项技术，除非得到发明人的许可。一家厂商可能因为拥有专利权而成为某种商品的垄断者。

2. 政府特许经营权

某些情况下，政府通过颁发执照的方式限制进入某一行业的人数，如大城市出租车驾驶执照等。很多情况下，一家厂商可能获得政府的特权，而成为某种产品的唯一供给者，如邮政、公用事业等。执照特权使某行业内现有厂商免受竞争，从而具有垄断的特点。作为政府给予企业特许权的前提，企业同意政府对其经营活动进行管理和控制。

三、垄断厂商的需求曲线和收益曲线

（一）垄断厂商的需求曲线

在完全垄断条件下，市场上只有一家企业，企业和行业合二为一，企业就是行业。因此，垄断厂商所面临的需求曲线（D）就是整个市场的需求曲线，其表达式为：$D=P=P(Q)$。为什么不像通常一样表述为$Q=Q(P)$形式而采用反函数形式？这是因为完全垄断时，不仅厂商的需求曲线同时就是市场的需求曲线，而且厂商产品的市场价格完全取决于厂商产量的投放。因此，取其反函数$D=P=P(Q)$形式表示需求曲线，更加形象。垄断厂商的需求曲线向右下方倾斜，斜率为负，销售量与价格呈反比关系。因此，垄断厂商是价格的制定者，因为他可以通过减少销售量来提高市场价格，在其产量水平较高时，市场价格也随之下降。这一点与完全竞争市场上厂商是价格的接受者不同。

（二）垄断厂商的收益曲线

知道了垄断厂商的需求曲线，就可以分析垄断厂商的收益曲线，如图7-1所示。

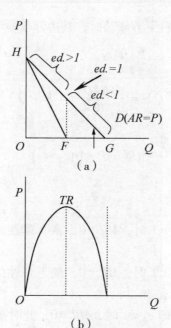

图 7-1 垄断厂商的收益曲线

从需求曲线 $D = P = P(Q)$ 可知,完全垄断厂商的 P 与 Q 之间呈反比关系,因此有:

$$TR(Q) = P(Q) \cdot Q$$

$$AR(Q) = \frac{TR(Q)}{Q} = \frac{P(Q) \cdot Q}{Q} = P(Q)$$

$$MR(Q) = \frac{dTR(Q)}{dQ} = P(Q) + Q \cdot \frac{dP}{dQ}$$

根据上述分析可以看出垄断厂商的收益曲线(R)具有几个特点:①厂商的平均收益曲线与需求曲线重合。②由于完全垄断厂商的 P 与 Q 之间呈反比关系,AR 曲线必向右下方倾斜,根据边际量与平均量定义及其关系,dP 与 dQ 之比一定是负数,可知 $MR < AR$,MR 曲线在 AR 曲线的下方。③由于每一销售量上的边际收益 MR 值就是相应 TR 曲线的斜率,所以,当 $MR > 0$ 时,TR 曲线的斜率为正;当 $MR < 0$ 时,TR 曲线的斜率为负;当 $MR = 0$ 时,TR 曲线的斜率为零——TR 曲线达到最大值。

假定垄断厂商的需求曲线是线性的(本节后面的分析全部基于这一假定,非线性情况不予讨论),则可确定 MR 的函数形式,进而确定 MR 曲线的位置。

设垄断厂商的总需求函数形式为:

$$P = a - b \cdot Q$$

式中:a、b 为常数,a、$b > 0$,则垄断厂商的总收益和边际收益函数分别为:

$$TR(Q) = P \cdot Q = (a - b \cdot Q) \cdot Q = a \cdot Q - b \cdot Q^2$$

$$MR(Q) = \frac{dTR(Q)}{dQ} = a - 2b \cdot Q$$

根据 MR 的函数形式即可得图 7-1 所示的 MR 曲线,MR 曲线的斜率为 $-2b$,在纵坐标轴上的截距与需求曲线相同,在横轴上的截距是需求曲线在横轴上截距的一半。

当垄断厂商的需求曲线向右下方倾斜时,其边际收益不仅与价格相关,还与需求弹性相关。

已知:

$$MR(Q) = \frac{dTR(Q)}{dQ} = P + Q \cdot \frac{dP}{dQ}$$

可推出:

$$MR = P \cdot \left(1 - \frac{1}{e_d}\right)$$

式中:e_d 为需求价格弹性。

从上式可以看出:

当需求富有弹性时,即 $e_d > 1$ 时,$MR > 0$,富有弹性的需求曲线意味着产量的增加将使总收益增加。

当需求缺乏弹性时,即 $e_d < 1$ 时,$MR < 0$,缺乏弹性的需求曲线意味着产量的增加将使总收益减少。

当需求具有单位弹性时,即 $e_d = 1$ 时,$MR = 0$,此时垄断厂商的总收益达到最大。

第二节 垄断厂商的短期均衡

一、垄断厂商的短期均衡的假定条件

讨论垄断厂商短期均衡要有以下两个假定条件:
(1) 假定垄断者所面临的市场需求曲线是线性的。
(2) 短期固定投入不变,厂商只能通过调整变动投入而调整产量,进而调整价格。
现在我们要探讨的是实现利润最大化原则下价格与最优产量点的决定。

二、垄断厂商的短期均衡过程

在短期里,垄断厂商由于各种原因,如既定规模下单位成本过高,或面对的市场需求较小等,可能导致短期里盈亏平衡甚至亏损,不一定总是获得垄断利润。所以,垄断厂商的短期均衡有获得超额利润、获得正常利润和蒙受亏损三种情况。

(一) 获得超额利润时的短期均衡

设短期内垄断厂商的生产规模如图 7-2 所示:①既定的生产规模为 SAC_1、SMC_1 曲线所代表;从图形可以看出,这一生产规模下的单位平均成本比较低。为什么会比较低?可能是生产规模比较大。②在既定生产规模下,垄断厂商按照 $MR = SMC_1$ 的原则确定产量水平 Q_1。③Q_1 产量水平同时代表市场供给水平,需求水平为 $D = P = P(Q)$,供给水平与市场需求水平相交,可得对应的短期均衡价格为 P_1。④对应的成本由 SAC 曲线得到为 C_1,显然 $P_1 > SAC_1$,即平均收益大于平均成本,厂商存在经济利润。经济利

润为矩形 P_1C_1BA 的面积。在 Q_1 产量水平上，$MR=SMC_1$，所以 Q_1 是垄断厂商利润最大化时的均衡产量。

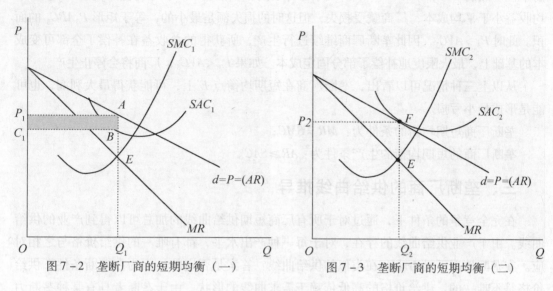

图 7-2 垄断厂商的短期均衡（一）　　　　图 7-3 垄断厂商的短期均衡（二）

（二）获得正常利润时的短期均衡

设短期内垄断厂商的生产规模如图 7-3 所示：①既定的生产规模为 SAC_2、SMC_2 曲线所代表；这一生产规模下的单位平均成本比较高。②在既定生产规模下，垄断厂商根据 $MR=SMC_2$ 原则确定的产量水平在 Q_2。③ Q_2 产量水平同时代表市场供给水平，与上一种情况分析相似，与 Q_2 产量水平对应的价格可由需求曲线 $P=P(Q)$ 得到为 P_2。④这一产量水平与需求曲线的交点正好是 SAC_2 曲线与需求曲线 D 的切点，$P_2=SAC_2$，即平均收益等于平均成本，因而垄断厂商的 TR 等于 TC，厂商的经济利润为零，只获得正常利润。

（三）垄断厂商蒙受亏损时的短期均衡

设短期内垄断厂商的生产规模如图 7-4 所示：①既定的生产规模为 SAC_3、SMC_3 曲线所代表；这一生产规模下的单位平均成本比较高。②在既定生产规模下，垄断厂商按照 $MR=SMC$ 的原则确定的产量水平在 Q_3 的水平上。③ Q_3 产量水平同时代表市场供给水平，与上一种情况分析相似，与 Q_3 产量水平对应的价格可由需求曲线 $P=P(Q)$ 得到为 P_3。④在 $MR=SMC$ 的短期均衡点 E

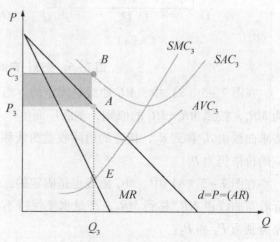

图 7-4 垄断厂商的短期均衡（三）

上，从 SAC 曲线上得到相应的总成本为 C_3，由于既定生产规模下的 SAC_3 更高，垄断厂商单位产品的 $AVC_3 < AR < SAC_3$，厂商短期亏损。从图 7-4 中可看出 $P_3 < SAC_3$，即平均收益小于平均成本，厂商蒙受损失，但这时的损失额是最小的，等于矩形 P_3ABC_3 的面积。此时 $P_3 > AVC_3$，因此垄断厂商继续进行生产，所获得的总收益在补偿了全部可变成本的基础上，最大限度地补偿了部分固定成本。如果 $P_3 < AVC_3$，厂商将会停止生产。

从以上三种情况可以看出，垄断厂商在短期均衡点 E 上，可能获得最大利润，也可能是形成最小亏损。

垄断厂商短期均衡的条件为：$MR = SMC$；

垄断厂商的短期均衡的生产条件为：$AR \geq SAC$。

三、垄断厂商的供给曲线推导

在完全竞争的条件下，通过对于所有厂商短期供给曲线的加总可以得到产业的供给曲线。由于产业供给曲线的存在，对于每一种产出水平，都有唯一的供给价格与之相对应。在垄断情况下是否也存在类似的供给曲线？答案是否定的，因为在垄断条件下供给价格是不唯一的。供给价格的高低依赖于需求曲线的形状。由于垄断者具有某种垄断力量，可以对自己产品的销售实行市场分割，因此，在不同的市场上垄断者可能面临不同的需求曲线，若垄断者所面临的需求曲线形状不同，即使在同一产量下，所对应的供给价格也是不同的。我们利用图 7-5 来讨论这种情况。

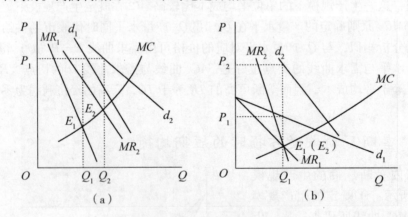

图 7-5 垄断厂商的产量和价格

在图 7-5（a）中，MC 曲线是固定的，当需求曲线为 d_1 时，相应的边际收益曲线为 MR_1，按照 $MR = MC$ 的原则，垄断厂商生产 Q_1 的产量水平，对应的价格是 P_1，如果需求曲线由 d_1 移到 d_2，相应的边际收益曲线移到 MR_2，此时厂商生产的产量为 Q_2，对应的价格仍为 P_1。

在图 7-5（b）中，MC 曲线也是固定的，假定需求曲线由 d_1 移到 d_2，则相应的边际收益曲线由 MR_1 移到 MR_2，产量水平保持不变，仍然生产 Q_1 的产量水平，对应的价格分别为 P_1 和 P_2。

由此可知，垄断厂商的产量和价格之间不存在唯一的对应关系，因而完全垄断市场上也不存在供给曲线。这一结论可推广到带有不同程度垄断因素的不完全竞争市场中。

在垄断市场条件下，不存在厂商的供给曲线。原因是垄断厂商是价格的制定者而不是价格的接受者，垄断厂商可以控制市场价格，因而无法推导出完全竞争条件下的产量与价格之间的一一对应的关系的厂商和行业的短期供给曲线。

第三节　垄断厂商的长期均衡

一、垄断厂商的长期均衡的定义

垄断厂商的长期均衡，是指垄断者在长期内自己进行调整而达到的利润最大化的均衡。

由于垄断产业只有一家厂商经营该产业的全部产品，所以，即使垄断者存在超额利润，在长期也不可能像完全竞争产业那样通过厂商间的竞争消除超额利润。

二、垄断厂商在长期内对生产调整的结果与遵循的原则

（一）垄断厂商在长期内对生产调整的三种结果

（1）短期内是亏损的，长期内也不能扭亏，于是退出生产。
（2）短期内是亏损的，长期内通过对于最优生产规模的选择，扭亏为盈。
（3）短期内是盈利的，长期内通过对于最优生产规模的选择，改小盈为大盈。

（二）垄断厂商对生产调整要遵循的原则

（1）使得出售产品的平均收益至少可以弥补平均成本，即 $LAR = LAC$。
（2）使长期边际成本等于边际收益，即 $LMC = LMR$。

三、垄断厂商长期均衡的过程

在完全垄断条件下，长期中不会有新的厂商进入该市场。垄断厂商可以通过生产规模调整来实现长期利润最大化。完全垄断市场长期均衡形成过程中不存在厂商数量的调整，因而垄断行业的长期均衡并不以利润消失为标志。如果垄断厂商短期内获得利润，长期内只要需求状况不发生变化，厂商仍然可以获得利润。

垄断厂商短期有三种状态。因此，厂商的调整过程分别从这三种状态开始，其调整过程非常类似，本书以第一种情况为例分析垄断厂商长期均衡的形成过程。如图7-6所示。

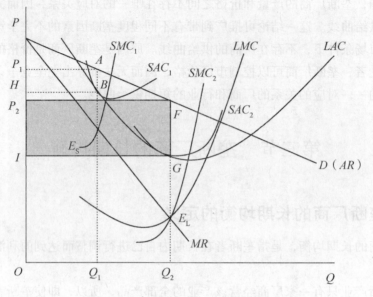

图 7-6　垄断厂商长期均衡的形成过程

假定垄断厂商目前的生产规模为 SAC_1、SMC_1 表示的生产规模，在 $SMC_1 = MR$ 所确定的产量水平 Q_1 上，垄断厂商实现了短期的利润最大化。其利润为矩形 HP_1AB 所表示的面积。

但是从长期看，这并不是最优的生产规模。由于长期中其他厂商不能进入，垄断厂商可以通过规模调整实现更大的利润。垄断厂商将会把产量调整到 $MR = LMC = SMC$ 所确定的产量 Q_2 水平上，此时对应的生产规模为 SAC_2 和 SMC_2 所表示的生产规模。对应的总利润为矩形 IP_2FG 所表示的面积，此时的总利润大于短期内所获得的总利润。

四、垄断厂商长期均衡的条件

从图 7-6 中可以看出在 Q_2 产量水平上，MR 曲线、LMC 曲线、SMC 曲线交于一点，这表明厂商利润最大化的条件 $MR = MC$，不仅在短期得到满足，而且在长期也得到满足，所以垄断厂商的长期均衡条件是：

$$MR = LMC = SMC$$
$$TR > TC \quad 或 \quad AC > AC$$

当这一条件满足时，$SAC = LAC$，即图形中 SMC_2 和 LMC 的交点对应的 LAC 上的点，也就是相应的 SAC 与 LAC 的切点。

第四节 价格歧视、政府管制和经济评价

一、价格歧视的定义与条件

(一) 价格歧视的定义

价格歧视,是指垄断厂商在同一时间对同一产品向不同的购买者索取两种或两种以上的价格,或者对销售给不同购买者的同一产品在成本不同时索取相同的价格。

(二) 垄断厂商实行价格歧视的两个条件

(1) 不同市场之间可以有效地分离。若不这样做的话,消费者将在价格低的市场购买商品,或者把低价购进的商品在价格更高的市场上重新出售,从而使价格歧视难以维持。沿海地区的海鲜产品价格是很便宜,但是,任何消费者都不太可能将当地购买的便宜海鲜产品带往内地消费。

(2) 被分隔开的多个市场上需求弹性不同。只有在这种情况下,垄断者根据不同的需求弹性对同一商品索取不同的价格,方能获得多于索取相同价格时的利润,否则,最佳策略是对同一商品收取相同价格。

二、价格歧视的类型

一般来说,价格歧视分为一级价格歧视、二级价格歧视和三级价格歧视三种类型。

(一) 一级价格歧视

一级价格歧视又称为完全价格歧视,是指垄断厂商对于每一单位产品都按消费者所愿意支付的最高价格制定不同的销售价格。从消费者行为理论可知,需求曲线反映了消费者对每一单位商品愿意并且能够支付的最高价格。如果厂商已知消费者的需求曲线,即已知消费者对每一单位产品愿意并且能够支付的最高价格,厂商就可以按此价格逐个制定商品价格。

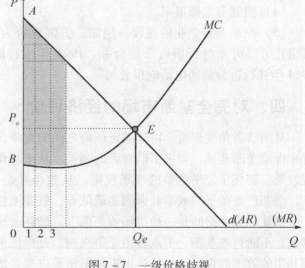

图7-7 一级价格歧视

如图7-7所示,对第一单位商品,消费者愿意支付的最高价格为 P_1,厂商就按 P_1 价格出售;对第二单位商品,

消费者愿意支付的最高价格为 P_2，厂商就按 P_2 的价格出售；依次类推，直至厂商销售完全部的商品。这是一种理想的极端情况。假定厂商生产的平均成本为 P_N，则此时厂商的利润为 $P_N AB$，而通常情况下，厂商按单一价格 P_N 销售，利润为零。可见实行一级价格定价后，厂商的利润增加了三角形 $P_N AB$ 的面积。这部分面积正好是消费者剩余，因此，实行一级价格歧视的厂商实际上是将所有消费者剩余榨光，转化为了生产者的垄断利润。

（二）二级价格歧视和三级价格歧视

二级价格歧视，是指垄断厂商根据不同的消费数量段确定不同的价格或称分段定价。二级价格歧视主要适用于那些容易度量和记录的劳务，如煤气、电力、水、电话通讯等的出售。

三级价格歧视，是指垄断厂商对同一种产品在不同的市场上或在同一市场对不同的消费者群体收取不同的价格。如同一种产品，国内市场和国际市场价格不一样，黄金时间和非黄金时间的广告费不一样等。

三、对于自然垄断企业的政府管制

过度的自然垄断往往导致资源配置效率低下、腐败与社会分配的不公平，但并不会导致经济总量的缩水。为了解决垄断引发的经济问题，大多数市场经济国家的政府都要对垄断进行管制，其主要方式包括以下方面：

（1）边际成本定价法。即让产品价格降至为边际成本，但这时企业要亏损。

（2）平均成本定价法。即让产品价格降至为平均成本，厂商的利润为零。政府给予一定的资助。

（3）双重价格法。即对高收入者制定高价，低收入者制定低价。

（4）控制资本回报率。

（5）控制垄断企业的规模。例如，美国政府为了控制垄断企业的规模，曾出台政策阻止可口可乐与百事可乐的合并、1994 年强行阻止微软与英特尔公司合并，以及 1984 年强行拆分美国电话电报公司等。

四、对完全垄断市场的经济评价

从消费者角度来看，由于缺乏厂商之间的竞争，垄断厂商往往通过控制产量维持高价来保障垄断利润，损害了消费者的利益。从市场角度来看，由于垄断厂商采取价格歧视政策，破坏了公平竞争的市场规则。从整个社会角度来看，由于在长期均衡的条件下，垄断厂商的平均成本并未到达最低点，资源未能得到最为经济的利用。

因此，完全垄断是一种市场效率低下、破坏公平竞争规则、损害消费者利益的市场制度。不断打破垄断，引入自由竞争机制，是保证消费者权益、维护公平竞争、提高资源利用的效率的正确选择。这也正是斯密等古典经济学家与当代自由主义经济学家反对垄断、提倡契约自由与公平竞争的理由。

第八章 垄断竞争市场

第一节 垄断竞争市场的特征与垄断竞争厂商的收益

在现实中符合完全竞争或垄断的严格条件的市场是极为罕见的，完全竞争和完全垄断是市场结构中的两个极端，而现实中的市场则主要是介于完全竞争和垄断之间的市场结构。1933年，英国经济学家罗宾逊与美国经济学家张伯伦分别出版了《不完全竞争的经济学》与《垄断竞争理论》，深入分析了介于完全竞争市场与完全垄断市场之间的市场状态，垄断竞争理论与不完全竞争理论由此产生，相应的市场类型为垄断竞争市场。

一、垄断竞争市场的特征

（一）什么是垄断竞争市场

垄断竞争市场是一种介于完全竞争和完全垄断之间的市场组织形式，在这种市场中，既存在着竞争因素，又具有垄断因素。

（二）垄断竞争市场的特征

（1）市场中存在着较多数目的厂商，彼此之间存在着较为激烈的竞争。由于每个厂商都认为自己的产量在整个市场中只占有一个很小的比例，因而厂商会认为自己改变产量和价格，不会招致其竞争对手相应行动的报复。

（2）厂商所生产的产品是有差别的，或称"异质商品"。至于产品差别是指同一产品在价格、外观、性能、质量、构造、颜色、包装、形象、品牌、服务及商标广告等方面的差别以及消费者想象为基础的虚幻的差别。由于存在着这些差别，使得产品成了带有自身特点的"唯一"产品了，也使得消费者有了选择的必然，使得厂商对自己独特产品的生产销售量和价格具有控制力，即具有了一定的垄断能力，而垄断能力的大小则取决于它的产品区别于其他厂商的程度。产品差别程度越大，垄断程度越高。但是，这些产品彼此之间又都是非常接近的替代品。

（3）厂商进入或退出该行业都比较容易。资源流动性较强。垄断竞争市场是常见的一种市场结构，如肥皂、洗发水、毛巾、服装、布匹等日用品市场，餐馆、旅馆、商店等服务业市场，牛奶、火腿等食品类市场，书籍、药品等市场大都属于此类。

（4）由于企业数量较多，存在竞争时厂商对价格的影响程度较小。垄断竞争市场中的厂商要想扩大销量，必须降低价格。

在完全竞争市场和完全垄断市场下，行业的定义是很明确的，它是指生产同一种无差别的产品的厂商的总和。而在垄断竞争市场，由于不同企业生产的产品具有差别性，行业的含义变得不明确，甚至上述意义上的行业不复存在。由于这一特性的存在，所以我们不可能构造整个行业的需求曲线 D 以及整个行业的供给曲线 S，而只能讨论某个代表性厂商的供给曲线与需求曲线。理解了代表性厂商的行为也就等于理解了该产业所有厂商的行为，如同研究了一个人的人体组织就等于研究了所有的人体组织一样具有的普遍意义。

二、垄断竞争厂商的需求曲线和垄断竞争厂商的收益

（一）垄断竞争厂商的需求曲线

由于垄断竞争厂商生产的是有差别的同类产品，因而和完全竞争的厂商只是被动地接受市场的价格不同，垄断竞争厂商对价格有一定的影响力：他可以通过改变自己生产产品的销售量来影响市场价格。因而，垄断竞争厂商所面临的需求曲线是一条向右下方倾斜的曲线（如图8-1所示）。

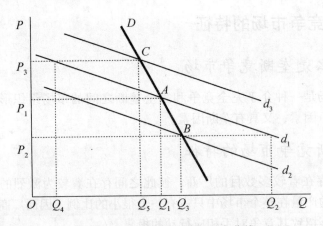

图8-1 垄断竞争厂商的需求曲线

可是，由于各垄断竞争厂商的产品尽管有差别，本质上还是同类产品，相互可以替代，因此，垄断竞争厂商所面临的需求曲线相对于完全竞争厂商而言要更陡一些（即更缺乏弹性），而相对于垄断厂商来讲需求曲线要更缓一些，即更富有弹性。

由于在垄断竞争行业中厂商生产的产品都是有差别的替代品，因而市场对某一厂商产品的需求不仅取决于该厂商的价格—产量决策，而且取决于其他厂商对该厂商的价格—产量决策是否采取对应的措施。比如一个厂商采取降价行动，如果其他厂商不降价，则该厂商的需求量可能上升很多，如其他厂商也采取降价措施，则该厂商的需求量不会增加很多；这样在分析垄断竞争厂商的需求曲线时，就要分以下情况进行讨论。

1. d 曲线——厂商主观想象的消费者对于本企业产品的需求曲线

该曲线表示：在垄断竞争生产集团中的单个厂商改变产品价格，而其他厂商的产品价格保持不变时，该厂商的产品价格与销售量之间的对应关系。因为在市场中有大量的

企业存在，因而单个厂商会认为自己的行动不会引起其他厂商的反应，于是它便认为自己可以像垄断厂商那样，独自决定价格。这样，单个厂商在主观上就有一条斜率较小的需求曲线，称为主观需求曲线。

2. D 曲线——厂商客观分析的消费者对于本企业产品的需求曲线

该曲线表示：在垄断竞争生产集团中的单个厂商改变产品价格，而其他所有厂商也使产品价格发生相同变化时，该厂商的产品价格和销售量之间的关系。在现实中，一个垄断竞争厂商降低价格时，其他厂商为了保持自己的市场，势必也会跟着降价，该厂商因而会失去一部分顾客，需求量的上升不会如厂商想象的那么多，因而还存在着另外一条需求曲线，称之为客观需求曲线或比例需求曲线。

在图 8-1 中，垄断竞争厂商的主观需求曲线为 d_1，厂商最初的产量为 Q_1，最初的价格为 P_1，因而位于主观需求曲线上的 A 点。当该厂商将产品的价格由 P_1 下调至 P_2 后，按照其主观需求曲线 d_1，厂商预期其销售量将提高至 Q_2。但是，由于该厂商降价时，其他厂商也将采取同样的措施，以维护自己的市场占有率，因此，该厂商的销售量实际只有 Q_3，即介于 Q_1 和 Q_2 之间，厂商实际只能移动到 B 点。当厂商意识到这点之后，厂商的主观需求曲线就会做出相应的调整，改为通过 B 点的 d_2。相反，如果厂商将它的价格由 P_1 提高至 P_3，厂商按照主观需求曲线 d_1 会预期自己的需求量将降低至 Q_4，但由于其它厂商也同样采取提价措施，该厂商需求量的下降并不像预期的那么多，实际的需求量为 Q_5，即厂商实际移动到 C 点，厂商的主观需求曲线也将随之调整至通过 C 点的 d_3。根据客观需求曲线的定义，连结 A、B、C 三点的曲线 D 即是客观需求曲线。

3. d 曲线与 D 曲线的关系

（1）当所有厂商同样调整价格时，整个市场价格的变化会使单个垄断竞争厂商 d 曲线沿着 D 曲线上下移动。

（2）d 曲线表示单个厂商改变价格时预期的产量，而 D 曲线表示单个厂商在每一价格水平实际面临的市场需求量或销售量，所以 d 曲线与 D 曲线相交，意味着垄断竞争市场的供求平衡状态。

（3）客观需求曲线 D，更缺乏弹性，所以更陡峭一些，主观需求曲线弹性较大，较平坦些。

（二）垄断竞争厂商的收益

由于垄断竞争厂商的平均收益 AR 也总是等于该销售量的价格 P，因此垄断竞争厂商的平均收益曲线就是垄断竞争厂商的需求曲线。需求曲线向右下方倾斜，则平均收益曲线也是向右下方倾斜的，且两线重合。平均收益递减，则边际收益必定也是递减的，并且小于平均收益。与垄断厂商类似，垄断竞争厂商的边际收益（MR）曲线也是位于平均收益 AR 曲线之下且较 AR 曲线更为陡峭。

第二节 垄断竞争厂商的短期均衡

一、垄断竞争厂商的短期均衡过程

短期均衡，是指短期内厂商基于利润最大化目标的最佳产量点的选择。垄断竞争厂商的短期均衡是指短期内通过调整它的产量和价格来实现它的利润最大化目标的过程。

如图8-2所示，SMC是代表性厂商的边际成本曲线，d_1是厂商的主观需求曲线，D是厂商的客观需求曲线。假定厂商一开始处于A点，此时产量是Q_0，价格为P_0。从图中可以看出，A点并非最佳产量点。厂商为了实现利润最大化，会按照$MR_1 = MC$的原则来调整其产量和价格，即沿着主观需求曲线调整至B点，此时价格是P_1，产量为Q_1。由于在行业中的其他厂商也面临着相同的情况，每个厂商都在假定其他厂商不改变产量和价格的条件下根据自己的利润最大化原则降低了价格。于是，当其他厂商都降低了自己产品的价格时，代表性厂商实际的需求量不能增加到Q_1，而只能是Q_0和Q_1之间的一点C，需求量只有Q_2。厂商的主观需求曲线也要修正到通过C点的d_2，边际收益曲线也相应调整至MR_2。从图中可以看出，C点并非最佳产量点。这样该厂商在P_1的价格下无法实现最大利润，必须进一步做出调整。按照厂商利润最大化的条件$MR_2 = MC$，厂商将会把价格进一步降低至P_2，厂商预期自己的需求量将会增加至Q_3。但是由于其他厂商采取同样的行动，该厂商的需求量实际只能沿客观需求曲线增加到Q_4，厂商在P_2价格下仍无法实现最大利润。依此类推，厂商的价格还需做出进一步的调整，其主观需求曲线也将沿客观需求曲线不断移动。

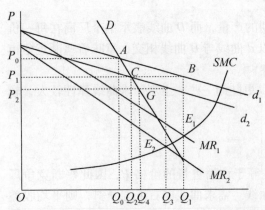

图8-2 垄断竞争厂商在短期内的生产调整过程

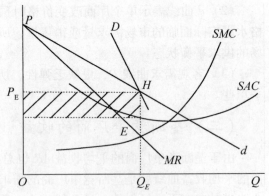

图8-3 垄断竞争厂商的短期均衡

上述调整过程实际是一个"试错"的过程，这一"试错"过程不断进行，一直持续到实现短期均衡状态为止（如图8-3所示）。

二、垄断竞争厂商短期均衡的条件

（一）垄断竞争厂商短期均衡的基本条件

如图 8-3 所示，厂商实现短期均衡时，必须满足如下条件：

（1）厂商的产量 Q_E 符合 $MR=MC$ 的原则，厂商实现了利润最大化，因而厂商没有动力改变目前的状态。

（2）厂商此时的产量和价格决策恰位于主观需求曲线与客观需求曲线的交点 H，亦即厂商按自己能够感觉到的主观需求曲线所做出的价格产量决策恰和其他厂商也做出同样调整的价格产量决策相一致。

（二）垄断竞争厂商短期均衡的三种类型

在满足上述均衡的基本条件（$MR=MC$）的基础上，垄断竞争市场条件下厂商短期均衡的类型包括以下三种情况。

第一种情况：$MR=MC$，$AR>AC$。由于存在超额利润，垄断竞争厂商期望保持这种状态，但由于招致竞争，长期来看，随着该行业投资与供给的增加，价格会下降，平均收益线会下降，这种状态不能够成为长期均衡态。

第二种情况：$MR=MC$，$AR<AC$。由于存在亏损，垄断竞争厂商会选择退出这一行业。但长期来看，随着该行业不断有企业的退出，供给将减少，价格会上升，平均收益线会上升，这种状态也不能够成为长期均衡态。

第三种情况：$MR=MC$，$AR=AC$。由于存在正常利润，它是一种不高也不低的利润，不高到招致竞争，不低到厂商愿意退出该行业，因此，从长期来看，这种状态可以成为长期均衡态。

与垄断厂商、完全竞争厂商一样，垄断竞争厂商短期均衡条件可能获得经济利润，也可能经济利润为零，甚至是亏损，经济利润为负。这主要取决于厂商所面临的需求曲线与其平均成本曲线的位置，如果厂商的平均成本曲线位于需求曲线之上，也就是说，厂商的平均成本太高或者需求太低，则厂商在短期内无论如何调整其价格和产量，都无法摆脱亏损的命运。

第三节 垄断竞争厂商的长期均衡

一、垄断竞争厂商长期均衡条件的分析

在长期内，垄断竞争厂商可以通过扩大或缩小其生产规模来与其他企业进行竞争，也可以根据自己能否获得经济利润来选择是进入还是退出一个行业。

假设垄断竞争厂商在短期内能够获得经济利润，在长期内所有的厂商都会扩大生产规模，也会有新的厂商进入该行业进行生产，在市场总的需求没有大的改变的情况下，

代表性厂商的市场份额将减少，虽然主观需求曲线不变，但客观需求曲线将向左下方移动，从而厂商的产品的实际需求量低于利润最大化的产量。厂商为了实现长期均衡必须降低其价格提高其产量来适应这种变化，从而主观需求曲线和客观需求曲线都会向左下方移动。这一过程会一直持续到行业内没有新的厂商进入，也没有企业愿意扩大生产规模为止，此时厂商的利润为零。

因此，垄断竞争厂商长期均衡条件为：

$$MR = LMC = SMC, AR = LAC = SAC。$$

厂商实现长期均衡时的所处状态如图 8-4 所示。在长期均衡时，厂商的主观需求曲线 d 与长期平均成本曲线 LAC 相切于 J 点，客观需求曲线也与 d 和 LAC 曲线相交于 J 点，此时厂商的均衡产量 $\overline{Q}$，满足厂商利润最大化的要求 $MR = LMC = SMC$。而此时的 $P = AR = LAC$，所以厂商的利润为零。

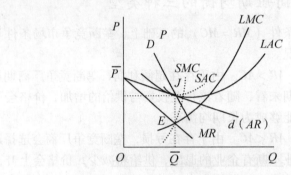

图 8-4　垄断竞争市场代表性企业的长期均衡

如果考虑行业内厂商亏损，厂商退出行业或者减少产量的过程，与上述的分析过程类似，只不过两条需求曲线的移动方向相反而已，最终均衡的结果都是主观需求曲线与 LAC 曲线相切，利润为零。

二、垄断竞争厂商与完全竞争厂商长期均衡条件下的不同点

（1）完全竞争厂商 D、AR、MR 曲线三线合一，切为平行线；垄断竞争厂商 D、AR 重合，且向右下方倾斜，并且 $MR < AR$。

（2）完全竞争下长期均衡时的产量其平均成本处于最低点，垄断竞争下长期均衡时的产量其平均成本高于最低点。

（3）完全竞争下长期均衡时价格低于垄断竞争下的均衡价格，且 $P = MC$；垄断竞争下长期均衡时价格较高，$P > MC$。

（4）完全竞争下长期均衡的产量高于垄断竞争时的均衡产量。

第四节 垄断竞争厂商的理想产量、供给曲线和竞争方式

一、垄断竞争与厂商的理想产量

我们将垄断竞争和多余生产能力进行一个简单的图示（见图8-5）。

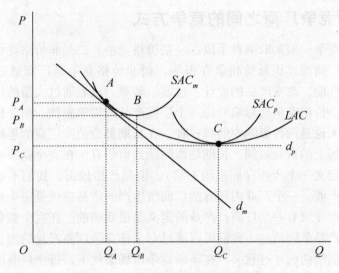

图8-5 垄断竞争和多余生产能力

在图8-5中，如果是完全竞争的市场，厂商长期均衡时的产量等于长期平均成本最低时的产量，即均衡点为C点。如果是垄断竞争的市场，厂商的长期均衡点为A点。所以，垄断竞争厂商的长期均衡产量Q_A低于完全竞争的长期均衡产量Q_C。显然，相对于垄断竞争厂商来说，完全竞争市场所能达到的平均成本要低、而产量要高。

基于此，我们常把完全竞争条件下，厂商实现长期均衡的产量即平均成本最低时的产量称为理想的产量。显然，垄断竞争的市场无法达到理想的产量。我们把理想的产量与垄断竞争厂商长期均衡的产量之间的差（即$Q_C - Q_A$）称为多余的生产能力。

多余生产能力的存在说明了垄断竞争企业尚有一部分生产能力没有被有效利用，如果它扩大产量，平均成本可能降低。站在社会的角度来看，如果让一部分企业增加产量，其平均成本可以降低，而让另外少数企业退出市场，则整个社会的效率得到提高。因此，有的经济学家认为，垄断竞争行业是低效率的。但也有另一部分经济学家为垄断竞争辩护，他们认为：①现实中我们无法确定让哪一部分厂商退出市场，让哪一部分厂商扩大产量，因为这里有一个公平的问题；②垄断竞争厂商提供给市场的是多样化的商品，可以满足厂商不同的偏好，而产品的多样性本身就是有价值的。多余的生产能力在一定程度上可以看作消费者或社会为了得到产品多样性所必须付出的代价。

二、垄断竞争厂商的供给曲线

垄断竞争厂商所面临的需求曲线与垄断厂商一样也是向右下方倾斜的,因此,也是无法找到价格与产量之间一一对应的关系的。同时,假设价格一定,垄断竞争厂商所供给市场的产量不仅取决于其本身的价格—产量决策,而且取决于其他厂商的价格—产量决策的结果,更增加了厂商供给的不确定性。因此,在垄断竞争市场上,是不存在具有规律性的供给曲线的。

三、垄断竞争厂商之间的竞争方式

厂商之间的竞争一般采取两种手段:一是价格竞争,二是非价格竞争。

价格竞争是厂商通过压低价格争夺市场,而非价格竞争是厂商通过提高产品的质量,改进产品的性能,改变产品的设计、包装、装潢,或者通过大量的广告推销产品而形成的相互竞争。价格竞争会影响对每一个厂商产品的需求曲线,而非价格竞争会影响厂商的成本。但无论是两种影响中的哪一种,在长期都会消除厂商的超额利润。

垄断竞争市场上的行业短期、长期均衡问题如何研究?在完全竞争或完全垄断的条件下我们都可以定义一个产业(即市场下同)。但是严格地讲,我们不能在垄断竞争的条件下定义一个产业。一个产业内所有的厂商所生产的产品应该是完全相同的。完全垄断条件下,一个产业只有一个厂商,产业的定义是很明确的。在完全竞争的条件下,所有的厂商生产的产品是同质的,我们可以通过对全部竞争厂商产量的加总得到产业的产品总量,产业的供给曲线才有意义。在垄断竞争市场条件下,每个厂商所生产的产品虽然相近,但并不相同,产品间存在差别。严格地讲是不能通过对这些差别产品的相加得到产业供给曲线的。我们所能够做到的是把生产相近产品的厂商划分为"产品集团"(product group)。只是为了方便讨论起见,我们仍然使用产业一词分析垄断竞争市场,只不过是在不太严格的意义上使用这一词罢了。

第九章 寡头垄断市场

第一节 寡头市场的定义、特征与寡头勾结方式

一、寡头市场的定义与特征

（一）寡头市场的定义

寡头市场，是指少数几个厂商控制整个市场的产品的生产和销售的这样一种市场组织。在该市场条件下，行业集中率较高。我们在市场中常常可以看到的现象，诸如大厂商对于零售商要求统一零售价、捆绑销售、低价倾销等。这些现象都与寡头市场有关。

（二）寡头市场的特征

（1）少数几个厂商的产量或销量占据整个行业总产量或销量较高的比例。
（2）寡头之间的产品相同或近似。
（3）行业进入一般不存在法律障碍，但存在规模壁垒。
（4）寡头通过价格勾结对市场价格有较大影响，但是任何一个寡头要想扩大销量，必须降低价格。
（5）寡头之间的行为存在较大的相关性。

在完全竞争、完全垄断、垄断竞争三种市场上厂商的行为是相互独立的，每个厂商在作决策时都无须考虑其他厂商会作出什么反应；而与完全竞争、完全垄断、垄断竞争市场上厂商的一个重要差别是寡头间行为相互不独立。由于寡头市场上少数几个厂商生产一个产业的全部或绝大部分产量，因此每一个厂商的行为都会对该市场发生举足轻重的影响。一个厂商通过产品降价或新模式产品的推出而扩大自己产品的市场，就会使得对其他寡头产品需求量下降。因为一个厂商的行为会对本产业整个产品市场发生举足轻重的影响，所以一个厂商采取某种对策扩大自己的产量，会遇到其对手的反对策行为。厂商之间的竞争行为是不确定的。一个厂商通过降价来扩大自己的市场份额可能会导致对手如法炮制。一个寡头通过广告战争夺市场，也会引起对手用相同手法来遏制它的行为。寡头之间也可能不是通过竞争而是通过合作的方式共同谋取好处。

二、寡头勾结方式

寡头勾结的方式主要有以下三种：一是分配与控制产量，其目的在于控制价格；二是价格勾结；三是瓜分市场。

寡头厂商之间通过相互达成协议能够达到瓜分市场、持久保持高额利润吗？回答是不可能的。因为一方面有反垄断法严格禁止这种垄断行为，另一方面是由于优势策略的存在，寡头之间的协议具有不稳定性。这一点我们在本章最后一节加以分析说明。

由于寡头间对策不确定，因此要想建立一个理想的模型解释寡头的价格与产量的决定是不可能的。实际上存在多种解释寡头行为的模型，模型的结论依赖于对寡头行为的假定。对寡头行为作出的假定不同，模型的结论也就不同；有多少关于竞争对手反应方式的假定，就有多少寡头厂商的模型，就可以得到多少不同的结果。目前还没有找到一个寡头行为市场模型可以对寡头市场的价格和产量的决定作出一般的理论总结。以下介绍几种常见的寡头行为市场模型。

第二节 古诺模型与斯威齐模型

一、古诺模型

由于古诺模型是法国经济学家吉诺于1838年首先提出的，故该模型称为古诺模型。

（一）古诺模型的假设条件

（1）一个产业只有两个寡头厂商，每个寡头生产和销售相同的产品，他们的生产成本为零，并追求利润最大化。

（2）两个寡头同时作出产量决策，即寡头间进行的是产量竞争而非价格竞争，产品的价格依赖于二者所生产的产品总量。

（3）双方无勾结行为。

（4）每个生产者都把对方的产出水平视为既定，并依此确定自己的产量。

（5）假定边际成本是常数。

（二）古诺模型的产量与价格的决定

古诺模型的产量与价格关系如图9-1所示。第一轮，A厂商面临 D 曲线并率先进入市场，他将产量定为市场总容量的1/2，此时市场价格为 OP_1。从数学原理分析，这一产量决定将会给自己带来利润最大化。随后，B厂商进入市场，也按同样的逻辑思维行动，生产他所面临的市场容量的1/2，此时价格下降为 OP_2。第二轮，如图9-1所示，B厂商的加入使市场供给总量增加了许多，但市场价格却下来了许多，A厂商的利润总量也减少了许多。为

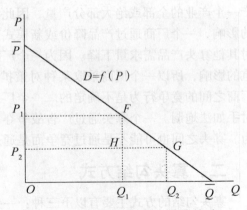

图9-1 古诺模型的产量与价格关系

了实现最大的利润，A厂商在无法挤掉B厂商时，只能重新调整产量，将产量定为自己所面临的市场容量的1/2，按此计算，A厂商产量有所减少，市场价格有所上升，将在现有条件下实现利润最大化。同理，A厂商的产量削减给B厂商腾出了部分市场份额，B厂商乘机也调整产量，也生产自己所面临的市场容量的1/2，于是，在A厂商的产量略有减少时B厂商的产量略有增加，虽然市场价格有所下降，但B将在现有条件下实现利润总量最大化。

B厂商的增产使得市场价格水平再次下降，使得A厂商的利润总水平也再次下降。A厂商只得再次调整产量以实现有条件下利润总量的最大化。而A厂商的再次调整产量也必然会再次影响到B的生产决策的改变。在这样轮复一轮的过程中，A厂商的产量会逐渐减少，B厂商的产量会逐渐增加，最后，达到A、B两个厂商的产量都相等的均衡状态为止。在均衡状态中，A、B两个厂商的产量都为市场总容量的1/3，即每个厂商的产量为$1/3\overline{Q}$，行业的总产量为$2/3\overline{Q}$。

令寡头厂商的数量为m，古诺模型可以得到一般的结论如下：

每个寡头厂商的均衡产量 = 市场总容量 · $1/m+1$

行业的均衡总产量 = 市场总容量 · $m/m+1$

古诺模型也可以用建立寡头厂商的反应函数的方法来说明（如图9-2所示）。

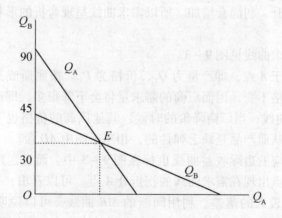

图9-2 古诺模型与反应函数

反应函数：寡头1的反应函数记为$Q_1^*(Q_2)$，其定义为：在寡头1对寡头2的产出水平作出各种推测的情况下，寡头1所能达到的利润最大化的产量。

给出市场线性需求的反应函数$P = 1500 - Q$；

给出寡头厂商A（或B）的利润函数$\pi_A = TR_A - TC_A$，$\pi_B = TR_B - TC_B$

对寡头厂商A（或B）的利润函数$\pi_A = TR_A - TC_A$，$\pi_B = TR_B - TC_B$分别求一阶导数，并令各自的一阶导数为零；由此可导出Q_A、Q_B的值。

二、斯威齐模型

由于斯威齐模型是美国经济学家保罗·斯威齐于20世纪30年代所建立，故该模型称为斯威齐模型。

由于寡头厂商之间价格战的结果往往是两败俱伤，竞争的双方利润都趋向于零，所以在寡头垄断市场上，产品的价格往往比较稳定，厂商比较喜欢采用非价格竞争方式，即便采用价格战的方式也是非常慎重的。寡头厂商不愿轻易地变动产品价格，价格能够维持一种比较稳定的状态的情况，被称之为价格刚性。

斯威齐模型被用来解释在寡头垄断市场上出现的这种价格刚性现象。即：当一个寡头厂商降低价格的时候，其他厂商会跟着降价；当一个寡头厂商提高价格的时候，其他厂商会保持价格不变。做这样的假定的原因是，当一个厂商降低它的产品的价格的时候，其他厂商如果不跟着降价，那么其他厂商的市场份额就会减少，从而产量下降，利润下跌；而当一个寡头厂商提高它的产品价格的时候，如果其他厂商价格保持不变，那么提价的厂商的一部分市场份额将会自动被其他厂商瓜分，从而

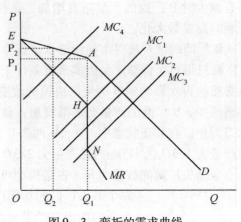

图 9-3 弯折的需求曲线

其他厂商的产量会上升，利润会增加。所以需求曲线呈现弯折的形状，称为弯折的需求曲线。

斯威齐模型的需求曲线见图 9-3。

假定厂商原来处于 A 点，即产量为 Q_1，价格为 P_1。按照斯威齐的假定，厂商提价的时候，其他厂商价格不变，因而厂商的需求量将会下降很多，即产品富有弹性，相当于图中 AE 段的需求曲线；当厂商降价的时候，其他厂商的价格也下降，因而厂商的需求量不会增加很多，从而产品是缺乏弹性的，相当于图中 AD 段。

与需求曲线相对应的边际收益曲线也标在图 9-3 中。而且，边际收益曲线出现了垂直间断。垂直间断点出现在需求曲线的拐折处 A 点。可以看出，在 H 点与 N 点之间，边际收益曲线有一个较大的落差。利用间断的 MR 曲线，可以说明寡头市场的价格刚性。如果厂商的成本变化不大，其 MC 与 MR 曲线的交点在 MR 的垂直间断的范围之内，则不会引起产量的变动。如：厂商的边际成本为 MC_2 所代表，厂商的产量和价格分别将是 Q_1 和 P_1；如果厂商边际成本提高至 MC_1，厂商的产量和价格仍然是 Q_1 和 P_1；如果厂商的边际成本降低到 MC_3，厂商的利润最大化的产量和价格仍然是 Q_1 和 P_1。如果厂商的成本在一个很大的范围内发生变动，例如提高至 MC_4，厂商的产量和价格则变为 Q_2 和 P_2。

虽然斯威齐模型有助于说明寡头市场的价格刚性现象，但也有很多的经济学家提出了批评意见。这些批评主要集中在两点：①如果按照斯威齐模型，寡头市场应该具有比垄断市场更为刚性的价格，但是实证的结论与此正好相反；②斯威齐模型只是解释了价格一旦形成，则不易发生变动，但这个价格是如何形成的，却没有给出说明。

寡头厂商的均衡产量和均衡价格之间不存在一一对应关系，不存在寡头厂商和行业的具有规律性的供给曲线。

第三节 寡头厂商之间的博弈

我们在前面的章节中讨论的都是消费者或者厂商个人的决策,都是以"理性人"、"独立决策"的假设为前提,都认为完全竞争市场下个人效用最大化就会导致社会福利最大化。然而,现实并非完全如此。首先,"理性人"的假设条件并不严格成立;其次,我们看到,厂商无论是进行价格决策还是产量决策,都必须考虑竞争对手的反应;最后,完全竞争市场下个人效用最大化不一定就会导致社会福利最大化,有的时候消费者个人效用最大化的另一面是社会福利的负数化。例如,寡头厂商在寡头市场中的行为具有明显的特征:一是行为的非独立性。每一厂商的决策行为必须要考虑此行为对于竞争对手的影响,否则会是两败俱伤。或者说,寡头厂商的市场行为是相互影响的。二是每一寡头厂商都追求自身利益的最大化,只要一有机会,就会出现机会主义倾向。基于第一个行为特征,寡头之间常常出现共谋现象如欧佩克组织的市场分割协定、中国三大彩电巨头的价格联盟协定等。基于第二个行为特征,寡头之间又常常出现短期内就破坏协定的行为。

博弈论(Game theory)就是基于上述互动情形的研究,也是对上一章寡头行为分析的继续和深入。其实,寡头厂商最佳产量点的选择从而追求自身利益的最大化的过程就是一个博弈过程;博弈过程会出现多种博弈均衡,博弈均衡下的厂商策略并非就都是最佳产量点的策略;从策略均衡到最佳产量点之策略均衡,厂商就要通过重复博弈来实现。

一、博弈的基本知识

所谓博弈,是指一种对策,即每一行为主体的利益不仅依赖它自己的行动选择,而且有赖于别人的行动选择,以致它所采取的最好行动有赖于其竞争对手将选择什么行动。博弈论所研究的就是两个以上行为主体的相关决策及策略均衡。

(一)博弈的类型

1. 双人博弈和 n 人博弈

根据局中人的数量,博弈可以划分为双人博弈和 n 人博弈(本书所描述的就是双人博弈。)

2. 静态博弈和动态博弈

从局中人是否同时行动的角度,博弈又可以划分为静态博弈和动态博弈。静态博弈,是指局中人同时选择策略或非同时选择策略但不知道对手采取的具体行动,并且这种策略选择是一次性的,也就是说同时做出选择后博弈就出结果。动态博弈,是指局中人行动有先后顺序的博弈,后行动者能观察到先行动者的行动。典型的动态博弈如"进入博弈",市场中存在一个在位者厂商 I 以及一个潜在进入的厂商 E。厂商 E 首先决定是否进入市场,然后厂商 I 决定是否发动价格战,最后厂商 E 再次行动,决定是否迎

战。日常生活中动态博弈比比皆是，比如购物中的砍价过程就是一个典型的动态博弈。

3. 零和博弈与非零博弈

零和博弈，是指博弈双方的支付结果加起来为零。这意味着双方的利益在博弈中是相互冲突的。从支付结果看，除了零和博弈外，还有非零和博弈，如正和博弈，即双方的支付结果加起来为一个正常的数。这意味着双方的利益冲突不再是那么激烈，有可能出现所谓双赢或共赢局面。至于负和博弈，如果假定局中人都是理性的，理论上没有人会参与这种博弈，尽管现实中不乏损人不利己的事。

4. 合作博弈与非合作博弈

互动的情况既可以在单个的个体之间开展，也可以是在团体之间展开，这样，从参与主体角度，我们可以把博弈划分为合作博弈和非合作博弈。具体来说，在合作博弈中，分析的对象经常是一个团体，用博弈论的术语称之为"联盟"。该联盟是由参与博弈的若干局中人通过达成有约束力的协议形成。合作博弈通常并不涉及具体的博弈规则，而集中于不同的人结盟将得到什么。合作博弈强调的是团体理性。在非合作博弈中，分析的对象是个体参加者，考察的是单个的参与人在具体的博弈规则以及一定的信息条件约束下，面对其他人可能的反应将如何行动。在非合作博弈中，局中人之间通常无法达成有约束力的协议进行合作，以获得合作收益。非合作博弈强调的是个人理性、个人最优策略。但结果可能有效率，也可能无效率。

在博弈论的分析史上，对于合作博弈的分析一度是人们研究的重点。在纳什的研究之后，人们认识到非合作博弈分析对于揭示现实中的经济现象有更强大的作用。在众多学者的努力下，非合作博弈分析已经成为博弈论研究的主流。

（二）博弈的基本要素

任何一个博弈过程都包括以下三个基本要素。

1. 局中人

局中人，是指博弈中的每个决策者（也可称作选手和参与者）。在具体的经济模型中，局中人可以是厂商，也可以是厂商消费者或任何契约关系中的人。根据经济学的理性假定，局中人同样是以利益最大化为目标。

2. 支付

支付，是指博弈结束时局中人得到的利益。支付有时以局中人得到的效用来表示，有时以局中人得到货币报酬来表示。局中人的利益最大化也就是指支付或报酬最大化。

3. 策略

策略（也称作战略）是局中人为实现其目标而采取的一系列行动或行动计划，它规定在何种情况下采取何种行动。

二、博弈均衡的基本概念

在经济学中，均衡一般指某种稳定的状态。

博弈均衡，是指策略均衡，它是指由各个局中人所使用的策略构成的策略组合处于一种稳定状态，在这一状态下，各个局中人都没有动机来改变自己所选择的策略。这样，各人的策略都已给定，不再发生变化，博弈的结果必将确定。从而，每一个局中人从中得到的支付也就确定了，每个局中人的最优决策也就可以确定了。可见，要解一个博弈问题，首先需确定博弈的策略均衡。

博弈均衡有占优策略均衡和纳什均衡两种。

（一）占优策略均衡

占优策略又称优势策略，是指无论其他参与者采取什么策略，其参与者的唯一的最优策略就是他的占优策略。也就是说，如果某一个参与者具有占优策略，那么，无论其他参与者选择什么策略，该参与者确信自己所选择的唯一策略都是最优的。博弈均衡是指博弈中的所有参与者都不想改变自己的策略的这样一种状态。如果所有参与者选择的都是自己的占优策略，该博弈均衡又被称为占优策略均衡。即：由博弈中的所有参与者的占优策略组合所构成的均衡就是占优策略均衡。

以图9-4的矩阵结构进行说明。假设学校规定寝室晚上11：30分熄灯睡觉。甲乙同学同住一室。在按时就寝这一问题上，甲乙双方的个人决策为图9-4中四种模式：

（1）甲乙双方合作守信。此时，每一方可得到10单位的好处。

（2）甲守信乙不守信。此时，乙可以得到12单位的好处，甲只得到6单位的好处。

（3）甲不守信乙守信。此时，甲得到12单位的好处，乙只得到6单位的好处。

		甲同学	
		合 作	不合作
乙同学	合 作	10，10	6，12
	不合作	12，6	8，8

图9-4 占优策略均衡

（4）甲乙双方均不守信。此时，甲只得到8单位的好处，乙也只得到8单位的好处，低于双方均守信时各自得到的好处。

这里可以得出两个结论：一是合作的确有必要性，这样双方的好处都会最大；二是在追求利润最大化的过程中，合作现象非常脆弱。如此案例中的分析，只要发现对己方有利，一定选择占优策略。

（二）纳什均衡

纳什均衡是指在一个均衡里，如果其他参与者不改变策略，任何一个参与者都不会改变自己的策略，也就是说，没有人愿意偏离均衡。这一解概念是由美国数学家约翰·纳什提出的，故称为纳什均衡。

在有的博弈均衡中，某参与者并不存在既定的占优策略，他的占优策略随着其他参与者的策略的变化而变化。

所谓纳什均衡组合是指这样一组策略组合：①在该策略组合中，每个局中人的策略都是给定其他局中人的策略情况下的最佳反应。有一个局中人的策略发生变化，原来的策略组合就不再是纳什均衡。②该策略组合具有自我实施的功能。在纳什均衡下，没有一个局中人可以通过单方面改变自己的策略而提高自己的支付。

为便于理解纳什均衡，现举例说明：

假设甲乙二人合作打工。在工作态度这一问题上，甲乙双方的个人决策为以下四种模式。

（1）当乙选择投入时，甲选择投入，则可得到 7 单位的好处；甲选择不投入，则可得到 6 单位的好处；此时甲肯定选择投入。

（2）当乙选择不投入时，甲选择投入，则可得到 3 单位的好处；甲选择不投入，则可得到 8 单位的好处；此时甲肯定选择不投入。

（3）当甲选择投入时，乙选择投入，则可得到 10 单位的好处；乙选择不投入，则可得到 5 单位的好处；此时乙肯定选择投入。

（4）当甲选择不投入时，乙选择投入，则可得到 8 单位的好处；乙选择不投入，则可得到 9 单位的好处；此时乙肯定选择不投入。

综合上述四种情况，可以得出：纳什均衡就是在给定别人最优的情况下，自己最优选择达成的均衡。它只要求任何一个参与者在其他参与者的策略选择给定的条件下，其选择的策略是最优的。也就是说，纳什均衡是有条件下的占优均衡，条件是它的参与者不改变策略。如果其他的参与者改变策略，我方就要改变策略。

再对两种均衡进行比较，可以得出占优策略均衡是比纳什均衡更强的一个博弈均衡概念。占优策略均衡要求任何一个参与者对于其他参与者的任何策略选择来说，其最优策略都是唯一的。而纳什均衡只要求任何一个参与者在其他参与者的策略选择给定的条件下，其选择的策略是最优的。所以占优战略一定是纳什均衡，而纳什均衡不一定就是占优策略均衡。

寡头市场上各厂商的行为选择就存在一个纳什均衡问题。

三、寡头厂商的行为特征与校正

寡头厂商从策略均衡到最佳产量点选择策略的均衡，可以用"囚徒困境"等博弈模型加以解释。

（一）囚徒困境

囚徒困境是一个双人博弈，它描述的是这样一种假设情况：两个人因涉嫌犯罪而被捕，但警察没有足够的证据指控他们确实犯了罪，除非他们两个人中至少有一个坦白交代。他们被隔离审查并被告知：如果两人都不坦白，因证据不足，每人都将坐 1 个月的牢；如果两人都坦白，每人都将坐 6 个月的牢；如果只有一个人坦白，那么坦白者将立即释放，不坦白者将坐 9 个月的牢。图 9-5 列出了这个博弈的支付矩阵。这里我们用坐牢时间的长短表示局中人的支付。

在这个博弈中，对囚徒一来说，如果对方选择坦白，那么他也将坦白，两个人都坐 6 个月牢（因为如果他不坦白的话，等待他的将是 9 个月的刑期）；如果对方选择不坦白，他也会坦白，这样他会立即释放，而对方将坐 9 个月的牢。因此，无论对方是否坦

	囚徒二	
囚徒一	坦白	不坦白
坦白	-1, 1	-9, 0
不坦白	0, -9	-6, -6

图 9-5 囚徒博弈

白,他都会选择坦白。对囚徒二来说,情况也是一样。这里,"坦白"就是两个囚徒的占优策略。

由于理性的局中人不会选择下策,因此,在上述囚徒困境中,如果两个囚徒都是理性的,他们都将选择坦白。这样,博弈的结果将是(坦白,坦白),这是一个占优策略均衡。

在囚徒博弈中,(坦白,坦白)这一策略组合构成一个占优策略均衡。但是,这一均衡给双方带来的支付低于策略组合(不坦白,不坦白)带来的支付。这一结果被称为囚徒困境。囚徒困境带给我们的启发是,个人的理性选择有时不一定是集体的理性选择。换言之,个人的理性有时将导致集体的无理性。现实生活中有很多囚徒困境的例子,如国家间军备竞赛、厂商间的价格战、公共物品的搭便车问题等。

(二)重复博弈

囚徒困境是一个静态博弈。静态博弈的最大问题是难以避免机会主义现象的出现,它同时反映了占优均衡过程中的一个深刻问题:个人理性与团体理性的冲突。为了解决这一问题,西方人引入了重复博弈这一模型。重复博弈是动态博弈的一种特殊情况。显然在一次性博弈的情况下,任何欺骗行为和违约行为都不会遭到报复,参与者的不合作解是难以避免的。但在重复博弈中,情况就会得到改变。

在无限期重复博弈中,对于任何一个参与者的欺骗和违约行为,其他参与者总会有机会给予报复,如不再与其合作。这样一来,违约或欺骗方会遭受长期的惨重损失,因此每个参与者都不会采取违约或欺骗的行为,囚徒困境合作的均衡解是存在的。

在有限期的重复博弈,情况就有所不同了。用逆推法来分析博弈过程,可以表明,参与者若明确合作到了最后一期,以后不会再有重复博弈,那么,最后一期的博弈和一次性的博弈就没有区别,参与者的欺骗和违约行为是不可能被报复的,于是最后一期单个参与者的占优策略就是不合作的欺骗或违约。逆推到前一期,每个参与者都推知以后将不合作,所以也不会合作;如此等等。在有限期重复博弈中,囚犯困境博弈的纳什均衡是参与者的不合作。其实,无限期重复博弈的主要特征是每一个参与者都不知道哪一期是末期,因而,每一个参与者在每一期都认定下一期还要继续相互合作,这就和无限期重复博弈没有什么区别。所以在没有确定终止期的有限期重复博弈的模型中,纳什均衡的合作解是可以存在的。而确定终止期限的有限期重复博弈中,威胁与承诺就是有效手段。

此外,在参与人双方的成本-收益结构存在较大差别,或者说对策人的支付函数存在较大差别,较弱的一方采取等待策略与"搭便车"策略是其明智的选择。

第四节 不同市场结构的经济效率比较

前面我们研究了完全竞争、垄断竞争、寡头垄断、垄断四种不同的市场结构。这四种市场结构具有不同的特点,不同市场结构中的厂商的价格决策、产量决策都不相同,其竞争策略和竞争程度也不一样，因而经济效率也就不同。下面仅对这四种市场结构及其经济效应做一简单比较。

一、需求曲线和供给曲线

厂商的供给曲线和厂商所面临的需求曲线是厂商决策的基本依据，也是其市场的一个最基本的特征。完全竞争厂商只能被动地接受市场的价格，因而其需求曲线是水平的，也就是具有完全弹性，在不同的市场价格下，厂商决定自己的产量从而实现自己的利润最大化，其供给曲线也是可以推导的，其短期供给曲线和 SMC 曲线重合。而对不完全竞争厂商来讲，不仅可以通过调整产量来追求利润最大化，也可以通过调整价格来追求利润最大化，不完全竞争厂商无法推导出厂商的供给曲线。不完全竞争厂商都能够在一定程度上影响市场的价格（比如垄断厂商本身就是市场价格的制定者，而寡头厂商则能够操纵市场价格，是市场价格的搜寻者，而垄断竞争厂商则是市场价格的影响者），因而其需求曲线都是向右方下倾斜的，但斜率各不相同。一般来说，垄断程度越高，需求曲线的斜率（绝对值）就越大，以垄断厂商的需求曲线最为陡峭，寡头垄断厂商次之，垄断竞争厂商更为平缓。值得注意的是，寡头垄断厂商由于厂商之间的相互制约与依赖关系，一般是不能推导出需求曲线的，但在特殊的假定前提下，比如厂商之间组成卡特尔、价格领先制或如斯威齐模型所假定的前提下，则可以导出其需求曲线。

二、经济效率

有人把经济学理解为研究资源有效配置的科学。一个经济社会，其资源是否实现了有效配置则要看它在现有资源条件的约束下能否以最小的成本实现其最大的收益，这实际就是经济效率的问题。那么，如何判断经济效率呢？一般来讲，可以有以下两个判断标准。

判断经济效益的第一个标准是看平均成本的高低。

我们知道，完全竞争厂商实现长期均衡时价格 P 与 LAC 的最低点相等，这时平均成本最低，不妨记做 $P = Min(LMC)$，并且均衡价格最低，均衡产量最高。垄断竞争厂商长期均衡时，和完全竞争一样经济利润为 0，但均衡点却位于 LAC 曲线最低点的左边，因而产量更低，平均成本更高；寡头垄断和垄断的情况，产量要更低，价格高出 LAC 的最低点更多，且 LAC 也更高。所以垄断程度越高，厂商的长期平均成本以及产品价格都更高，但产量却更低。平均成本高、产量低，说明厂商的生产是无效率的，价格高说明消费者要为此付出更高的代价。因而从全社会的角度看，垄断程度越高，效率越低。

判断经济效率的第二个标准是看价格是否等于边际成本。

商品的价格 P 可以看作商品的边际社会价值，LMC 可以看作商品的边际社会成本。因此，$P = LMC$ 时，说明资源得到了充分利用，所得到的净社会价值即社会福利是最高的。$P > LMC$，意味着厂商如果增加产量，净社会价值将增加，说明此时社会资源没有得到有效配置，是无效率的。依据这个标准，完全竞争的效率最高，垄断的效率最低。

因此，完全竞争市场实现了最有效的资源配置，它是一种最理想的市场组织；而不完全竞争市场都没有实现最有效的资源配置，其中垄断市场的资源配置的有效性是最低的。

第十章 市场失灵与公共选择理论

前面的各章在论述所谓利己动机、私人产权、完全竞争、完全信息、交易成本为零等一系列理想化假定条件下，可以导致整个经济达到一般均衡，导致资源配置效率最高，达到帕累托最优状态。但是，由于假定的条件在现实上并不完全具备，也由于市场有竞争与垄断之分、商品有私人产品与公共产品之分、资源有公共资源与天然垄断资源之分、信息有完全信息与不完全信息之分等，帕累托最优状态通常不能实现。对于价格机制在某些领域不能起作用或不能起有效配置资源的情况我们称为市场失灵（market failure）。在市场失灵的条件下，政府提供公共产品有可能改善市场结果。

第一节 市场失灵

一、垄断与市场失灵

（一）垄断与低效率

垄断与低效率的情况如图10-1所示。

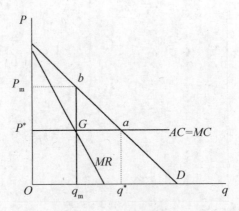

图10-1 垄断和低效率

（1）在代表性垄断厂商利润最大化的点 q_m 上，并没有达到帕累托最优状态。在利润最大化产量 q_m 上，价格 P_m 高于边际成本 MC，这表明，消费者愿意为增加额外一单位产量所支付的数量超过了生产该单位产量所引起的成本。因此，存在有帕累托改进的余地。如果让垄断厂商再多生产一单位产量，让消费者以低于垄断价格但大于边际成本的某种价格购买该单位产量，则垄断厂商和消费者都从中得到了好处：垄断厂商的利润进一步提高，消费者的福利进一步提高。

(2) 帕累托最优状态是在 q^* 的产量水平上达到。在 q^* 的产出水平上，需求曲线与边际成本曲线相交，即消费者为额外一单位产量的愿意支付等于生产该额外产量的成本。此时，不再存在任何帕累托改进的余地。

(3) q^* 产量水平是垄断厂商与消费者协商的结果。但事实上，一是垄断厂商与消费者之间很难达成一致意见。消费者认为厂商达到正常利润就可以了；厂商认为我能有经济利润，为什么不取？二是消费者相互之间均难以达成相互满意的一致意见。消费者的收入水平、价值观念均不相同，很难达成一致意见。三是消费者之间即使达成了一致意见，真正要出钱的时候，最后还有可能不负担支付一揽子支付而享受低价格好处而成为免费搭车者，因而均衡产量不是发生在帕累托最优状态 q^* 上。

(4) 上述关于垄断情况的分析，也适用于垄断竞争或寡头垄断等其他非完全竞争的情况。实际上，只要市场不是完全竞争的，只要厂商面临的需求曲线不是一条水平线，而是向右下方倾斜，则厂商的利润最大化原则就是边际收益等于边际成本，而不是价格等于边际成本。当价格大于边际成本时，就出现了低效率的资源配置状态。而由于协议的各种困难，潜在的帕累托改进难以得到实现，于是整个经济便偏离了帕累托最优状态，均衡于低效率之中。

（二）垄断会导致低效率的原因

（1）垄断企业赚取超额利润。由于垄断者是市场中唯一生产某种商品的企业，其他企业进入是封锁的，新的企业即使了解该行业存在巨额的盈利机会，也无法进入，垄断企业在市场上没有竞争对手，它对市场价格具有完全的控制能力，因此，垄断企业的利润最大化决策是在不受到竞争压力的情况下作出的。

（2）垄断企业没有选择最优的生产规模。在完全竞争条件下，每一企业最终会达到长期均衡条件 $P = LMC = LAC$ 的最低点，此时该商品的生产成本已经实现了最低成本，换言之，社会在生产每一件该商品上所投入的资源已经达到最低限度。但在垄断行业中，并不存在促使企业达到最优规模以便最大限度地降低长期平均成本的压力，社会在每一件该商品的生产中花费了太多的资源。

（3）垄断者索取的价格超过了长期边际成本，即 $P > LMC$，而提供的产品则相应地少于完全竞争市场中会提供的数量。在图 10-1 中，假定完全竞争市场中长期平均成本是不变的，即产量的扩大不会引起成本曲线的上升或下移，这样，整个市场的长期边际成本曲线和长期平均成本曲线都是水平线，而且也就是长期供给曲线。因此，在完全竞争条件下，市场长期均衡的价格应为 Pe，市场均衡交易量为 Qe。但对于垄断企业来说，如果其长期边际成本和长期平均成本曲线也是水平线的话，实现利润最大化的价格与产量则分别是 P^* 和 Q^*，$P^* > Pe$，而 $Q^* < Pe$。显然，因在完全竞争条件下 $Pe = MR = LMC$，在垄断情况下必定有 $P^* > LMC$。

从整个社会的角度来看，如果每种产品的价格都等于其边际成本，$P = LMC$，则所有资源在各种用途上的配置就达到最高的效率。而垄断市场不会实现这一条件，因而必然降低资源配置的效率。

（三）寻租与垄断

根据传统的经济理论，垄断尽管会造成低效率，但这种低效率的经济损失从数量上来说却相对较小。从20世纪60年代以来，一些经济学家开始认识到，传统的理论可能大大低估了垄断的经济损失。这是因为，为了获得和维持垄断地位，厂商往往从事院外寻租活动，为此需要付出一定的成本，而这一寻租成本以及垄断利润，都是社会净福利的损失。由此，寻租活动及其社会福利损失问题开始引起经济学家的重视。

安妮·克鲁格于1974年在《美国经济评论》上发表的《寻租社会的政治经济学》一文，将寻租定义为"利用资源通过政治过程获得特权，从而构成对他人利益的损害大于租金获得者收益的行为。"戈登·塔洛克则把寻租称之为"利用资源为某些人牟取租金，并给社会带来负的价值"的行为（参见图10-2）。

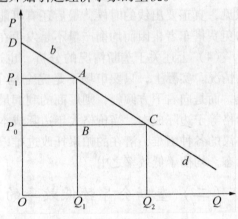

图10-2 寻租与垄断

其中，OQ 表示数量，OP 表示价格，db 为需求线。OP_0 为竞争价格，OP_1 垄断价格，它可由经济垄断形成，也可由政府权力干预形成。

在自由竞争条件下，均衡价格为 OP_0，均衡交易量为 OQ_2，消费者剩余为三角形 DP_0C 的面积；在垄断或政府替代市场决策制度下，均衡价格为 OP_1，均衡交易量为 OQ_1，消费者剩余为三角形 DP_1A 的面积，消费者损失为 P_1ACP_0，其中，P_1ABP_0 为垄断收益，哈伯格三角形 ABC 的面积为社会净福利损失。

考虑到寻租成本以及寻租与低效的关系，交易过程中不仅存在寻租成本，而且存在低效额外成本，哈伯格三角形可为塔洛克四边形所取代（参见图10-3）。

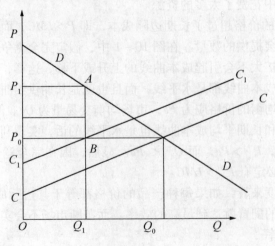

图10-3 竞争性受限的寻租与塔洛克四边形

原有的成本线为 C，寻租致使竞争性受阻，致使成本线上升为 C_1，C 与 C_1 在四边形 OQ_1BP_0 之间的面积也为社会福利的损失，并使原有租金的面积 ABP_0P_1 被一分为二，上面部分为租金，下面部分为成本上升导致的新的社会福利损失，即塔洛克四边形。社会总福利损失应为哈伯格三角形与塔洛克四边形之和。

因此，寻租是人们通过支付寻租成本与支配某种资源的权力相交换从而获得额外利益的行为。寻租行为的结果对寻租者与设租者个人而言是有利的，但这种非生产性盈利行为加大了社会成本，导致了社会福利损失。从整个全社会来看，因设租、寻租所付出的时间、精力、金钱等导致了资源的浪费，并对公平竞争利用社会资源造成了挤占效应。

二、外部影响与市场失灵

（一）外部影响及其分类

我们前面讨论的微观经济学理论都依赖于一个假定：单个生产者或者消费者的经济行为对社会上其他人的福利没有影响。但在现实经济中这个假定往往并不能够成立。现实经济中，一个人的经济活动往往会对他人产生好的或者不好的影响，我们将之称为外部影响。好的影响称之为外部经济，不好的影响称之为外部不经济。

外部影响可以分为以下几种类型。

1. 生产的外部经济

下面将分别论述导致市场失灵的垄断的存在、非对称信息、外部性和公共产品四种情况。

当一个生产者采取的经济行动对他人产生了有利的影响，而自己却不能从中得到报酬时，便产生了生产的外部经济。例如，一个企业对其所雇佣的工人进行培训，而这些工人可能转到其他单位去工作。该企业并不能从其他单位索回培训费用或得到其他形式的补偿。因此，该企业从培训工人中得到的私人利益就小于该活动的社会利益。

2. 消费的外部经济

当一个消费者采取的行动对他人产生了有利的影响，而自己却不能从中得到补偿

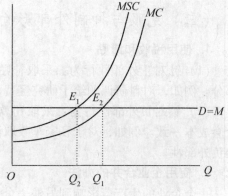

图 10-4 生产的外部不经济

时，便产生了消费的外部经济。例如，当某个人对自己的房屋和草坪进行保养时，他的隔壁邻居也从中得到了不用支付报酬的好处。此外，一个人对自己的孩子进行教育，把他们培养成更值得信赖的公民，这显然也使其隔壁邻居甚至整个社会都得到了好处。

3. 生产的外部不经济

当一个生产者采取的行动使他人付出了代价而又未给他人以补偿时，便产生了生产的外部不经济（如图 10-4 所示）。例如，一个企业可能因为排放脏水而污染了河流，

或者因为排放烟尘而污染了空气。这种行为使附近的人们和整个社会都遭到了损失。再如，因生产的扩大可能造成交通拥挤及对风景的破坏，等等。

4. 消费的外部不经济

当一个消费者采取的行动使他人付出了代价而又未给他人以补偿时，便产生了消费的外部不经济。例如，吸烟者的行为危害了被动吸烟者的身体健康，但并未为此而支付任何东西。此外，还有在公共场所随意丢弃果皮、瓜壳，等等。

（二）外部影响和资源配置失当

为什么外部影响会导致资源配置的失当？一般而言，在存在外部经济的条件下，私人活动的水平常常要低于社会所要求的最优水平；而在存在外部不经济的情况下，私人活动的水平常常要高于社会所要求的最优水平。

1. 外部经济对外带来的好处无法得到回报

上述情况表现为具有外部经济的物品供应不足。例如教育和新技术。

物品消费或生产的收益＜应当得到的收益（社会收益），即物品消费或生产成本＞应当支付成本（社会成本）。

2. 外部不经济对外带来的危害无法进行补偿

上述情况表现为具有外部不经济的物品供应过多。例如乱扔或乱倒垃圾。

物品消费或生产收益＞应当得到的收益（社会收益），即物品消费或生产成本＜应当支付成本（社会成本）。

各种形式的外部影响的存在造成了一个严重后果：使资源配置偏离帕累托最优状态。即使假定整个经济仍然是完全竞争的，但由于存在着外部影响，整个经济的资源配置也不可能达到帕累托最优。因此，外部影响的存在导致资源配置的失当。

（三）克服与抑制外部影响的政策

1. 使用税收和津贴

（1）针对正外部性行为：采取补贴、减免税等措施补偿私人收益低于社会收益的部分。例如，对科研课题给予研究经费。

（2）针对负外部性行为：采取罚款、征收特别税等惩罚措施使私人成本上升到与社会成本一致。例如，对于私家车收取汽油税，以消除公路塞车、交通事故、空气污染等负外部性。

2. 使用企业合并的办法

一个企业的生产若影响到另外一个企业，如果影响是正的（外部经济），则第一个企业的生产就会低于社会最优水平；反之，如果影响是负的（外部不经济），则第一个企业的生产就会超过社会最优水平。但是如果把这两个企业合并为一个企业，则此时的外部影响就消失了，即被内部化。合并后的单个企业为了自己的利益将使自己的生产确定在其边际成本等于边际收益的水平上。而由于此时不存在外部影响，故合并企业的成本与收益就等于社会的成本与收益。于是资源配置达到帕累托最优状态。

3. 使用规定财产权的办法

在许多情况下，外部影响之所以导致资源配置失当，是由于财产权不明确。如果财产权是完全确定的并得到充分保障,则有些外部影响就可能不会发生。例如,某条河流的上游污染者使下游用水者受到损害。如果给予下游用水者以使用一定质量水源的财产权,则上游的污染者将因把下游水质降到特定质量之下而受罚。在这种情况下,上游污染者便会同下游用水者协商,将这种权利从他们那里买过来,然后再让河流受到一定程度的污染。同时,遭到损害的下游用水者也会使用他出售污染权而得到的收入来治理河水。总之,由于污染者为其不好的外部影响支付了代价,故其私人成本与社会成本之间不存在差别。

4. 允许排污权拍卖

这一方法的推行实际上创造了一种新的稀缺资源——排污权。允许排污权的拍卖,实际上就是让市场机制来配置排污权这一稀缺资源,这将创造更高的市场配置资源的效率。

(四)科斯定理——外部影响政策的理论

科斯定理包括以下方面。

1. 科斯第一定理

科斯第一定理,是指科斯在1959年发表的《联邦通讯委员会》一文中首先提出来的,在1960年的《社会成本问题》一文中对他的这一思想进行了重新表述。科斯认为:"如果定价制度的运行毫无成本,最终的结果(指产值最大化)是不受法律状况的影响的。"通俗地说,如果人们之间不存在沟通障碍,市场机制就能自动实现供求均衡,就能将资源配置到需要的领域和最有用的人手里,就能自动实现帕累托最优。这就是被斯蒂格勒称为科斯第一定理。

科斯举了个牛吃谷物的例子,通过这个例子说明了当A损害B时,到底是阻止A的行为来保护B,还是作出另外的选择?一般情况下我们的思路往往会作出制止A作出行为或让A作出赔偿。但是阻止A的行为会损害A的利益,因为A如果不损害B的话A可能会受到损害。这就开始把要制度的安排引入了进来(允许或不允许A损害B就是一种制度)。最好的办法是考虑双方利益的最大化,对两种利益进行比较作出决论。正确的思考途径是A是不是有权利损害B,或者B是不是有权利得到赔偿。就养牛的例子来说,不管是让牛不准吃谷物,还是让牛可以随便吃谷物,在市场经济的情况下双方都会通过交易得出最佳的结论,而原来的产权并不重要,每个人都可以拿自己的权利来进行自由的交换。类似的环境污染的例子也一样,只要权利初始配置明确,不管是不准污染还是可以随便污染,最终都会实现利益最大化。

2. 科斯第二定理

科斯第一定理以零交易费用假设为基础,指出在零交易费用的这样一个理想世界,产权制度安排对资源配置效率没有影响。科斯第一定理实际上是用于说明为什么新古典经济学会忽视产权制度,因为它正是建立在零交易费用的基础上的。科斯在长期研究认为:"一旦考虑市场交易的成本,……合法权利的初始界定会对经济制度运行的效率产权产生影响。"这就是科斯第二定理的主要内容。

科斯第二定理被称为"规范的科斯定理",它有两层含义:①在交易费用大于零的现实世界里，产权的初始分配状态不能通过无成本的交易向最优状态变化，因而产权初始界定会对经济效率产生影响。②权利的调整只有在有利于总产值增长时才会发生，而且必须在调整引起的产值增长大于调整时所支出的交易成本时才会发生。科斯提出了两种权利调整方式——用组织企业或政府管制替代市场交易。科斯认为，这两种权利调整方式同样是有成本的，只有在调整带来的收益大于成本时，政府或企业管制方式才会替代市场交易方式。例如，贸易活动，个体户进行交易成本太大时人们就会组织起来进行对外交易，于是，商业公司就会取代个体商户，工厂就会取代作坊。

3. 科斯第三定理

在科斯的《社会成本问题》一文中，科斯还提到一个重要的思想，即在交易成本大于零的情况下，产权的清晰界定将有助于降低人们在交易过程中的成本，改进经济效率。换言之，如果存在交易成本，但没有产权的界定和保护等规则，即没有产权制度，则产权的交易与经济效率的改进就难以展开。这就是人们所说的科斯第三定理。

关于科斯第三定理，科斯本人并没有直接表述，但是很容易从科斯第一、第二定理中推导出来。产权清晰界定是市场交易的前提。产权界定对改进经济效率的影响主要表现在：产权界定的清晰与否与建立所有权、激励和约束主体的行为有关。在科斯定理中，我们可以看到产权的清晰的重要性：在产权大于零的情况，产权的清晰界定有助于降低人们在交易过程中的成本，改进经济效率。

三、公共产品的存在与市场失灵

（一）公共产品

1. 公共产品的定义及其特征

公共产品，是指由政府部门生产，并向社会和个人提供的一切物品和服务的总称。通常的公共产品如国防、警察、教育、司法、邮政、消防、基础设施等。

公共产品具有三个特征：

（1）效用的不可分割性。即公共产品或劳务是向整个社会共同提供的，具有共同受益和联合消费的特点，其效用为整个社会的成员所共享，而不能将其分割为若干可以计价的单位供市场销售。相比之下，私人产品或劳务则具有效用的可分割性的特性。如国防与电冰箱。国防是作为一个整体提供给全体国民的，无法分割为若干可以计价的单位出售给个人（注意：武器和国防不同，武器可以是私人产品，可以按件计价出售给个人）；电冰箱是私人产品，可以按台计价出售给私人。

（2）消费的非竞争性。即公共产品或劳务在消费时，不排斥、不妨碍其他人同时享用，也不会因此而减少其他人享用该种公共产品或劳务的数量与质量。且受益对象或消费者之间不存在利益冲突，加一个消费者的边际成本等于零。相比之下，私人产品或劳务则具有消费的竞争性的特性，它排斥、妨碍其他人同时享用，会减少其他人享用该种产品或劳务的数量与质量。如不拥挤的路灯与面包。不拥挤的路灯，在其容量范围内，即使行人增加，通常也不会影响别人获得路灯照明的好处，其消费是非竞争性的。而面包在某一个消费者花钱购买了之后，他就排除了其他人享用它的可能性，他同时也减少了其他人在市场上可消费面包的数量，其消费具有竞争性。

（3）受益的非排他性。即公共产品或劳务在消费过程中所产生的利益为大家所共享，而非私人专用。要将一些人排斥在受益范围之外，要么技术上不可行，要么成本太高。相比之下，私人产品或劳务则具有受益的排他性的特性，私人产品的所有者是唯一拥有享受该产品决定权人。其排除他人享受不仅技术上可行，而且经济上也是可行的。如政府的环保服务与私人小汽车。政府的环保服务提供的清新空气就是一个非排他性公共产品，此产品在技术上就不易排斥众多的受益者。而私人小汽车由于车主可依据产权依法独享它，因此他就可以排斥他人共同享受它，而且无论是从技术上，还是经济上他都可以轻易阻止或排除他人未经他许可随便享受它。而凡是可以由个别消费者所占有和享用，具有敌对性、排他性和可分性的产品就是私人产品。介于二者之间的产品称为准公共产品。

2. 纯公共产品和准公共产品

纯公共产品具有两个特点：①非排他性，即几乎无法排除任何人对纯公共产品的分享；②非竞争性，即把纯公共产品提供给新增加一个人的边际成本严格为零。

准公共产品是性质介于纯公共产品与私人产品之间的一种公共产品，其特点为：①具有效益上的外溢性，即不仅社会受益，而且个人也受益；②或多或少存在着消费上的排他性，即并非本地区全体居民受益，而是在一定约束条件下的居民或企业受益；③或多或少地存在消费上的部分性，即随着供给范围的扩大，其成本也呈现一定程度增加，因而并不完全具有非竞争性。

（二）公共产品带来的问题

（1）无法避免"搭便车"的情况，即不用购买也可消费的行为，因而造成市场失灵。例如：行人不用交费就可以在公路上行走，其感觉要比在乡间小道上行走舒适多了；商品经营户可以不向商品市场缴费而在场外占道经营，政府很难解决这一问题。

（2）追求个人利益最大化的成员具有强烈的逃避交费而占集体其他成员便宜的动机，这最终会造成非排他性的公共产品的无效率提供。所有的入驻专业经营户都只想占地经营而不想纳税。

（3）难以达成共识，只想享受权利而不承担义务。

（4）不能自动、自身解决公共产品的供求均衡问题。一个地区究竟需要多少商品市场网络，市场机制是很难准确、有效地调节好。即使能够调节一点，也可能与政府扶持地方经济发展的目标不一致；也将会伴随巨大的社会资源的浪费与损失。它的生产和经营需要政府按照社会需要适当地进行直接的调节和管理。

（三）公共产品的常规供应者

由于市场经济不能自动解决公共产品的供求均衡问题，许多由社会消费的公共产品难以通过正常的市场价格机制加以分配，公共部门和公共产品的生产和经营需要政府按照社会的需要适当进行直接的调节和管理。

四、不完全信息与市场失灵

完全竞争模型的一个重要假定是完全信息,即市场的供求双方对于所交换的商品具有充分的信息。从理论上说,供求双方具有完全的市场信息,而且相互对称,就能够提高公共福利水平,就能够实现帕累托最优。而完全信息的假定并不符合现实。在现实经济中,信息常常是不完全的甚至是很不完全的。

(一) 不完全信息的主要表现

(1) 市场本身不能够产生足够的信息并有效地配置它们。

(2) 信息的完全收集不可能。一是来自于每个社会阶层供应者或需求者的巨量的供求信息是很难收集的,消费需求的易变性更使这方面的信息完全收集成为不可能;二是供求双方对于市场信息的收集能力不对称。

(3) 信息的传递会失真。就算前面两点都能满足,从而确立了反映供求状况的计划,然而,要把这种统一计划通过行政手段,层层分解下达,最后由所有基层单位去执行,这存在着计划信息传递的失真问题及计划执行过程中的扭曲问题。

(4) 信息的正确处理不可能。即使中央计划编制部门掌握足以保证计划科学性的"充分信息",那么在处理这些信息时,必须确定无数个变量,求解数以亿计的均衡方程组,如果计算需要耗费较长的时间,那么就会引起计划编制的时滞,从而不能及时反映变动了的供求状况。

(二) 市场失灵的主要表现

在不完全信息与信息不对称条件下,为生产者抬高物价、欺骗消费者提供了可能。

(1) 道德风险。经济活动的当事人利用信息不完全与信息不对称,存在着道德恶意的可能。比如保险市场,投保人利用信息不对称骗保。

(2) 逆向选择。由于获取完全信息的成本较高,导致抬高物价、劣币驱逐良币、质劣价廉的商品充斥市场,机会主义行为蔓延。这种现象在二手车市场表现得尤为突出。

第二节 布坎南 – 塔洛克的公共选择理论

一、基本假定

早在 19 世纪末,瑞典经济学家维克塞尔就通过交换的概念把经济市场与政治市场联系起来,提出了政治自愿交易学说。该学说建立在"方法论上的个人主义、理性经济人假设、作为交易的政治"三个基本假定条件之上。维克赛尔认为,在经济市场上,人们用一种物品交换另一种物品;在政治市场上,人们支付税收交换公共服务。

1919 年,另一位瑞典经济学家林达尔提出了公共产品概念。他指出,由于公共产品的外部性特征,个人缺乏提供它的激励,政府便成为公共产品的常规提供者,而人们缴纳的税收实际上是他们为公共产品的生产支付的成本。林达尔认为,政府在一定时期提供的公共产品的数量是由不同利益的社会成员进行相互交易的均衡点来决定的,由此开创了公共产品市场交易均衡的分析方法。

1964年,美国经济学家布坎南与塔洛克在《同意的计算》一书中,建立起了一个贯通经济行为与公共行为的分析框架。该框架继承了维克赛尔关于"方法论上的个人主义、理性经济人假设、作为交易的政治"的观点,并通过引入外部成本、决策成本、相互依赖成本的概念,为公共决策的优化提供了一种理论说明。这种理论被称为布坎南-塔洛克的公共选择理论。

二、分析框架：决策成本与外部成本

布坎南与塔洛克把决策分为纯粹个人决策、契约决策和公共决策三种类型。而每一种决策都涉及成本,其中,包括外部成本、决策成本和相互依赖成本。

(一) 外部成本、决策成本和相互依赖成本

外部成本,是指一项决策对他人福利造成的负面影响;决策成本,是指达成意向决策所付出的费用;外部成本与决策成本两者之和称为相互依赖成本。个人决策目标就是要使相互依赖成本最小化。

(二) 个人决策、契约决策和公共决策

以 a、b、g 表示各个决策的总成本的预期最小值,对于个人来说,是采取个人决策还是与他人达成契约决策,或者依赖公共决策,其唯一的依据在于使相互依赖成本最小化。

三种决策发生的相互依赖成本从最低到最高包括以下六种排序：

在第一种排序（$a \leq b < g$）中,纯粹个人决策优于契约决策与集体行为或公共决策,当纯粹个人化行为的预期组织成本为零（$a=0$）时,不存在外部效应,有理性的个人做出的决策选择则是把所有符合这种条件的活动留给私人行动领域。

在第二种排序（$a < g < b$）中,$a > 0$,之所以个人预期会有一些外部成本或溢出成本,这是其他个人的行动的结果。但由于这些成本低于自愿协作行动或政府行动的预期成本,所以,通过把这样的活动留在由纯粹个体主义的或私人的决定来组织的部门范围内,社会相互依赖成本就被有效地最小化。

在第三种排序（$b < a < g$）中,通过自愿的契约安排来组织活动所导致的成本,小于由纯粹个体主义的行为所施加的成本,而后者又小于集体的组织活动的预期成本。纯粹个人化行动会带来显著的外部效应,如果不允许在个人之间发生契约性的安排,那么这种外部性就有可能把相当大的成本强加给个人。因此,个人通过自愿协作与契约安排,宁愿承担由此带来的外部成本,而不愿把决策权转交给公共的领域。

在第四种排序中（$b < g < a$）中,个人会产生这样的预期,自愿的协作行动将是有效的组织方法。这里的等级次序还意味着,因为集体决策给个人造成的相互依赖成本,

会低于纯粹个体主义的决策所造成的成本，个人宁愿把某些个人决策转交给公共部门。

在第五种排序（g<a≤b）中，纯粹个体主义的行动将产生一些外部效应（a>0），而消除或减少这些外部效应的最有效的方法，是通过行政过程来组织这种活动，比如公共消防与公共安全。

在第六种排序（g<b<a）中，人们的个体主义行为将造成较大的溢出效应或外部成本，而减少这种外部成本的有效方法是通过契约安排或是把这些活动转交给公共部门。并且，与契约安排相比，公共部门更能够减少外部性。

布坎南和塔洛克指出，私人行为的外部效应的存在，既不是集体选择的必要条件，也不是它的充分条件。在由自由的个人选择所产生的最后均衡中，各种契约安排往往会在某种意愿的基础上得到确定，这将有效地减少外部性，且有可能完全消除外部性。组织活动的好处，在于组织有更大的效率。私人之间的契约安排有可能消除私人行为的外部效应，但要维持这种组织与契约，则是要付出成本的。在契约成本相当高的条件下，把该项活动转给公共部门可能是经济的。

外部成本 C 与决策成本 D 都是决策人数的函数。外部成本是决策人数的递减函数，决策成本是决策人数的递增函数，随着决策人数的增加，外部成本线向右下方倾斜，决策成本线向右上方倾斜，两条线有且只有一个焦点。而相互依赖成本（$C+D$）也是决策人数的函数，在一个决策人数－成本的两位坐标系中，相互依赖成本线表现为一条U型线，并且在决策成本与外部成本相等时取得最小值，这便是最优决策的解（参见图10－5）。

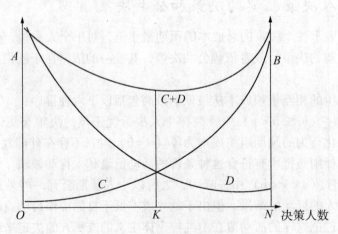

图10－5 相互依赖成本

图10－5中：ON 表示决策人数，OA 表示相互依赖成本；C 为外部成本线，D 为决策成本线，（$C+D$）为相互依赖成本线，OK 为相互依赖成本取得最小值时的达成一致的决策人数。

当整个社会决策由一个人完成时，不存在达成决策的交易费用、监督费用、谈判费用，$D=0$，但存在最大化的外部成本，$Ma\times C=OA$；而当社会决策取得完全一致时，外部性就被减弱到最小限度，$C=0$，但达成完全一致却要付出高昂的谈判成本，$Ma\times D=NB$；最优决策产生于决策成本对外部成本的协调，由于相互依赖成本（$C+D$）线呈

U 型线，其最低点对应的决策人数为 K，或者说当完全一致（ON）为多数一致（OK）所替代时，得到了最优决策，此时 $d(C+D)/dN=0$。

以往的公共利益论假定，在民选议会与责任政府的民主体制下，政府行为代表了社会公共利益；而如今的公共选择理论则认为，即使在民主体制下，政府政策与政府行为也是政治家、官僚、社会大众在政治市场博弈的结果。因此，必须对政府抱有警惕。布坎南和塔洛克的公共选择理论给出了一个在基本人权得到保证的前提下，通过外部成本与决策成本的消长关系，从个人决策到契约决策、再到公共决策的理论模型。

下编

宏观经济学

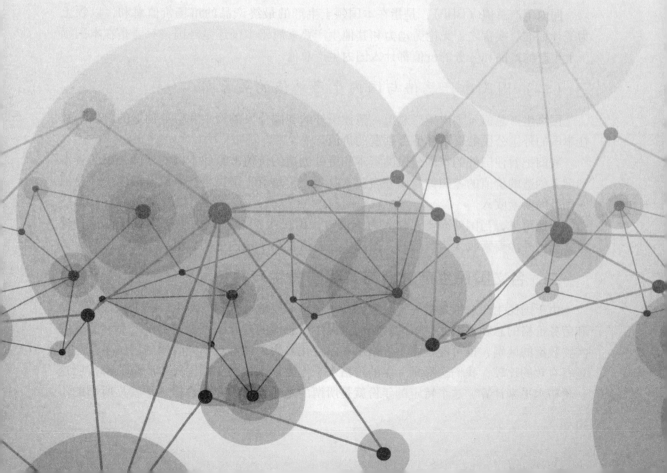

第十一章 国民收入的核算

第一节 宏观总产出指标及其相互关系

一、国民生产总值与国内生产总值

(一) 国民生产总值与国内生产总值的概念

1. 国民生产总值的概念

国民生产总值（GNP），是指一定时期内在一个国家或地区范围内所生产的全部最终产品和劳务的价格总和。换言之，无论劳动力和其他生产要素处于国内还是国外，只要是本国国民生产的产品和劳务的价值都计入国民生产总值。常住居民包括居住在本国领土的本国公民、暂住外国的本国公民和常年居住在本国的外国公民。

2. 国内生产总值的概念

国内生产总值（GDP），是指在本国领土生产的最终产品的市场价值总和，以领土为统计标准。换言之，无论劳动力和其他生产要素属于本国还是外国，只要是在本国领土上生产的产品和劳务的价值都计入国内生产总值。

(二) 国民生产总值与国内生产总值的关系

国民生产总值＝国内生产总值＋暂住国外的本国公民的资本和劳务创造的价值－暂住本国的外国公民的资本和劳务创造的价值。

我们把暂住国外的本国公民的资本和劳务创造的价值减暂住本国的外国公民的资本和劳务创造的价值的差额称作国外净要素收入，于是有：国民生产总值＝国内生产总值＋国外净要素收入。

由此可见，当国外净要素收入为正值时，国民生产总值就大于国内生产总值；反之，当国外净要素收入为负值时，国民生产总值就小于国内生产总值。

二、名义国民生产总值与实际国民生产总值

由于国民生产总值是指一定时期内在一个国家或地区范围内所生产的全部最终产品和劳务价格的总和，因此，不同时期的国民生产总值的差异既可能是由于产品和劳务的实物数量的区别，也可能是由于价格水平的变化。为了能够对不同时期的国民生产总值进行有效的比较，我们选择某一年的价格水平作为标准，各年的国民生产总值都按照这一价格水平来计算。这个特定的年份就是所谓的基年，这一年的价格水平就是所谓的不

变价格。

用不变价格计算的国民生产总值叫做实际国民生产总值,用当年价格计算的国民生产总值叫作名义国民生产总值。需要指出的是在实际国民生产总值的核算中,各个国家一般每过几年就重新确定一个基年。当我们把某年作为基年时,该年的名义国民生产总值和实际国民生产总值就会相等。假定价格水平一直处于上升过程,那么,在某年以前,名义国民生产总值就会小于实际国民生产总值;在某年以后,名义国民生产总值就会大于实际国民生产总值。

某年的实际国民生产总值和名义国民生产总值之间的差别反映的是这一年的价格水平与基年的价格水平的差异程度。因此,可以根据某年的名义国民生产总值和实际国民生产总值来计算价格指数,即国民生产总值隐含折算数。

国民生产总值隐含折算数 = 名义国民生产总值/实际国民生产总值

这种价格指数不是通过对国民生产总值的各个组成部分的价格指数进行加权平均得到的,而是用名义国民生产总值除以实际国民生产总值得到的,因此叫作国民生产总值隐含折算数。它可以用来反映通货膨胀的程度。

用国民生产总值隐含折算数计算通货膨胀率的方法是:

t 年的通货膨胀率 = [(t 年的 GNP 隐含折算数 − (t−1) 年的 GNP 隐含折算数) / (t−1) 年的 GNP 隐含折算数] ×100%

三、人均国民生产总值

在衡量一个国家的经济发达程度或者在比较各个国家的经济发展水平时,用实际国民生产总值是没有意义的,因为一个经济相对落后的大国的国民生产总值很可能比一个经济相对发达的小国的国民生产总值要多。因此,我们应该用人均国民生产总值来反映一个国家的经济发达程度。

四、国民生产总值统计应遵循的原则

作为一个国家或地区一定时期内由本地公民所生产的全部最终产品和劳务的价格总和,国民生产总值 GNP 在统计时必须遵循以下原则:

(1) GNP 统计的是最终产品,而不是中间产品。最终产品供人们直接使用和消费,不再转卖的产品和劳务;而中间产品作为生产投入品,不能直接使用和消费的产品和劳务。

(2) GNP 是流量而非存量。流量是指一定时期内发生或产生的变量,而存量是指某一时点上观测或测量到的变量。

(3) GNP 按国民原则,而不按国土原则计算。

五、宏观总产出核算的其他指标

(一) 宏观总产出核算的指标

1. 国民生产净值与国内生产净值

国民生产净值 (NNP) 与国内生产净值 (NDP),是指 GNP 或 GDP 扣除折旧以后的余额。它们是一个国家或地区一定时期内财富存量新增加的部分。

2. 国民收入（NI）

国民收入，是指 NNP 或 NDP 扣除间接税后的余额。它体现了一个国家或地区一定时期内生产要素收入，即工资、利息、租金和利润的总和。间接税指能够转嫁税负，即可以通过提高商品和劳务的售价把税负转嫁给购买者的税收。这类税收一般在生产和流通环节征收，如增值税、营业税、关税等。

直接税指不能转嫁税负即只能由纳税人自己承担税负的税收。这类税收一般在收入环节征收，如所得税。

3. 个人收入（PI）

个人收入，是指一个国家或地区一定时期内个人所得的全部收入。它是国民收入进一些必要的调整后形成的一个指标。最主要的扣减项有：公司未分配利润、社会保障支付；最主要的增加项有：政府对个人的转移支付，如失业救济、退休金、医疗补助等。

4. 个人可支配收入（DPI）

个人可支配收入，是指个人收入扣除所得税以后的余额。

（二）宏观总产出核算指标之间的关系

国民生产总值（GNP）或国内生产总值（GDP）减折旧，等于国民净产值（NNP）或国内净产值（NDP）减间接税，等于国民收入（NI）减公司未分配利润、社会保障支付；加转移支付，等于个人收入（PI）减个人所得税，等于个人可支配收入（DPI）。

第二节　国内生产总值的核算方法

国内生产总值核算方法主要包括支出法与收入法两种方法。

一、支出法

（一）支出法的定义

用支出法核算 GDP，就是通过核算整个社会在一定时期内购买最终产品和劳务的总支出（即最终产品的总售价）来计量 GDP。具体来说，支出法，是指核算整个社会在一定时期内消费、投资、政府购买以及出口这几方面支出的总和。

（二）总支出的构成

1. 消费（指居民个人消费）

消费是指包括购买耐用消费品（如小汽车、电视机、洗衣机等）、非耐用消费品（如食物、衣服等）和劳务（如医疗、旅游、理发等）的支出，用 C 表示。建造住宅的支出则不包括在内。

2. 投资（指增加或更换资本资产）

投资是指包括厂房、住宅、机械设备及存货的支出，用 I 表示。投资包括固定资产投资和存货投资两大类。固定资产投资指用于新厂房、新设备、新商业用房以及新住宅的投资。存货投资是企业掌握的存货价值的增加或减少。

3. 政府购买

政府购买是指政府购买物品和劳务的支出,用 G 表示,如政府花钱设立法院、提供国防、建筑道路、开办学校等方面的支出。

4. 净出口

净出口是指进出口的差额,即出口－进口,用 X 表示出口,用 M 表示进口,则 $(X-M)$ 就是净出口。净出口可能是正值,也可能是负值。其公式为:

$$GDP = C + I + G + (X - M)$$

二、收入法

(一) 收入法的定义

收入法,是指通过核算整个社会在一定时期内获得的所有要素收入即企业生产成本来计量 GDP。收入法核算国内总产值,也就是社会最终产品的市场价值。

最终产品市场价值除了生产要素收入构成的成本,还有间接税、折旧、公司未分配利润等内容。

(二) 总收入的构成

1. 工资、利息和租金等生产要素的报酬

工资包括所有工作的酬金、津贴和福利费,也包括工资收入者必须缴纳的所得税及社会保险税。利息在这里指人们储蓄所提供的货币资金在本期的净利息收入。租金包括个人出租土地、房屋等租赁收入及专利、版权等收入。

2. 非公司企业主收入

这部分收入如医生、律师、农民和小店铺主等个体从业者的收入。

3. 公司税前利润

公司税前利润包括公司所得税、社会保险税、股东红利及公司未分配利润等。

4. 企业转移支付及企业间接税

这部分虽然不是生产要素创造的收入,但要通过产品价格转嫁给购买者,也应视为成本。

5. 资本折旧

资本折旧虽不是要素收入,但包括在总投资中,也应计入 GDP。

GDP = 工资 + 利息 + 利润 + 租金 + 间接税和企业转移支付 + 折旧。它和支出法计算的 GDP 从理论上说是相等的,但实际核算中常有误差,因而还要加上一个统计误差。

第三节 现行国民收入核算的缺陷及纠正

一、现行国民收入核算不能完全反映总产出

现行的国民收入核算体系虽然被广泛地应用,但是,它仍然存在着以下不足之处。

(1) 由于国民生产总值是根据商品和劳务的市场价格来计算的,因此有许多生产活动没有反映到国民生产总值之中。例如,在美国,虽然国民收入核算要估计家庭农场自己生产并供自己消费的产品折合的收入,但是大部分家务劳动、自给性生产活动并没有得到反映。因此有人嘲笑地说,在现行的国民收入核算制度下,离婚可以使国民收入增加。特别是在比较各个国家的国民生产总值时,常常会因为两国经济市场化程度的不同而使人产生错觉。

(2) 地下经济没有得到反映。地下经济包括毒品的生产和交易等非法的经济活动,以及为了逃避税收而隐瞒其收入的经济活动。由于地下经济中的相当一部分是为了避税,因此,有人认为当税率上升时,地下经济趋于增加;而当税率下降时,地下经济趋于减少。

二、国民收入核算没有完全地反映福利状况

人们经常认为,国民生产总值是衡量一个国家福利状况的指标。但国民生产总值中包括了一部分资本消耗的补偿,所以国民生产净值是一个比国民生产总值更好地反映福利水平的指标。

我们知道,人们的效用满足是通过消费活动实现的,而国民生产净值包括消费支出、净投资、政府购买支出和净出口。净投资的增加只会增加生产能力,从而增加未来的消费。这不仅不会增加本期的消费,而且还会引起本期消费的减少。政府购买支出的增加与本期消费没有明确的关系。如果政府增加在社会治安方面的支出,而这又是社会治安恶化的反映,那么我们很难认为政府支出的增加提高了社会福利水平。在计算国民生产总值时,要加上出口,减去进口。但是,事实上,出口与国内消费无关,而进口和国内消费有关。

综上所述,人均的实际消费是衡量一个国家社会福利状况的比较好的指标。

但人们的效用不仅决定于消费水平,还决定于闲暇的数量。如果人均实际消费的增加是以闲暇的减少为代价的,那么,我们也很难认为人们的福利水平得到了改进。另外,人均消费的增加很可能伴随着环境污染的恶化,这显然意味着生活质量的下降。因此,有人提出国民总产值(GNP)就是国民总污染。W. Nordhaus 和 J. Tobin 设计了一个经济福利标准来试图反映福利状况。经济福利标准在国民收入核算中加进了对闲暇、家庭生产和消费活动、污染、城市的拥挤等调整和折算。但是,收入分配等对社会总福利水平有重要影响的因素并没有包括在所谓的经济福利标准当中。

三、国内生产总值核算的纠正

(一) 平减指数

名义国内生产总值：用当期市场价格计算，没有扣减物价上涨因素。

实际国内生产总值：用某一基期的市场价格计算，扣减物价上涨因素。

名义国内生产总值/实际国内生产总值＝消费价格平减指数（通货膨胀率）。

名义国内生产总值与实际国内生产总值二者的关系：名义国内生产总值＝实际国内生产总值×消费价格平减指数（通货膨胀率）；实际国内生产总值＝名义国内生产总值/消费价格平减指数（通货膨胀率）。

(二) 购买力平价

购买力平价，是指以实际购买力计算的两个国家不同货币之间的换算比例，简称PPP。其计算方法为：先选取典型的商品与劳务作为比较样本，再用两个国家不同的货币单位与市场价格分别加权计算样本的价格总额，价格总额的比例就是体现两国货币实际购买力的换算率，即购买力平价。

第十二章 总需求与总收入决定模型

第一节 消费与储蓄

一、消费与消费函数

（一）消费、消费函数

1. 消费

消费是指一个国家或地区一定时期内居民个人或家庭为满足消费欲望而用于购买消费品和劳务的所有支出。

2. 消费函数

消费函数是指消费支出与决定消费的各种因素之间的依存关系。

影响居民个人或家庭消费的因素是很多的，如收入水平、消费品的价格水平、消费者个人的偏好、消费者对其未来收入的预期甚至消费信贷及其利率水平等等，但其中最重要的无疑是居民个人或家庭的收入水平。因此，宏观经济学假定消费及其消费的规模与人们的收入水平存在着稳定的函数关系。

如果我们以 C 代表消费，以 Y 代表收入，则上述消费函数可表示为：

$$C = c(Y)（满足条件 dc/dy > 0）$$

（二）消费函数与消费线

上述消费函数的几何图像如图 12-1 所示：

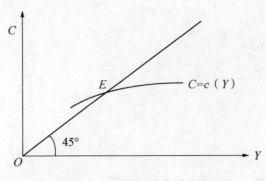

图 12-1 消费函数与消费线

如果我们把消费函数视作一个简单的线性函数,则其表达式为:
$$C = a + bY \quad (1 > b > 0)$$

上式中的 a 作为一个常数,在宏观经济学中被称为自发性消费;其含义是,居民个人或家庭的消费中有一个相对稳定的部分,其变化不受收入水平的影响。

上式中的 bY 在宏观经济学中被称为诱致性消费,是居民个人或家庭的消费中受收入水平影响的部分,其中 b 作为该函数的斜率,被称为边际消费倾向。

在横轴为收入 Y,纵轴为消费 C 的坐标中,消费函数 $C = a + bY$ 的图像如图 12-2 所示:

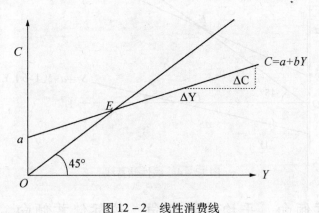

图 12-2 线性消费线

二、储蓄与储蓄函数

(一) 储蓄与影响储蓄的因素

储蓄,是指一个国家或地区一定时期内居民个人或家庭收入中未用于消费的部分。

影响储蓄的因素很多,如收入水平、财富分配状况、消费习惯、社会保障体系的结构、利率水平等等,但其中最重要的是居民个人或家庭的收入水平。

(二) 储蓄函数

储蓄函数,是指储蓄与决定储蓄的各种因素之间的代数关系。

经济学假定,在储蓄与人们的收入水平之间存在着稳定的函数关系。如果我们以 S 代表储蓄,以 Y 代表收入,则上述关系可以用公式表示为:
$$S = s(Y) \quad (\text{满足条件 } ds/dy > 0)$$

其图像一般如图 12-3 所示:

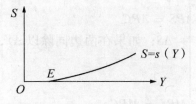

图 12-3 储蓄函数与储蓄曲线

储蓄是收入减去消费后的余额,即 $S = Y - C$。在线性条件下,$C = a + bY$,代入前式有 $S = Y - (a + bY)$,经整理则有:

$$S = -a + (1-b)Y \quad (1 > b > 0)$$

在横轴为收入 Y,纵轴为消费 C 或储蓄 S 的坐标中,线性储蓄线如图 12-4 所示:

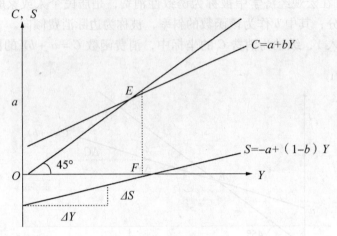

图 12-4 线性储蓄线

(三) 储蓄倾向、平均储蓄倾向、边际储蓄倾向

1. 储蓄倾向

储蓄倾向,是指储蓄与收入的比率。

2. 平均储蓄倾向

平均储蓄倾向,是指储蓄总量与收入总量的比率,简称 APS。根据定义可用下式表示:

$$APS = S/Y$$

3. 边际储蓄倾向

边际储蓄倾向,是指储蓄增量与收入增量的比率,简称 MPS。根据定义可用下式表示:

$$MPS = \Delta S / \Delta Y$$

(四) 储蓄函数与消费函数

由于对收入来说储蓄函数与消费函数为互补函数,即 $Y = C + S$,如果在该式两边同除 Y,有:

$Y/Y = C/Y + S/Y$,

$APC + APS = 1$

或:$1 - APC = APS, 1 - APS = APC$

同理,我们有 $\Delta Y = \Delta C + \Delta S$;如果在两边同除以 ΔY,则有 $\Delta Y/\Delta Y = \Delta C/\Delta Y + \Delta S/\Delta Y$,即:

$MPC + MPS = 1$

或:$1 - MPC = MPS, 1 - MPS = MPC$

第二节 投 资

一、投资函数

(一) 投资与投资函数

1. 投资

投资,是指一个国家或地区一定时期内社会资本的形成和增加。每年新增的资本应该是净投资,即投资减去磨损后的余额。从会计学的角度看,对磨损的补偿就是折旧,也称重置投资。因此有:

$$净投资 = 投资 - 折旧(重置投资)$$

或:

$$净投资 = 期末的资本存量 - 期初的资本存量$$

2. 投资函数

投资函数,是指投资规模与决定投资的各种因素之间的依存关系。其含义可用下式表示:

$$I = i(r) \quad (满足条件 \ di/dr < 0)$$

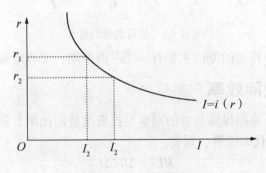

图 12-5 投资曲线

(二) 投资线

投资函数的几何表示或其图像如图 12-5 所示。如果我们把该函数视作一个简单的线性函数,则其表达式为:

$$I = \alpha - \beta r$$

式中,α 作为一个常数,称为自发性投资,βr 称为诱致性投资。其中 β 作为该函数的斜率,称为投资系数,其数值的大小反映了利率水平的变化对投资影响的程度。在横轴为投资 I,纵轴为利率 r 的坐标中,线性投资函数 $I = \alpha - \beta r$ 的图像如图 12-6 所示:

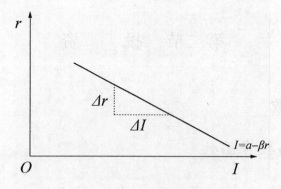

图 12-6 线性投资曲线

在图 12-6 中,随着利率水平的变化,使投资量沿着同一条投资曲线移动。如果利率水平不变,由其他因素引起的投资量变动,在坐标系中则表现为投资曲线的移动(如图 12-7 所示)。

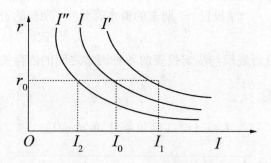

图 12-7 投资曲线的移动

造成投资曲线水平移动的原因主要有:①厂商预期;②风险偏好;③政府投资。

二、投资的边际效率

投资的边际效率,是指投资收益的增量与投资增量的比率,简称 MEI。如果我们以 R 代表投资收益,以 I 代表投资,则有:

$$MEI = \Delta R / \Delta I$$

上式表明,投资的边际效率 MEI 是投资总收益的一阶导数,或者说 MEI 是投资总收益曲线上任一点切线的斜率。如果以投资规模 I 为横坐标,以投资收益 R 为纵坐标,则投资总收益 TR 是一条向右上方倾斜、凹向横轴的曲线。该曲线表明,随着投资规模的不断扩大,投资收益的总量也在不断增加,但收益增加的速率($\Delta R / \Delta I$ 即 MEI)却在不断减

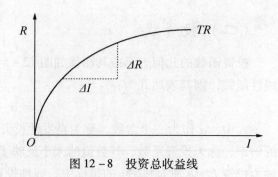

图 12-8 投资总收益线

缓。因此，总收益 TR 曲线的图像如图 12-8 所示。

图 12-8 表明，投资的边际效率具有递减的趋势，即 $dR/dI<0$。

在纵轴为投资的边际效率 MEI，横轴为投资 I 的坐标系中，MEI 是一条向右下方倾斜的曲线（如图 12-9 所示）。

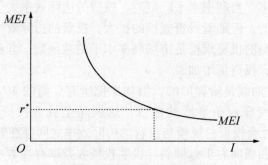

图 12-9 投资边际收益线

在实际经济活动中，对个别厂商来说，在任一时点上，都面临着一系列可供选择的投资项目，而每一个项目又有不同的投资量和不同的投资收益率。当利率水平既定时，凡是投资收益率大于等于银行现行利率水平的投资项目，原则上都是可行的。

假定某厂商有 5 个可供选择的投资项目，每个项目的投资量分别为：A 项目 100 万元、B 项目 200 万元、C 项目 100 万元、D 项目 300 万元、E 项目 100 万元，各项目投资的收益率依次为 10%、8%、6%、5%、3%，则该厂商投资的边际效率如图 12-10 所示：

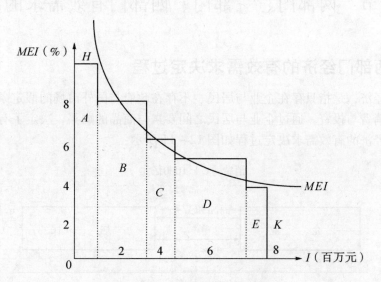

图 12-10 投资的边际收益递减

图 12-10 中的折线 HK 就是该厂商投资的边际效率曲线。根据该曲线，当市场利率水平小于 3% 时，A、B、C、D、E 等五个项目都有利可图。如果该厂商只有 100 万元资金，他无疑将选择项目 A，收益率为 10%；如果该厂商有 300 万元资金，他将追加 200 万元投资项目 B，追加投资的收益率为 8%；如果该厂商有 400 万元资金，他还可以追

加 100 万元投资项目 C，但追加投资的收益率进一步降低为 6%；依此类推，随着该厂商投资的不断扩大，追加投资的收益率将不断下降。如果市场的利率水平为 5%，可供选择的投资项目减少至 A、B、C、D 四个，但对该厂商来说，随着投资规模的不断扩大，投资收益率趋于降低的事实不变。由此可见，厂商的投资决策主要取决于市场利率水平和投资的边际效率。当利率水平既定时，投资的边际效率大于或至少等于利率水平的投资项目都是可行的，但随着投资规模的扩大，投资的边际效率递减。当投资项目的边际效率既定时，厂商的投资规模是市场利率水平的减函数。即利率水平上升，投资量减少；利率水平下降，投资量增加。

个别厂商的 MEC 曲线是阶梯形的，但如果把所有厂商的 MEC 曲线一一叠加起来，那么，折线就会渐渐变成一条平滑的曲线，这就是全社会投资的边际效率曲线（即 MEC 曲线），它表明社会投资总规模与投资的边际效率之间存在着反方向变化的关系。

投资的边际效率曲线向右下方倾斜，说明投资收益率存在着一种递减的趋势。其中的原因除了上面所述外，还有以下因素：①在竞争性的市场中，一旦某种产品的生产有较高的投资收益率，许多厂商都会增加对该部门的投资；结果使该产品的供给增加、价格回落，从而导致投资收益率的降低。②在竞争性的市场上，如果许多厂商都增加对高收益部门的投资，结果还将使投资所需的机器设备、原材料等投入品的需求增加，价格上涨，从而导致投资成本的增大，即便产品的销售价格不变，投资的边际收益率也会降低。

第三节 两部门、三部门、四部门有效需求的决定

一、两部门经济的有效需求决定过程

两部门经济，是指只存在企业与居民、不存在政府与国外市场的假定条件下，有效需求表现为消费与投资。通过企业与居民之间要素与商品的购买，决定了有效需求。

两部门经济的有效需求决定过程如图 12-11 所示：

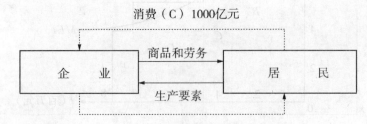

图 12-11 两部门经济的有效需求决定过程

引入银行与其他金融机构，两部门之间有效需求的决定增加了居民储蓄流出与企业投资流入。

其基本关系式为：

总供给：$Y = C + S$

总需求：$Y = C + I$
（总需求）$I = S$（总供给）
$I = S$（总需求 = 总供给），表示经济增长均衡。
$I < S$（总需求 < 总供给），表示经济增长收缩。
$I > S$（总需求 > 总供给），表示经济增长扩张。
上述流转关系与有效需求的决定过程如图 12 - 12 所示：

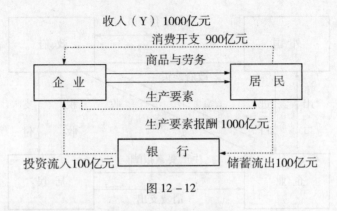

图 12 - 12

二、三部门经济的有效需求决定过程

三部门经济，是指不仅存在居民与企业之间的交换，也存在政府的条件下有效需求表现为消费、投资、政府购买。三部门之间的交换决定了有效需求。

三部门经济的有效需求决定过程如图 12 - 13 所示：

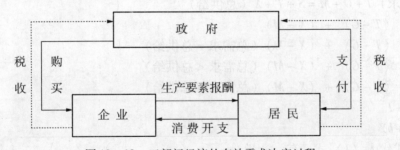

图 12 - 13　三部门经济的有效需求决定过程

其基本关系式为：
总供给：$Y = C + S + T$
总需求：$Y = C + I + G$
（总需求）$I + G = S + T$（总供给）
$I = S + (T - G)$
$I = S + (T - G)$（总需求 = 总供给），表示经济增长均衡。
$I < S + (T - G)$（总需求 < 总供给），表示经济增长收缩。
$I > S + (T - G)$（总需求 > 总供给），表示经济增长扩张。

三、四部门经济的有效需求决定过程

四部门经济,是指既存在企业与居民,也存在政府,还存在国际市场的开放经济中,有效需求变现为消费、投资、政府购买、国际市场购买(出口)。通过以上四部门之间的交换,决定了有效需求总量。

四部门经济的有效需求决定过程如图 12-14 所示:

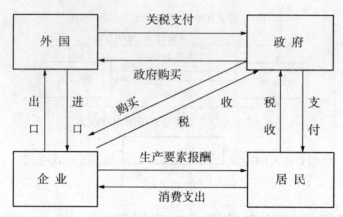

图 12-14 四部门经济的有效需求决定过程

其基本关系式为:

总供给:$Y = C + S + T + M$

总需求:$Y = C + I + G + X$

(总需求)$I + G + M = S + T + X$(总供给)

$I = S + (T - G) + (X - M)$

$I = S + (T - G) + (X - M)$ (总需求 = 总供给)

$I < S + (T - G) + (X - M)$ (总需求 < 总供给)

$I > S + (T - G) + (X - M)$ (总需求 > 总供给)

$Y = C + I$ (1)

$C = a + bY$ (2)

(2) 式代入 (1) 式,有:

$Y = a + I\ /1 - b$ (3)

第四节 乘数原理

一、投资乘数

(一) 投资乘数的定义

投资乘数,是指投资变动引起的收入变动率。

（二）投资乘数的计算

假定边际消费倾向用 MPC 表示，投资增量用 ΔI 表示，收入增量用 ΔY 表示。则：

$$\Delta Y = \Delta I + \Delta I \cdot MPC + \Delta I \cdot MPC^2 + \Delta I \cdot MPC^3 + \cdots + \Delta I \cdot MPC^{N-1}$$

$$\Delta Y = \Delta I \cdot 1/1 - MPC$$

$$\Delta Y = \Delta I \cdot Ki$$

$$Ki = \Delta Y / \Delta I$$

Ki 为投资乘数，也就是 $1 - MPC$ 的倒数。如果用 b 表示边际消费倾向，则：

$$Ki = 1/1 - b$$

二、定税条件下的其他乘数

（一）三部门经济中的总支出函数

在投资 I 不变的条件下，三部门经济的总支出为：

$$Y = C + I + G \tag{1}$$

考虑财政转移支付 g 和政府税收 T，有：

$$Y_d = Y + g - T \tag{2}$$

消费函数为：

$$C = a + b(Y + g - T) \tag{3}$$

把式3代入式（1）整理后则有：

$$Y = (a + I + G + bg - bT) / (1 - b) \tag{4}$$

由此可推导出政府支出乘数、税收乘数、转移支付乘数与平衡预算乘数。

（二）政府支出乘数

政府支出对有效需求的影响为：

$$\Delta Y = \Delta G \cdot 1/1 - b$$

$$Kg = 1/1 - b$$

政府支出乘数 Kg 与投资乘数 Ki 相等。也就是说，私人增加投资对国民收入的影响与政府增加支出对国民收入的影响是一样的。

（三）政府转移支付乘数

政府转移支付对有效需求的影响为：

$$\Delta Y = \Delta g \cdot b/1 - b$$

$$Ktr = b/1 - b$$

Ktr 为政府转移支付乘数。

（四）政府税收乘数

政府税收对有效需求的影响为：

$$\Delta Y = \Delta T \cdot -b/1-b$$
$$K_r = -b/1-b$$

K_T 为政府税收乘数,它与政府转移支付乘数 Ktr 的绝对值相等,意味着政府转移支付对有效需求有正乘数效应,而税收对有效需求有负乘数作用。

(五) 平衡预算乘数

政府收入与支出同时以相同数量增减时,国民收入或有效需求变动对政府收支变动的比率称平衡预算乘数。

其公式为:
$$Kb = \Delta Y/\Delta G = \Delta Y/\Delta T = 1$$

三、比例税条件下的各种乘数

(一) 比例税条件下的总支出函数

税收有定额税和比例税之分,如果我们考察的是两种形式的税收,则税收 $T' = T + tY$,式中 T 为固定税,t 为比例税率:

$$Y_d = Y + g - T - tY \tag{1}$$

相应的消费函数为:

$$C = a + b(Y + g - T - tY) \tag{2}$$

根据(2)式:
$$Y = (a + I + G + bg - bT)/(1 - b + bt) \tag{3}$$

(二) 比例税条件下的各种乘数

在比例税条件下,由(3)式推导而来的各项乘数则将改写为:

$$K_C = K_I = K_G = 1/1 - b(1-t),$$
$$Kg = b/1 - b(1-t),$$
$$K_T = -b/1 - b(1-t)。$$

如果边际消费倾向 $b = 0.8$,比例税率 $t = 0.15$,则各项乘数为:

$$K_C = K_I = K_G = 3.125,$$
$$Kg = 2.5,$$
$$K_T = -2.5$$
$$\Delta Y = \Delta a \cdot 1/1 - b \tag{4}$$

在消费 C 不变的条件下,由投资变化 ΔI 引起的产出变化 ΔY,根据(3)式来推导:
$$\Delta Y = \Delta I \cdot 1/1 - b \tag{5}$$

(4) 式中的 $1/1-b$ 称为消费乘数,记作 K_C,(5) 式中的 $1/1-b$ 称为投资乘数,记作 K_I。

第十三章 商品市场和货币市场的一般均衡：IS-LM模型

IS-LM模型，又称希克斯-汉森模型，它最早由英国经济学家希克斯所提出，并由美国经济学家汉森加以完善和补充，用来描述商品市场、货币市场的均衡以及两个市场的同时均衡的利率与国民收入水平。其中：商品市场的均衡，是指商品市场上投资与储蓄相等，它由IS方程与IS曲线来描述，说明保证投资等于储蓄的利率水平与国民收入水平。货币市场的均衡，是指货币市场上货币需求与货币供给相等，它由LM方程与LM曲线来描述，说明保证货币需求等于货币供给的利率水平与国民收入水平。两个市场的同时均衡，是指在投资等于储蓄的同时，货币的供求也相等，它由IS方程与LM方程联立获得，在几何图形上表现为IS曲线与LM线相交，说明有并只有一个特定的利率与国民收入的组合既保证投资等于储蓄，又保证货币的需求等于货币的供给。

第一节 商品市场的均衡：IS线

一、IS方程与IS线的几何推导

（一）IS方程与IS线

1. IS方程

IS方程可以用下述三个方程式来说明两部门经济商品市场及其均衡：

储蓄函数：$S = -a + (1-b)Y$

投资函数：$I = e - dr$

均衡条件：$S = I$

根据上式可得IS方程： $Y = (a + e - dr)/(1-b)$

或者： $r = (a+e)/d - [(1-b)/d]Y$

从上式可以看出，要保持产品市场的均衡，即投资等于储蓄，则利率与国民收入之间存在着反方向变动的关系。

2. IS线

根据IS方程，建立利率与国民收入坐标系，则可得IS线。如图13-1所示：

在图13-1中，OY表示国民收入，Or表示利率。

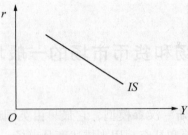

图13-1　IS线

(二) IS线的含义

(1) IS线，是指投资等于储蓄的商品市场均衡各种利率和国民收入水平的组合。IS曲线上的任何一点都表示能使投资与储蓄相等的不同利率和国民收入水平的组合。

(2) IS线向右下方倾斜。它表明：在商品市场均衡的条件下，一个较高的利率水平将对应一个较低的国民收入水平；一个较低的利率水平将对应一个较高的国民收入水平。这是因为，高利率产生低水平的投资，为了满足投资等于储蓄的商品市场均衡条件，要求一个等量的储蓄量，而与低水平的储蓄量相对应的是低水平的国民收入量。所以，高利率必须要和低国民收入配合，才能实现商品市场的均衡。反之，对于一个低利率来说，必然要求一个高水平的国民收入量。

(3) 在IS线右边任何一点的利率和国民收入的组合，都是投资小于储蓄的商品市场的非均衡点；在IS曲线左边任何一点的利率和国民收入的组合，都是投资大于储蓄的商品市场的非均衡点。

(三) IS线的几何推导

IS线的几何推导如图13-2所示。

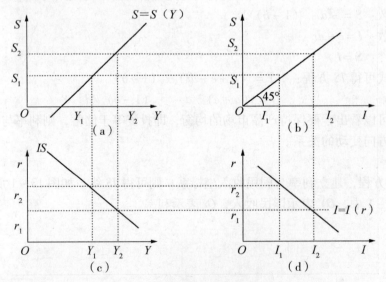

图13-2　IS线的几何推导

二、IS 线的斜率

在两部门经济中，IS 线的方程为：
$$r = (a+e)/d - [(1-b)/d]Y$$
所以，IS 线的斜率为：$-(1-b)/d$
又因为：$0 < b = MPC < 1$
故该线的斜率为负。

在两部门经济中，IS 线的斜率的绝对值取决于边际消费倾向和投资系数。IS 线的斜率和边际消费倾向呈反方向变化，即边际消费倾向越大，IS 线的斜率越小。IS 线的斜率与投资系数也呈反向变化，即投资系数越大，IS 线的斜率越小。

三、IS 线的移动

投资边际效率提高，技术创新，在同样的利率水平下，将使投资需求曲线向上移动，最终使 IS 曲线向右上方移动。投资需求减少，将使投资需求曲线向左下方移动。

当投资需求不变时，如果储蓄意愿增强，储蓄曲线向左移动，在同样的投资水平下，要求均衡收入水平下降，IS 线向左移动。

四、三部门经济中的 IS 线

国民收入：$Y = C + I + G$
投资函数：$I = e - dr$
消费函数：$C = a + bY_D$ （Y_D 为可支配收入）
在三部门经济中，$Y_D = Y - T + T_R = Y - tY + T_R$ （t 为利率，T_R 为政府的转移支付）
所以，
$$Y = a + bY_D + e - dr + G$$
$$Y = a + b(Y - tY + T_R) + e - dr + G$$
IS 曲线　　　$Y = a + e - dr + G + bT_R / [1 - b(1-t)]$
或　　　　　$r = (a + e + G + bT_R)/d - [1 - b(1-t)]Y/d$

当然，也可以用三部门经济的均衡条件 $C + I + G = C + S + T$ 进行推导，此时同样有：
$$S = -a + (1-b)Y_D \text{ 和 } T = tY$$

此时，IS 线的斜率为 $[1 - b(1-t)]/d$。当 d 和 b 一定时，税率 t 越小，IS 线越平缓；反之，税率 t 越大，IS 线越陡峭。

因此，当其他条件不变时，如果政府购买支出增加，IS 曲线将右移；政府购买支出减少，IS 线将向左移动。

税收增加，将使 IS 线向左移动；税收降低，将使 IS 线向右移动。

第二节 货币市场的均衡：LM 线

一、货币的供给与需求

（一）货币的供给

在某一点的货币供给量 Ms，是由通货净额与存款货币净额构成。其中，通货由中央银行决定，表现为中央银行的负债；存款货币由商业银行的放款与投资业务决定，表现为商业银行的负债。

（二）货币的需求

1. 货币的交易需求

货币的交易需求，是指货币作为日常交易的媒介而引起的货币的需求。其大小受到收入水平与利率水平的影响，货币需求与收入水平同方向变化，与利率水平反方向变化。

2. 货币的预防需求

货币的预防需求，是指为应付意外事故的发生而对持有货币的需求。它一般与收入水平相联系，但同时也要考虑利率的变化情况。把货币的交易需求与预防需求结合起来，统称为货币的交易需求，有：

$$M_1 = f(Y) = KY$$

图 13-3 中，L_1 表示货币的交易需求和预付需求，Y 代表收入水平。

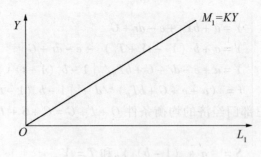

图 13-3 货币的交易需求

3. 货币的投机需求

货币的投机需求，是指由于个人可以持有的其他资产的货币价值的不确定性而引起的货币的投机需求（如图 13-4 所示）。这里主要是指人们购买有价证券的需求，包括对债券（国债与公司债）的需求以及对股票投机的需求。

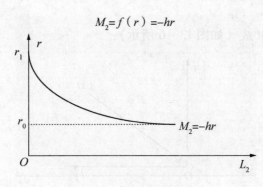

图 13 - 4 货币的投机需求

4. 货币的供求均衡

货币的供求均衡方程为：

$$M_s = M_1 + M_2$$

货币的供求均衡在几何图形上表现为直角三角形状（如图 13 - 5 所示）：

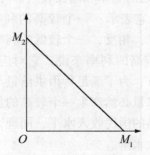

图 13 - 5 货币的供求均衡

当货币供给既定的条件下，货币的交易需求与投机需求存在着消长关系。

二、LM 方程与 LM 线的几何推导

（一）LM 方程与 LM 线

1. 货币需求函数

货币需求函数为：

$$M_1 = f(Y) = kY$$

货币的投机的需求函数为：

$$M_2 = f(r) = -hr$$

货币的总供给为：

$$Ms = M_1 + M_2$$

2. LM 方程

把货币交易需求方程与货币投机需求方程代入便可得到 LM 方程：

$$Ms = M_1 + M_2 = kY - hr$$

3. LM 线

由 LM 方程可得 LM 线（如图 13-6 所示）：

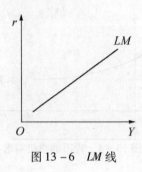

图 13-6　LM 线

（二）LM 线的含义

（1）LM 线，是指使货币供给等于货币需求的货币市场均衡的各种利率和国民收入水平的组合，LM 线上的任何一点的利率和国民收入都可以保证实现货币市场的均衡。

（2）LM 线向右上方倾斜，它表示：一个较高的利率，在货币市场均衡的条件下，将产生一个较高的国民收入水平；相反，一个较低的利率水平将产生一个较低的国民收入水平。这是因为，对于一个较高的利率来说，它对应的是一个较小的货币投机需求量。在货币供给量既定的条件下，为了满足货币供给量与货币需求量的相等的货币市场均衡条件，较小的货币投机需求量必然产生一个较高的货币交易需求量，而较大的货币交易需求量则对应的是一个较高的国民收入水平。同理，在相反的情况下，一个较低的利率将对应一个较低的国民收入水平。

（3）LM 线右边任何一点的利率和国民收入的组合，都是货币需求大于货币供给的货币市场非均衡点；在 LM 线左边任何一点的利率和国民收入的组合，都是货币需求小于货币供给的货币市场非均衡点。

（三）LM 线的几何推导

LM 线可以根据货币的投机需求线、货币供求均衡线、货币交易需求线按几何步骤推导出来。对此，可参照图 13-2 的推导过程。

三、LM 线的斜率和 LM 线的移动

（一）LM 线的斜率

由 LM 线方程　　　　$r = (k/h)Y - m/h$
可知，LM 线的斜率为：k/h。

（二）LM 线的移动

LM 线的移动有以下特点：

（1）货币供给增加时，货币供给曲线右移，新的均衡利率下降，利率下降使消费

和投资增加，国民收入增加，LM 线向右移动；货币供给减少，均衡利率将上升，货币供给曲线左移，LM 线向左移动。

（2）国民收入水平增加时，货币需求曲线右移，新的均衡利率上升，LM 线向左移动；收入的减少，将使均衡利率下降，LM 线向右移动。

（3）在其他条件不变的情况下，当 h 由小变大，LM 线斜率由大变小，LM 线逐渐变得平缓；反之，当 h 由大变小，LM 线斜率由小变大，LM 线逐渐变得陡峭。

（4）在其他条件不变的情况下，当 k 由小变大，LM 线斜率也将由小变大，LM 线逐渐变得陡峭；反之，当 k 由大变小时，LM 线斜率由大变小，LM 线逐渐变得平缓。

第三节　IS – LM 模型

一、IS – LM 模型的条件与经济学含义

（一）IS – LM 模型的条件

商品市场与货币市场同时均衡的条件是：

$S = I$

$L = M$

其中：

$S = I$ 表明保证商品市场均衡所需的利率水平与国民收入水平的组合。

$L = M$ 表明保证货币市场均衡所需的利率水平与国民收入水平的组合。

$S = I$ 且 $L = M$ 表明在两个市场同时均衡的条件下，必有一个利率与国民收入的组合，它既满足商品市场上投资等于储蓄，又满足货币市场上货币供给等于货币需求。

（二）IS – LM 模型的取得

1. 几何表示

把表示商品市场均衡的 IS 线与表示货币市场均衡的 LM 线置于同一个坐标平面图中（参见图 13 – 7），就得到商品市场与货币市场的同时均衡点，即 IS – LM 模型。

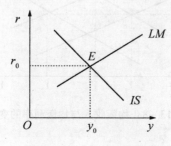

图 13 – 7　IS – LM 模型

在图13-7中，IS线与LM线相交于E点，E点就是商品市场和货币市场的同时均衡点。由此点决定的均衡利率为r_0，均衡国民收入为Y_0。

2. 代数表示（IS-LM模型的推导）

两部门经济产品市场IS线：
$$Y = (a + e - dr) / (1 - b)$$

两部门经济货币市场LM线：
$$Y = hr/k + m/k$$

产品市场与货币市场同时均衡，联立求解上述两个方程，即可得到利率r和国民收入Y。

（三）IS-LM模型的经济学含义

（1）IS线与LM线的相交点E所表示的是使商品市场和货币市场同时实现均衡的唯一利率和国民收入的组合。

（2）在均衡点以外的IS线和LM线上的任何一点，都只是实现一个市场的均衡，而没有同时实现两个市场的均衡。

（3）IS线和LM线外的任何一点，表示两个市场都不均衡。

（4）在两个市场都处于非均衡状态时，可通过对利率和国民收入的调整逐步实现两个市场的共同均衡。

二、IS-LM模型中均衡收入与均衡利率的变动

一般而言，投资增加（财政政策的变动），会使IS线向右移动，从而均衡的利率和国民收入水平都提高；投资减少会使IS线向左移动，从而使均衡的利率和国民收入水平都下降。

货币供给量的增加（货币政策变动），会使LM线向右移动，从而使均衡的利率水平下降，国民收入水平上升；货币供给量的减少，会使LM线向左移动，从而使均衡的利率水平上升，均衡的国民收入水平减少（如图13-8所示）。

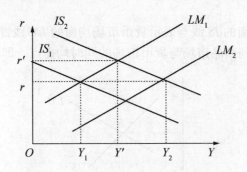

图13-8 均衡收入与均衡利率的变动

第十四章 社会总需求与社会总供给模型：AD–AS 模型

第一节 社会总需求

一、社会总需求的定义及构成

社会总需求，是指在一定支付能力下，社会对可供最终消费或投资的物质产品和服务的需求的总和，即消费需求、投资需求、国外需求和政府需求四者的总和。由于政府投资不是用于投资就是用于消费，因而社会总需求又可以说是前三者的总和，即消费需求、投资需求、国外需求的总和。

社会总需求如下式所示：

$$AD = C + I + G + NX$$

二、社会总需求曲线与总需求函数的推导

在 $IS-LM$ 模型中，假设其他条件不变，唯一变动的是价格水平。价格水平的变动并不影响产品市场的均衡，即不影响 IS 线。但是，价格水平的变动将影响货币市场的均衡，即要影响 LM 线，这是因为，LM 线中所说的货币供给量是实际货币供给量，实际货币供给量取决于名义货币供给量和价格水平，即：

$$m = M/P$$

在名义货币供给量不变的情况下，如果价格水平下降，则实际货币供给量将增加，这样，货币市场上货币需求小于货币供给，从而利率水平下降，利率下降，投资增加，从而使总需求增加。因此，价格水平的下降将使总需求增加，即：

$$P\downarrow \to m\uparrow \to m>L \to r\downarrow \to I\uparrow \to AD\uparrow$$

同样，如果是价格水平上升，则会使社会总需求减少，即：

$$P\uparrow \to m\downarrow \to m<L \to r\uparrow \to I\downarrow \to AD\downarrow$$

（一）社会总需求曲线的几何推导

在图 14–1 中，当价格水平为 P_0 时，产品市场与货币市场的同时均衡点为 E_0，此时的实际货币供给量为 m_0。当价格水平下降为 P_1 时，实际货币供给量将上升到 m_1，且 $m_1 > m_0$。当实际货币供给量增加时，LM 线向右下方移动，即从 LM_0 移到 LM_1，这时，在图 14–1（a）中，与 LM_1 与 IS 线相交于 E_1 点，在 E_1 点形成了新的产品市场和货币市场的同时均衡。此时，有 $r_1 < r_0$，$Y_1 > Y_0$。说明利率下降了，国民收入增加了。

把图 14–1（b）中的 E_0 与 E_1 连接起来，就得出社会总需求与价格水平反方向变

动的总需求曲线 AD。在 AD 线上的任何一点都是两个市场同时均衡时价格水平与国民收入的相结合的点。

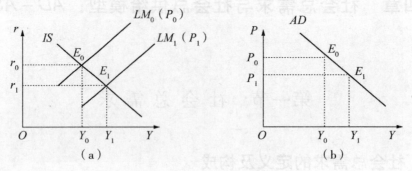

图 14-1 社会总需求曲线的推导

（二）社会总需求函数的推导

在两部门经济中，IS 线为：

$$Y = (a + e - dr) / (1 - b)$$

LM 线为：

$$M/P = kY - hr$$

对上述两个方程联立求解，可得 Y 与 P 之间的函数关系，也就是 AD 曲线的数学方程：

$$Y = (a + e + d M/hP) / (1 - b + dk/h)$$

三、社会总需求曲线的斜率

社会总需求曲线向下方倾斜，表示随着价格水平的提高，人们愿意购买的商品不断下降；而随着价格水平的下降，人们愿意购买的商品量不断上升。

一般来说，社会总需求曲线向下方倾斜，主要取决于实际资产效应、跨期替代效应和开放替代效应。

（一）实际资产效应

随着总价格水平的上升，人们会减少对商品的需求量而增加名义资产数量以保持实际资产数额不变；而随着价格水平的下降，人们会增加对商品的需求量从而减少名义资产数量以保持实际资产数额不变。

（二）跨期替代效应

当价格水平上升时，$P\uparrow \to m\downarrow \to m < L \to r\uparrow$，利率水平必然上升。利率水平的提高，意味着当前消费的机会成本增加而未来消费的预期收益提高，因此，人们会减少当前消费量，增加未来消费量。

随着总价格水平的上升，人们会用未来消费替代当前消费从而减少对商品的需求总量；随着总价格水平的下降，人们则会用当前消费来替代未来消费从而增加对商品的总需求量。

（三）开放替代效应

在开放经济中，当一国的价格水平上升时，在其他因素不变的情况下，其他国家生产的产品就会变得相对便宜，进口增加，出口减少，即人们用进口替代出口，净出口减少，从而减少对国内商品的需求量。而当总价格下降时，进口减少，出口增加，即人们用出口替代进口，将出口增加，国内需求增加。

社会总需求曲线的斜率反映了既定的价格水平变动所引起的总需求变动与国民收入的不同变动情况（如图 14-2 所示）。

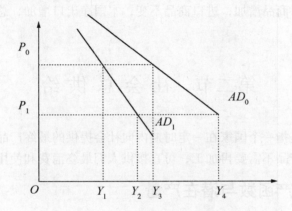

图 14-2 价格变动与社会总需求变动

在图 14-2 中，当价格水平从 P_0 下降到 P_1 时，对于斜率较小的社会总需求曲线 AD_0，总需求与国民收入的变动为 Y_3Y_4；而对于斜率较大的总需求曲线 AD_1，社会总需求与国民收入的变动为 Y_1Y_2。显然，$Y_3Y_4 > Y_1Y_2$。

所以，社会总需求曲线的斜率越大，一定的价格水平变动所引起的总需求与国民收入变动越小；总需求曲线的斜率越小，一定的价格水平变动所引起的总需求与国民收入变动越大。

四、社会总需求曲线的移动

从宏观经济的角度来看，造成社会总需求曲线移动主要有以下几个因素。

（一）预期

预期收入提高，总需求增加，AD 线右移；预期收入下降，AD 线左移。
预期利润率提高，投资增加，AD 线右移；预期利润率降低，AD 线左移。
预期通货膨胀上升，当前商品价格下降，总需求增加，AD 线右移。

（二）政府政策

（1）财政政策：扩张性财政政策和紧缩性财政政策。

(2) 货币政策：扩张性货币政策和紧缩性货币政策。

(3) 扩张性财政政策：这是指能够刺激增加总需求的财政政策，包括增加政府购买、降低税收等。扩张性财政政策，总需求曲线右移；紧缩性财政政策，总需求曲线左移。

(4) 扩张性货币政策：这是指能够增加货币供应量从而刺激总需求的货币政策。扩张性货币政策，总需求曲线右移；紧缩性财政政策，总需求曲线左移。

（三）商品进出口

汇率上升，本国商品价格上升，进口商品增加，出口商品减少，本国净出口减少，总需求下降，总需求曲线左移。

收入增加，出口商品增加，进口商品不变，本国净出口增加，总需求增加，总需求曲线右移。

第二节 社会总供给

社会总供给，是指一个国家在一定时期内向社会提供的最终产品和劳务的总量。最终产品指所生产的产品不需要再加工，可直接供人们最终消费和使用的产品。

一、宏观生产函数与潜在产量

（一）宏观生产函数

宏观生产函数，是指总量生产函数，是指整个国民经济的生产函数，它表示总量投入和总产出之间的关系。

从社会角度考虑，影响总供给的主要因素有劳动、资本、技术和制度四大因素。

一个经济社会在既定的技术水平下，其宏观生产函数可表示为：

$$Y = f(N, K)$$

式中，Y 为总产出；N 为劳动投入量，也即社会的就业水平；K 为整个社会的资本存量。

其中，K 由以前各年的资本投资决定，在本年度当中，经济社会现在的资本存量可认为基本保持不变。

所以，在一定的技术水平和资本存量条件下，经济社会生产的产出 Y 取决于就业量 N。总产出随着就业量的增加而增加，同时，由于"报酬递减规律"的作用，随着总就业量的增加，总产出按递减的比率增加。

（二）潜在产量

潜在产量，是指在现有资本和技术水平条件下，经济社会充分就业所能生产的产量。

如图 14-3 所示，由于潜在产量的存在和报酬递减规律的作用，存在一个最大产出量 Y_0 或生产可能性边界。

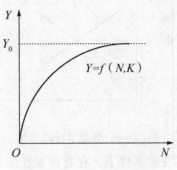

图 14-3　宏观生产函数

二、劳动市场

假定劳动市场是一个完全竞争市场，则劳动需求函数可表示为：

$$N_d = N_d(W/P)$$

式中，N_d 表示劳动需求量，W 为名义工资，P 为价格，W/P 为实际工资。实际工资低时，劳动需求量大；实际工资高时，劳动需求量小。

劳动需求曲线如图 14-4 所示。

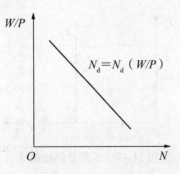

图 14-4　劳动需求曲线

劳动供给函数为：

$$N_s = N_s(W/P)$$

式中，N_s 表示劳动供给总量。实际工资低时，劳动供给量小；实际工资高时，劳动供给量大。

劳动供给曲线如图 14-5 所示。

在价格和工资具有完全伸缩性的完全竞争市场的经济中，劳动市场的均衡条件是：

$$N_s = N_s(W/P) = N_d = N_d(W/P)$$

劳动市场的均衡一方面决定了均衡的实际工资，另一方面决定了均衡的就业量；对于图 14-6 来说，

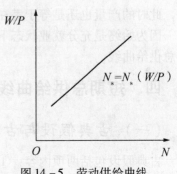

图 14-5　劳动供给曲线

就是 $(W/P)_0$ 和 N_0。

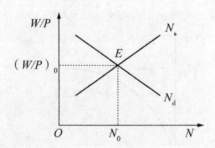

图 14-6 劳动市场的均衡

在资本存量和技术水平不变的条件下,在有伸缩性的工资和价格下,实际工资能立即调整到劳动供求相等的水平,从而使劳动市场处于均衡的充分就业状态,此时的产量也始终等于潜在产量。

三、长期总供给曲线

在长期中,由于价格和货币具有伸缩性,无论是古典经济学家还是凯恩斯都认为,经济的就业水平就会处于充分就业的状态,它并不随着价格水平的变动而变动,产量也将位于潜在产量或充分就业的水平上,不受价格变动的影响。

长期总供给曲线如图 14-7 所示。

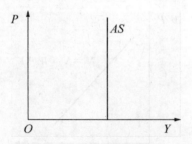

图 14-7 长期总供给曲线

长期总供给曲线表明,在长期中,经济的产出主要由充分就业的劳动力数量所决定,从而独立于价格水平。价格的变动,只会影响到实际工资,从而使劳动市场的总供给和总需求达到新的价格水平下的均衡,使劳动市场处于新的价格水平下的充分就业状态,此时的产量也还是等于潜在产量。

因为始终是充分就业状态下的垂直于收入的长期总供给曲线,所以这条曲线又叫古典总供给曲线。

四、短期总供给曲线:古典模型与凯恩斯模型

(一)古典假设与古典总供给模型

古典假设包括两项内容:①各种商品与要素的价格之间具有快速传导性;②劳动的

边际产量递减。在这种假设条件下，总供给不仅在长期与价格不相关，而且在短期也与价格不相关。如利润的上升会迅速传导为要素价格的上升，厂商在总供给水平上不会从中得到激励。因此，短期总供给曲线是一条垂线（如图14-8所示）。

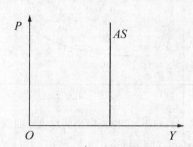

图14-8 古典假设条件下的短期总供给曲线

（二）凯恩斯假设与凯恩斯总供给模型

与古典假设不同，凯恩斯认为：①货币工资具有向下"刚性"，即工人们会对货币工资的下降进行抵抗，但却欢迎货币工资的上升，因此，货币工资只能上升，不能下降；②劳动的边际产量是一个常量；③工人们具有"货币幻觉"，只看到货币的票面值而不注意货币的实际购买力，所以他们会抵抗价格水平不变的情况下的货币工资的下降，但却不会抵抗货币工资不变情况下的价格水平的提高。因此，凯恩斯总供给模型是一种短期总供给曲线。

在图14-9中，当价格为P_0时，工人实际工资为$(W/P)_0$，充分就业量为N_0。现在假设货币工资不变，仍然为原来的W，但是价格水平上升到P_1，因此实际工资下降到$(W/P)_1$的水平，这时，劳动的供给量小于劳动的需求量，所以厂商会提高工资来争购更多的劳动，从而货币工资上升。劳动者不会抵抗货币工资的上升，因此，货币工资会迅速上升到使实际工资在上涨的价格（P_1）的情况下等于原有的均衡实际工资水平$(W/P)_0$时为止。此时，由于劳动的供求相等，货币工资不再上升，就业量为充分就业量N_0，把N_0代入生产函数中，就得到相应的国民收入为Y_0。

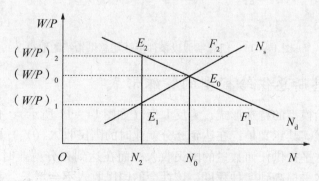

图14-9 劳动供给和需求曲线

在货币工资变动的情况下，价格水平的任何大于P_0的变动都不会影响到国民收入的数值，Y的数值总是等于潜在产量Y_0，如图14-10所示。

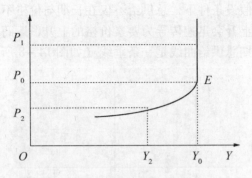

图 14-10 凯恩斯模型的总供给曲线

也可以用图形转换的方法得到凯恩斯主义的总供给曲线,如图 14-11 所示。

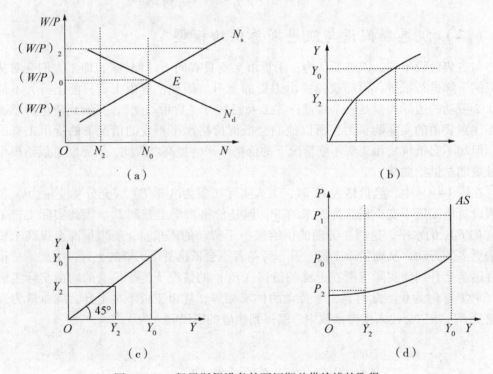

图 14-11 凯恩斯假设条件下短期总供给线的取得

(三) 凯恩斯总供给模型的特殊形式

凯恩斯总供给模型的特殊形式,为反 L 形(如图 14-11 所示),也称为凯恩斯萧条模型的总供给曲线。其意义是:在达到充分就业时的国民收入(Y_0)以前,经济社会大致能以不变价格水平提供任何数量的国民收入;而在达到充分就业时的国民收入(Y_0)之后,不论价格水平提高到何种程度,该社会的国民收入不会增长,甚至有可能出现通货膨胀。

之所以被称为凯恩斯萧条模型的总供给曲线,是因为在严重的经济萧条状态时,由于存在着大量闲置不用的劳动力和资本设备,所以当整个社会的生产总量或国民收入增长时，价格水平和货币工资会大致保持不变。因此，总供给曲线是一条水平线（如图14-12所示）。

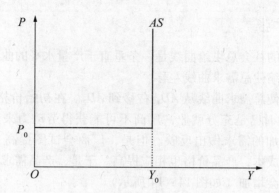

图14-12 凯恩斯萧条模型的总供给曲线

第三节 社会总需求与社会总供给曲线移动的效应

一、凯恩斯假设条件下的社会总供给

将凯恩斯社会总供给曲线与社会总需求曲线结合起来（如图14-13所示），社会总供求在E_1点达到均衡。当政府实行扩张性财政政策时，AD曲线右移，在E_2点达到新的均衡。此时，产量增加，国民收入增加，价格水平不变。因此，财政扩张效果只是提高产量和就业。而在财政紧缩政策条件下，AD曲线左移，导致国民收入下降。

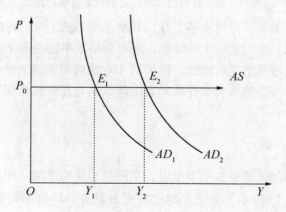

图14-13 财政扩张：凯恩斯假设

在凯恩斯情形下，名义货币的增加会导致均衡产量的增加，且不存在对价格的影响。

二、古典假设条件下的社会总供给

(一)财政扩张

古典假设条件下的社会总供给曲线是一条垂直于产量水平的曲线。财政扩张使总需求曲线右移,财政紧缩使总需求曲线左移。

政府的财政扩张使总需求曲线从 AD_1 右移到 AD_2。在初始价格水平 P_0 上,总需求增加了 E_1E_2,但是此时已是充分就业,厂商不可能获得劳动力来生产更多的产量,社会总供给无法对新增加的需求做出反映。但是,厂商会试图提高工资来雇佣更多的工人,于是抬高了生产成本,产品价格也相应提高。于是,产品需求的增加导致了更高的价格,但是产量却不会增加(如图14-14所示)。

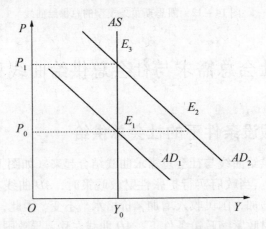

图14-14 古典假设条件下的社会总供给曲线

此时,货币政策不变,价格水平上升,利率水平必然上升。此时,因价格水平的上升和利率水平的提高,工人实际工资降低,随着价格水平的逐渐上升,厂商的生产成本而逐渐下降,实际货币供给逐渐增加。经济沿 AD_2 曲线不断向上移动,直至价格的上升和货币实际余额的下降达到将利率提高和支出降低到与充分就业相一致的水平,总需求再次与总供给相等。

(二)货币扩张

名义货币供给增加,价格水平不变时,实际货币供给增加,使总需求曲线从 AD_1 右移到 AD_2,如图14-13所示。但是此时已是充分就业,厂商不可能获得劳动力来生产更多的产量,社会总供给无法对新增加的需求做出反应。但是,厂商会试图提高工资来雇佣更多的工人,由于抬高了生产成本,产品价格也相应提高。于是,产品需求的增加导致了更高的价格,但是产量却不会增加。

此时,因价格水平的提高,工人实际工资降低,随着价格水平的逐渐上升,厂商的生产成本逐渐下降,实际货币供给逐渐增加。经济沿 AD_2 曲线不断向上移动,直至价格的上升和货币实际余额的下降达到将利率提高和支出降低到与充分就业相一致的水平,

即在 E_3 点，总需求再次与总供给相等。在 E_3 点，实际货币供给恢复到价格水平为 P_0 时的实际货币供给水平，也即名义货币和价格变动了同一比例。

所以说，在古典条件下，名义货币的增加将促使价格水平上升同一比例，而利率和实际产出不变。这时称，货币是中性，也即货币存量的变动，只导致价格水平的变化，而实际变量（产量、就业）不发生变化。

三、社会总需求曲线移动的效应

在社会总供给曲线的平坦（有弹性）部分，经济存在着过剩的生产能力。这时，刺激总需求，使社会总需求曲线右移，产量较大的增加只伴随着价格以较小的幅度上升，如图 14-15（a）所示。

在社会总供给曲线的陡峭（弹性较小）部分，经济接近于生产能力。这时，刺激总需求，使社会总需求曲线右移，产量增加很少，而价格却显著上升，如图 14-15（b）所示。

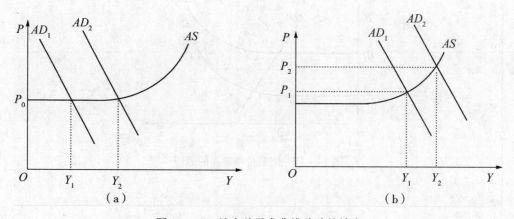

图 14-15 社会总需求曲线移动的效应

四、社会总供给曲线移动的效应

（一）生产能力增加的效应

如果企业生产能力增加，社会总供给曲线向右移动，即从 AS_0 移动到 AS_1。如图 14-16 所示。

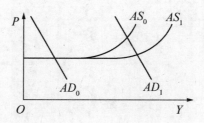

图 14-16 生产能力增加的效应

如果经济最初运行在总供给曲线的陡峭（弹性较小）部分，此时，若总需求曲线是相当无弹性的，总供给的增加使均衡价格水平低于初始价格水平，同时，产量有较少增加。

如果经济最初运行在总供给曲线的平坦（有弹性）部分，则总供给曲线的移动效果不大。此时因为社会经济存在着过剩的生产能力，增加的生产能力对于生产的均衡数量和均衡价格水平的影响都很小。

（二）能源价格提高的效应

能源价格的提高，使得厂商生产成本提高，为了使厂商愿意生产与以前相同的产量，它们必须能得到更高的产品价格，即使这时经济存在着过剩的生产能力，价格水平也会上升。因此，最终使总需求曲线向上移动，从而导致一个更高的均衡价格水平 P_1 和更低的产量水平 Y_1，如图 14-17 所示。

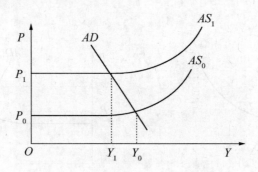

图 14-17　能源价格提高的效应

第十五章 失业与通货膨胀理论

第一节 失业理论

一、失业的定义及失业的影响

失业,是指一部分资源没有得到利用,愿意工作并且有能力工作的人没有被用于生产。失业者指的是在一定年龄范围内,愿意工作却没有工作,并正在寻找工作的劳动者。

衡量经济中失业状况最基本的指标是失业率。失业率的分式为:

$$失业率 = 失业人数/劳动力总数 \times 100\%$$

失业不仅使失业者得不到收入,也强烈地打击了他们的自尊心,他们及其家庭可能被迫在贫困与无奈地接受政府或私人施舍之间作出选择,很多这样的家庭可能因此而破裂。失业也使社区付出沉重代价。因此,失业对个人来说常常是一出悲剧,对社区来说则是造成紊乱和紧张的一个原因,对社会整体而言,则是生产资源的一个浪费。

二、失业的种类及其原因

对应于劳动市场的结构,经济学家将失业归纳为以下三种类型。

(一)摩擦性失业

摩擦性失业,是指劳动力市场中存在空缺的岗位,但由于信息的不通畅或者劳动者与岗位的匹配需要时间等诸多因素的作用,社会中总是有一些人处于失业状态。这部分失业人口称为摩擦性失业者,摩擦性失业被认为是一种自愿失业。

产生摩擦性失业的主要原因在于寻找工作需要成本,事实上,劳动者并不可能了解所有空缺岗位的信息。因此,岗位空缺与劳动者的双向匹配需要时间和成本,即使在有大量空缺岗位的社会中,失去工作的人也不可能马上找到工作,摩擦性失业就产生了。

(二)结构性失业

结构性失业,是指在经济发展过程中,随着需求结构的变动和技术进步,产业结构会处于不断变动的过程中,各产业部门的分化组合此消彼长,也会产生失业人口,这部分失业人口称为结构性失业。

结构性失业的主要原因是劳动力在各个部门之间的转移和流动需要成本,如职业再培训、再教育等。

（三）周期性失业

周期性失业也称凯恩斯失业，是指在周期性的经济衰退或萧条中，产品市场上由于存在有效需求不足导致了劳动力市场的过度供给，从而引起的失业，这种失业也被称为非自愿失业。

周期性失业的根本原因在于工资刚性，即工资不能随劳动的供求变化快速调节到市场均衡工资水平。

三、充分就业与自然失业率

充分就业，是指在某一工资水平下，达到法定年龄的所有愿意接受工作的人都获得就业机会。在这种状态下，所有的失业人口均为摩擦性失业或结构性失业，而不存在任何周期性失业。

自然失业率就是指充分就业下的失业率。这个自然，不是指令人满意的意思，而是指这种失业率是无论如何也消除不了的。

自愿失业者，是指自愿不想寻找工作的失业者，或者由于不满意原有工作正在寻找新的工作的失业者。

所以说，充分就业是指除摩擦性失业和自愿失业之外，在一定年龄范围内，所有想就业者都已就业为充分就业。

从长期来看，失业率最终会回到自然失业率的水平。动态地看，自然失业率是两种自然力量共同作用的结果：一方面，部分失业人口经过一段时期以后能重新找到工作；另一方面，就业人口中又不断游离出新的失业人口。

四、失业的治理政策

（一）短期失业和长期失业

将短期失业和长期失业区分开来相当重要，因为这两种失业产生的原因和造成的影响完全不同。

短期失业一般属于摩擦性失业，主要原因在于寻找工作需要一定的时间，在这种情况下，失业的负担比较分散，因为不断有人进出失业队伍，因此短期失业使个人发生的损失较小。长期失业不能归因于寻找工作需要时间，可能是由于工资刚性造成劳动者供过于求，这时失业的负担主要由少数人承担，长期失业对个人的损失是巨大的。因此，失业的问题主要是长期失业的问题。

（二）主动和被动的失业治理政策

失业的治理政策，大致可分为主动失业治理政策和被动失业治理政策两类。主动失业治理政策还包括提供就业的信息服务，促使劳动力的自由流动以及采取一定的措施提高工资变动的灵活性，如寻找工资谈判分散化和提倡非指数化等等。被动的失业治理政策是基于失业是不可避免的这一假设，而失业又会给失业者带来经济困难和巨大的痛苦，甚至会造成社会的不稳定，因此，应该对失业者进行救济。

第二节 通货膨胀理论

一、通货膨胀的定义及测量

（一）通货膨胀的定义

通货膨胀，是指物价的持续上涨过程。

萨缪尔森认为："通货膨胀是指物品与要素价格的普遍上涨。"弗里德曼认为："通货膨胀是指货币数量的增加而引起的物价水平的上升。"夏皮罗认为："通货膨胀是指一般物价水平的持续上升，致使实际购买力下降。"萨缪尔森的定义描述了通胀的现象，弗里德曼更注重通胀的原因，而夏皮罗则强调了通胀的后果。

（二）通货膨胀的测量

通货膨胀的测量可采用价格指数和国民生产总值平减指数来测量。

价格指数，通常可采用消费者价格指数和生产者价格指数来表示，价格指数的计算，通常采用拉氏指数和帕氏指数的方法来计算。

拉氏指数：
$$L_p = \frac{\sum p_1 q_0}{\sum p_0 q_0} \times 100\%$$

帕氏指数：
$$P_p = \frac{\sum p_1 q_1}{\sum p_0 q_1} \times 100\%$$

国民生产总值平减指数：
$$D_{GNP} = \frac{报告期名义 GNP}{报告期实际 GNP} \times 100\%$$

二、通货膨胀缺口与通货膨胀类型

（一）通货膨胀缺口

凯恩斯认为，对商品和服务的总需求水平与可得到的供给数量之间存在缺口，则会引发通货膨胀（如图 15-1 所示）。

在图 15-1 中，横轴为总供给（或产量）水平，纵轴为总需求水平。Y_e 表示最大产量线或充分就业线。C 为消费，I 为投资，$C+I$ 是实现充分就业均衡所要求的总需求曲线，E 点为充分就业均衡点。

在 E_1 点，此时的实际需求 Y_1 低于充分就业所要求的总需求 Y_e，有效需求不足，存在失业，EE_1 为紧缩缺口。

在 E_2 点，此时的实际需求 Y_2 高于充分就业所要求的总需求 Y_e，有效需求过度，存在失业，FE_2 为通货膨胀缺口。

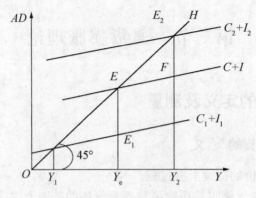

图 15-1 通货膨胀缺口

（二）通货膨胀类型

1. 需求拉动型通货膨胀

以太多的货币追求太少的产品，当需求在大范围的经济基础上超过生产能力时，价格水平上涨。

需求拉动型通货膨胀如图 15-2 所示。

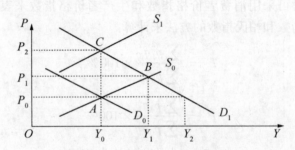

图 15-2 需求拉动型通货膨胀

在初始阶段，经济在 A 点达到均衡，即 $S_0 = D_0$。

随着政府支出增加，增加货币供给，这将导致总需求增加，总需求曲线由 D_0 右移到 D_1，由此，导致商品缺口 Y_0Y_1 和一般物价水平超额需求相应地提高。与此同时，劳动者的价格预期对于一般物价水平的变动所做的调整将具有短期的延时，所以刚开始他们会将名义货币工资的提高误认为实际工资的提高，这种幻觉导致就业和实际产量沿总供给曲线 S_0 顺着 AB 的方向增加，在 B 点达到均衡。此时，实际均衡产量为 Y_1，均衡价格为 P_1。

但 B 点并不是稳定的位置。随着物价水平的上升，工人会消除货币工资提高的幻觉，把价格预期确定在与物价上升相符的较高水平。此时，提高名义工资会使实际工资恢复到它的均衡水平，总供给曲线 S_0 将向左移动到 S_1，在 C 点形成新的均衡。C 点与 A 点相比，名义工资和物价水平都提高了。

需求拉动型通货膨胀分成两个不同的阶段：①AB 阶段，此时一般物价水平上升和产量与就业量的暂时增加；②BC 阶段，此时一般物价水平上升，供给函数对较高的成本进行调整。

2. 成本推动的通货膨胀

引起通货膨胀的原因在于成本的增加,如图 15-3 所示。

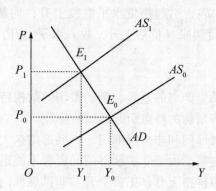

图 15-3 成本推动的通货膨胀

原来的总供给曲线 AS_0 与总需求曲线 AD 相交于 E_0 点,此时均衡产量为 Y_0,价格水平为 P_0。成本增加,使总供给曲线向左上方移动,移动到 AS_1,这时总需求曲线 AD 没有变化,此时的均衡产量为 Y_1,价格水平为 P_1。价格水平由 P_0 上升到 P_1 是由于成本的增加所引起的。

(1) 工资成本推动的通货膨胀。工资的提高,使生产成本增加,从而价格水平上升。

(2) 利润推动的通货膨胀。市场上具有垄断地位的厂商为了增加利润而提高价格所引起的通货膨胀。

(3) 进口成本推动的通货膨胀。进口的原材料价格上升所引起的通货膨胀。

3. 混合推动的通货膨胀

通货膨胀由总需求和总供给共同作用引起。

假设先由过度需求引起通货膨胀。过度的需求引起物价上升,物价上升又使工资增加,从而引起总供给成本增加,成本增加又引起成本推动的通货膨胀。如果通货膨胀是由成本推动开始的,即成本增加,引起物价上升。然后总需求增加,引起物价水平继续上升(如图 15-4 所示)。

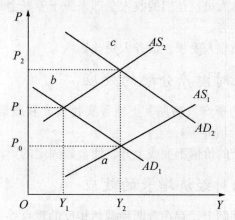

图 15-4 混合推动的通货膨胀

在图 15-4 中，成本增加，使总供给曲线 AS_1 左移到 AS_2，此时均衡物价水平由 P_0 上升到 P_1，这是成本推动的通货膨胀（价格上升，收入水平下降）。然后总需求增加，总需求曲线由 AD_1 移动到 AD_2，引起物价水平继续上升，均衡物价水平由 P_1 继续上升到 P_2，这是需求拉动的通货膨胀（价格上升，收入水平上升）。物价上升的过程是 $a \to b \to c$。

4. 结构性通货膨胀

各生产部门之间的劳动生产率的差异、劳动市场的结构特征和各生产部门之间收入水平的赶超速度等由于经济结构的特点引起的通货膨胀。

实体经济中可分为扩展部门和非扩展部门。扩展部门扩大生产，需要更多资源；非扩展部门生产收缩，资源过剩。由于非扩展部门的资源不能迅速流动到扩展部门，扩展部门将由于资源短缺，资源价格上升，工资上升。非扩展部门工资由于攀比行为，资源价格和工资不会下降，也会上升。因此，扩展部门的总需求过度，引起两个部门的成本增加，产生工资成本推动的通货膨胀。

三、通货膨胀的经济效应

（一）通货膨胀对就业和产出的效应

短期中突然的通货膨胀引起价格水平上升，工人实际工资降低，企业将增加雇佣工人、扩大产量，从而增加企业利润，最后使就业和国民收入增加（暂时性的）。

长期中预期内的通货膨胀，使产品价格上升，工人实际工资上升，企业生产成本增加，生产的扩大失去动力，将造成经济的停滞和倒退。

（二）通货膨胀对收入分配的效应

通货膨胀使以工资为主要收入来源的人们受到损失（货币资金的增长落后于物价上涨），而雇主则会得到好处。

对于以利息和租金取得收入的人来说，由于利息和租金是由合同定下来的，未能及时调整，在通货膨胀中也会受到损害。

损失最大的是离退休人员，他们的收入全部来源于养老金和老年社会补贴，不能及时提高养老金会使他们变穷。

总之，通货膨胀使债权人受损，债务人受益。

（三）通货膨胀对财产分配的效应

家庭财产分为可变的资产（房屋、土地等实物资产和股票等金融资产）和金额固定的资产（如储蓄存款、债券等）。

通货膨胀使可变资产的价值不变或上升，使金额固定的资产实际价值下降。

（四）通货膨胀对经济增长的效应

对待通货膨胀这一问题上，存在着两种截然相反的观点：一种观点认为，通货膨胀有利于经济增长。通货膨胀可以增加国民收入中的利润,减少工资的份额,加剧收入分配的不平等;由于富人的储蓄率大于穷人,从而提高了全社会的平均储蓄倾向,增加了投资比例。另一种观点是通货膨胀不利于经济增长。由于通货膨胀,人们不愿意储蓄和购买债券,不愿意持有金额固定的资产,而愿意购买如房屋等价格可变的资产,这样就减少了储蓄,抑制了投资。

第三节 失业与通货膨胀的关系:菲利普斯曲线

一、最初的菲利普斯曲线

最初的菲利普斯曲线是说明失业率和工资变动率之间交替关系的一条曲线。

英国伦敦经济学院教授菲利普斯于1958年在《经济学报》上发表了《1861—1957年英国的失业和货币工资变动率之间的关系》一文,指出失业率和货币工资变动率之间存在着一种此消彼长的关系。当失业率低时,劳动需求增加,必将推动工资迅速增长;当失业率较高时,劳动需求减少,工资的增长就会变得较低,甚至为负数,但由于工人要靠工资来维持基本生活,使得工资的下降有一个基本限度,这时工资的下降较慢,如图15-5所示。

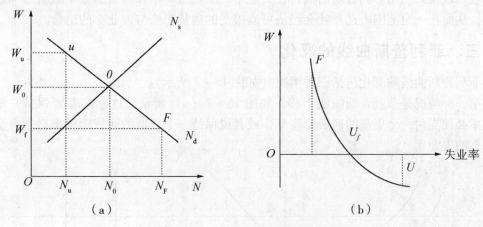

图15-5 最初的菲利普斯曲线

在图15-5(a)中,劳动市场在 O 点达到均衡,此时就业为 N_0,失业率为零(包括自愿失业)。在 F 点,劳动需求大于劳动供给,存在着过度就业,该点的工资率低于均衡水平,工资有向上压力。在 U 点,劳动需求小于劳动供给,存在失业,该点的工资率高于均衡水平,有向下压力。

在图15-5(b)中,U_f 相当于图15-5(a)中的 O 点,F 点对应于过度充分的就业状态,工资是上升的;U 点对应失业状态,工资是下降的。

U_f 点为正值,即菲利普斯曲线与横轴相交的交点的失业率为正值,表示工资增长率保持在稳定状态(变化率为零),必然有一定的失业。

二、修正的菲利普斯曲线

在描述工资变动率与失业率关系的最初的菲利普斯曲线的基础上，后来的经济学家又把工资变动率认同为物价上涨率（即通货膨胀率），于是，修正的菲利普斯曲线就被用来解释失业率和通货膨胀率之间的交替关系（如图 15-6 所示）。

图 15-6 中的 OP 为通货膨胀率，OU 为失业率。

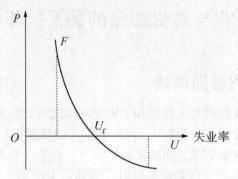

图 15-6 修正的菲利普斯曲线

在通货膨胀率与失业率之间存在交替性，降低通货膨胀率会提高失业率；降低失业率会提高通货膨胀率。因此，有的经济学家就提出，政府可以有意识地通过财政金融政策和收入政策来利用菲利普斯曲线，在失业率、工资变动率和通货膨胀率三者之间进行选择，从而在一定范围内选择社会经济可以接受的通货膨胀与失业率的组合。

三、菲利普斯曲线的恶化

菲利普斯曲线的恶化包括三种情况（如图 15-7 所示）。

第一种情况是菲利普斯曲线上移，如图 15-7（a）所示。这意味着要保持一定的就业率必须支付一个更高的通货膨胀率，或者说保持一个较低的通货膨胀率必须忍受一个更高的失业率。

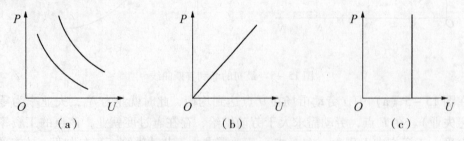

图 15-7 菲利普斯曲线的恶化

第二种情况是菲利普斯曲线向右上方倾斜，如图 15-7（b）所示。这意味着通货膨胀率与失业率正相关，市场失灵，不断上升的失业率与不断上升的通货膨胀率相伴随。

第三种情况是菲利普斯曲线垂直，如图 15-7（c）所示。这意味着通货膨胀率与失业率之间不再存在交替关系，无论通货膨胀率发生怎样变化，失业率也无变化。

第四节 治理通货膨胀的政策

一、财政政策

运用财政政策，治理通货膨胀的手段有二：一是增税，包括弥补财政赤字、减少企业和居民收入，降低消费支出；二是削减政府开支和转移支付，包括压缩居民消费等。从而减少总需求，抑制物价水平的上涨。

二、货币政策

运用货币政策，治理通货膨胀的手段包括提高商业银行法定准备率、提高中央银行贴现率和公共市场业务三项措施，以达到减少货币供给、提高利率、缩小信贷规模，以及压低投资水平、收入水平和价格水平的目的。

（1）提高法定准备率。可以压缩商业银行的存款准备金，削弱货币创造能力，达到紧缩贷款规模、减少投资、压缩货币供给量的目的。

（2）提高中央银行贴现率。抑制商业银行向中央银行的贷款需求，紧缩信用；同时它还可以增加商业银行的借款成本，使其要提高贷款利率和贴现率，加重了企业的利息负担，达到抑制企业贷款需求的目的。

（3）公开市场业务。向商业银行或企业、居民出售政府债券和有价证券，以减少商业银行的存款资准备金和企业、居民手中的现金，达到紧缩信用、减少市场货币供应量的目的。

三、收入政策

政府直接运用收入政策也可以抑制通货膨胀，通过法律控制来降低工资和价格增长的速度。法律控制的工资和价格，可以使通货膨胀率下降，但不能消除通货膨胀。从长期来看，工资和价格一直被冻结，会加剧劳动力和某些特定产品的短缺。因此，收入政策要成功运用，还必须同时执行紧缩性的总需求政策。如果总需求没有下降，只是工资和价格被冻结，这样将增加通货膨胀的压力，并最终爆发。

四、供给政策

政府通过供给政策来刺激生产和促进竞争，从而增加就业和社会的有效供给、平抑物价、抑制通货膨胀。其主要措施有：①放宽产业管制，刺激竞争；②实行减税和改税，减轻居民和企业税赋；③严格控制货币供给，支持一切紧缩措施，使货币发行量与经济增长同步。

第十六章　经济周期与经济增长理论

第一节　经济周期理论

一、经济周期的定义与阶段

（一）经济周期的定义

经济周期，是指市场经济生产和再生产过程中周期性出现的经济扩张与经济紧缩交替更迭、循环往复的一种现象。每一个经济周期分成繁荣、衰退、萧条和复苏四个阶段。

20世纪20年代末，西方资本主义国家普遍爆发经济危机。而从19世纪初开始，西方国家大约每隔十年就会爆发一次经济波动。于是，众多经济学家开始以国民收入为中心对这一经济现象进行研究，多数经济学家认为，经济危机是经济周期性波动的一个阶段，是国民收入及经济活动的周期性波动。

经济周期的中心是国民收入的波动，正是由于这种波动才引起了失业率、物价水平、利率、对外贸易等经济活动的波动。同时，经济周期又是经济中不可避免的波动，表现为繁荣与萧条的交替。

（二）经济周期阶段

经济周期阶段的划分，可以以经济周期的波动线与长期经济增长线的交点作为划分标准，将经济周期分成繁荣、衰退、萧条和复苏四个阶段。其中，繁荣与萧条是两个主要阶段，衰退与复苏是两个过渡性阶段，如图16-1所示。

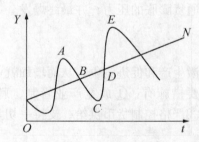

图16-1　经济周期阶段

图16-1中，$A-B$ 为衰退阶段，$B-C$ 为萧条阶段，$C-D$ 为复苏阶段，$D-E$ 为繁荣阶段。

$A-E$ 为一个经济周期，$A-C$ 经济趋势下降，又称收缩阶段；$C-E$ 经济趋势上升，又称扩张阶段。经济周期各阶段的具体情况如下。

1. 衰退阶段

此阶段，经济处于温和的收缩时期，投资减少，消费下降，生产下滑，有效需求降低，失业率上升，部分厂商由于产品积压而倒闭。

2. 萧条阶段

此阶段，经济处于剧烈的收缩时期，社会投资继续下降，物价水平持续走低，劳动力大量失业。

3. 复苏阶段

此阶段，经济活动日趋活跃，国民收入开始回升，投资、就业率、收入和消费开始上升，经济开始不断扩张。

4. 繁荣阶段

此阶段，国民经济活动高于正常水平，此时，社会有效需求量增加，产品热卖，投资活动频繁，就业率上升，社会呈现繁荣景象。

经济周期的四个阶段又称之为古典经济周期，在经济的衰退或萧条阶段，整个经济活动中存在着绝对的下降。现今由于科技的进步，政府宏观调控能力的增强，古典经济周期的萧条阶段已不再明显，仅仅表现为经济增长率的减缓或阻滞，而并不是古典经济周期增长方向的倒转。

二、经济周期的分类

根据经济波动的周期长度为依据，将经济周期分为以下四类。

（一）基钦周期

基钦周期又称短周期，平均长度约为 4 年，由英国经济学家基钦于 1932 年提出，这个周期包含了对经济发展影响相对较小、时间较短的周期。

（二）朱格拉周期

朱格拉周期又称大周期，平均长度约为 8 年，由法国经济学家朱格拉在 1860 年提出，一个朱格拉周期约含两个基钦小周期。

（三）库兹涅茨周期

库兹涅茨周期由美国经济学家库兹涅茨提出，这种周期一般发生在房屋建筑业等部门，对经济发展有较大影响。

（四）康德拉季耶夫周期

康德拉季耶夫周期又称长周期，平均长度约为 50 年，由苏联经济学家康德拉季耶夫在 1925 年提出。

三、经济周期的原因

关于经济周期的原因,经济学家提出了不同的理论解释,主要存在下述观点。

(一) 消费不足理论

此说法提出较早,持该观点的经济学家也很多。他们认为,由于消费不足,引起经济衰退。但是对于消费不足的解释缺乏完整的理论体系。

(二) 心理的经济周期理论

持这种观点的经济学家也很多,他们把心理因素看成了经济波动的原因。他们认为,乐观的预期导致过多的投资及经济的持续扩张,悲观的预期将导致投资大幅度的减少,引起经济的衰退。

(三) 纯货币理论

持此观点的经济学家认为,经济波动纯粹是由货币引起的,通货的膨胀和紧缩,引起了商业周期波动。

(四) 投资过度理论

该理论认为,经济波动的原因主要是资本品的生产过度从而导致生产比例失调。由于投资的增加,经济中对资本品的需求增加,导致资本价格上升,这使得投资集中于资本品行业;而消费品行业却不能得到相应的发展,于是经济结构发生失衡,最终导致大量生产能力的闲置,引起经济萧条,发生经济波动。

(五) 太阳黑子理论

该理论认为,太阳黑子的出现,引起气候的变化,导致农业减产,从而影响到工业、商业、消费和投资等方面,从而出现经济萧条。

(六) 政策循环理论

该理论将经济波动的原因归于政府为对付通货膨胀和失业而采取的政策的不适时或不适量。通过货币和财政政策,可以使总需求水平发生强烈波动,由于各种经济政策的时滞和经济预测的误差,使政府为保持经济稳定而采取的各种政策反而造成了经济波动。

(七) 创新理论

创新是指生产手段的新结合。该理论认为,企业为追求高额利润,必然不断创新,使经济进入繁荣阶段。经过一段时间之后,新产品或新技术被大多数厂商掌握,原有的超额利润消失,投资减少,经济开始衰退,直至经济进入下一轮新的高潮。

（八）凯恩斯学派的经济周期理论

凯恩斯学派的经济周期理论有以下要点：

（1）国民收入水平取决于总需求，经济波动的主要原因在于总需求。

（2）在总需求中，影响最大的因素是投资。在总需求中，消费需求比较稳定，政府支出可人为控制，净出口的比例较小，只有投资需求最不稳定，对经济的稳定运行影响最大。

此外，理性预期学派强调了预期失误是经济周期的原因。

四、加速数原理作用的国民收入过程

加速数原理描述了投资对于经济增长的促动作用。

动态模型消费函数为：

$$C_t = a + bY_{t-1}$$

同理，动态投资函数为：

$$I_t = I_0 + I_i$$

式中，I_0 为自发投资，I_i 为引致投资。

由于 $I_i = \omega \times \Delta Y$（$\omega$ 为加速数，ΔY 为国民收入的变化量），

消费量与产量之间存在着稳定的依存关系：

$$b = \Delta C / \Delta Y$$

所以

$$I_i = \omega \times \Delta Y = \omega \Delta C / b$$

两部门经济均衡条件：

$$Y_t = C_t + I_t = C_t + S_t$$

所以

$$Y_t = C_t + I_t = a + bY_{t-1} + I_0 + \omega \Delta C / b$$
$$Y_t = a + bY_{t-1} + I_0 + \omega (C_t - C_{t-1}) / b$$

举例如下：

现假设消费函数 $C_t = 10 + 0.6Y_{t-1}$，$\omega = 0.9$，自发投资为 40 亿元，第一期的引致消费为 60 亿元，试计算从第 1 期到第 10 期的国民收入。

$$Y_t = a + bY_{t-1} + I_0 + \omega (C_t - C_{t-1}) / b$$
$$Y_t = 10 + 0.6Y_{t-1} + 40 + 1.5 (C_t - C_{t-1})$$

第一期国民收入 $Y_1 = 10 + 60 + 40 = 110$（亿元）

第二期国民收入 $Y_2 = 10 + 0.6 \times 110 + 40 + 1.5 \times (76 - 70) = 125$（亿元）

第三期国民收入 $Y_3 = 10 + 0.6 \times 125 + 40 + 1.5 \times (85 - 76) = 138.5$（亿元）

……

如此计算，国民收入各期的变化过程示例如表 16-1 所示：

表 16-1 国民收入各期的变化过程示例（单位：亿元）

期	自发消费	引致消费	自发投资	引致投资	国民收入	经济变化
1	10	60	40	—	110	复苏
2	10	66	40	9	125	复苏
3	10	75	40	13.5	138.5	复苏
4	10	83.1	40	12.1	145.2	复苏
5	10	87.1	40	6.1	143.2	繁荣
6	10	85.9	40	-1.8	134.1	衰退
7	10	80.5	40	-8.2	122.3	衰退
8	10	73.4	40	-10.7	112.7	衰退
9	10	67.6	40	-8.6	109.0	萧条
10	10	65.4	40	-3.3	112.1	复苏

从表 16-1 可见，在第 1 期到第 4 期，国民收入逐渐增长，经济逐步复苏，在第 4 期时，经济达到繁荣的峰顶；从第 5 期到第 8 期，国民收入开始逐步下降，经济逐步衰退，处于衰退期，并在第 8 期达到萧条的峰谷；从第 9 期开始，国民收入又开始增长，经济又开始复苏，进入下一个经济周期。

一般来说，加速数原理具有以下特点：

（1）投资不是产量或收入绝对量的函数，而是产量或收入量变动率的函数（引致投资）。

（2）投资的变动大于产量或收入的变动，即产量或收入量较小幅度的增加或减少，都会引起总投资较大幅度的增加或减少，主要是因为 $\omega > 1$ 的原因。

（3）要想使投资增长率不下降，产量或收入量就必须保持一定比率的增长（引致投资）。

五、汉森-萨谬尔森模型

国民收入的变化通过加速数对投资产生加速作用，而投资的变化又通过投资乘数使国民收入成倍变化，加速数和投资乘数的相互作用便导致了国民收入周而复始的上下波动。这一理论由美国经济学家汉森和萨谬尔森提出，所以又称汉森-萨谬尔森模型。

当经济进入复苏阶段后，投资需求增加，产生乘数作用，使国民收入成倍增长；成倍增长的国民收入又通过加速数引起投资的加速增加。因此，投资乘数与加速数的相互作用使一国经济迅速膨胀，但是投资的不断增加，需要保持国民收入的持续高速增长。由于投资乘数作用条件的限制（其中一个条件是需要社会有大量闲置资源），经济的高速增长又不可能永远保持下去，这样，放慢的经济增长速度导致加速数的反向作用，使投资急剧减少，经济由繁荣转向衰退。

当经济开始衰退后，总投资的下降总有一个限度，随着经济的衰退和萧条，经济中又开始出现闲置资源，这时，加速数的作用受到限制，投资乘数的作用越来越大，重置投资的乘数作用使收入逐渐回升，经济萧条开始进入复苏阶段。

投资乘数－加速数相互作用对经济产生如下影响：

（1）在经济中，投资、国民收入、消费相互影响、相互调节。如果经济自发调节，由于乘数－加速数的作用，将形成经济周期。投资是关键，经济周期是由投资引起的。

（2）由于投资乘数的作用，投资增加引起产量成倍增加，成倍增加的产量由于加速数的作用，又引起投资的成倍增加，这样，经济出现繁荣。当产量达到一定水平后，社会需求与资源的限制无法再增加，此时，由于加速数原理的作用，引起投资减少，投资的减少又由于乘数作用使产量成倍减少，从而又使经济进入萧条。萧条持续一定时期后，由于产量的回升，又使投资增加，产量也增加，从而使经济进入另一次繁荣。

（3）对于经济周期的波动，政府可以实施相应经济政策加以干预。

第二节　经济增长理论

一、经济增长的定义

经济增长，是指一国在一定时期内商品和劳务总供给量的增加，也就是社会经济规模的扩大。

美国经济学家库兹涅茨对经济增长的定义为：给居民提供种类日益繁多的经济产品的能力长期上升，这种不断增长的能力是建立在先进技术以及所需要的制度和思想意识相适应调整的基础上的。

经济增长一般包括以下含义：

（1）经济增长是商品和劳务总量的增加，也即实际国民生产总值的增加。

（2）人均国民生产总值也是增加的。

（3）技术进步是实现经济增长的必要条件。

（4）经济增长的充分条件是社会制度与思想意识的相应调整。

二、经济增长的指标

经济增长率公式为：

$$G = \Delta Y_t / Y_{t-1}$$

在上式中，G 为经济增长率（一般用可比价格或固定价格计算），ΔY_t 为本年经济增量，Y_{t-1} 为上年经济总量。

年平均经济增长率：$r = \sqrt[n]{\dfrac{Y_t}{Y_0}} - 1$

上式中，r 表示年平均经济增长率，Y_t 表示期终年份的 GNP，Y_0 表示初始年份的 GNP。

三、经济增长理论的发展

经济增长理论的发展经过以下三个阶段。

第一阶段：20世纪50—60年代，高速增长理论。认为经济的高速增长不仅是一国实现充分就业的保证，也是保持其国际地位的先决条件。

第二阶段：20世纪60年代末至70年代，零经济增长理论。由于"二战"后的高速经济增长，带来了一系列负面经济效应，认为长期的经济增长必定带来世界经济的崩溃。

第三阶段：20世纪80年代后期，新经济增长理论，认为技术进步是经济增长的核心。

四、新古典经济增长模型（索罗模型）

哈罗德－多马模型说明，只要经济不在均衡状态，就不能依靠其内存机制恢复稳定增长，并使经济越来越背离均衡状态。为解决经济增长的稳定性的问题，美国经济学家索罗等人提出了新古典经济增长模型（索罗模型）。

（一）新古典经济增长模型的基本假定

（1）社会只有一个部门生产一种产品。

（2）生产中只使用资本和劳动两种生产要素，生产要素价格和生产中投入的比例是变化的。

（3）市场为完全竞争市场，所有资源可以得到充分利用。

（4）生产中规模收益不变，要素的边际生产力递减，要素报酬取决于边际生产力。

以上假定，资本和劳动可以互相替代，并随时调节资本产出比，因此，实际经济增长率总是等于合意经济增长率，经济总是可以自动实现稳定增长的。

（二）技术水平不变条件下的新古典经济增长模型

新古典经济增长模型认为经济的生产函数符合边际生产力递减和规模收益不变假设的柯布－道格拉斯生产函数，即：

$$Y = A \cdot K^{\alpha} L^{1-\alpha}$$

在不考虑技术进步的条件下，全部产品是由资本和劳动生产出来的，因此，产量的增加也就取决于资本投入量的增加和劳动投入量的增加，即：

$$\Delta Y = \Delta Y(K, L) + \Delta Y(K, L)$$

资本边际生产力（资本边际产量）$MPP_K = \Delta Y(K, L)/\Delta K$

劳动边际生产力（劳动边际产量）$MPP_L = \Delta Y(K, L)/\Delta L$

所以，产量的增量：

$$\Delta Y = MPP_K \cdot \Delta K + MPP_L \cdot \Delta L$$

上式两边同时除以 Y，得 $\dfrac{\Delta Y}{Y} = \dfrac{MPP_K \cdot K}{Y} \cdot \dfrac{\Delta K}{K} + \dfrac{MPP_L \cdot L}{Y} \cdot \dfrac{\Delta L}{L}$

又因为要素报酬取决于边际生产力，所以投入量为 K 的资本所得要素收入为 $MPP_K \cdot K$，投入量为 L 的劳动所得要素收入为 $MPP_L \cdot L$，即：

$$Y = MPP_K \cdot K + MPP_L \cdot L$$

所以有：

$$\frac{MPP_K}{Y} \cdot K + \frac{MPP_L}{Y} \cdot L = 1$$

在上式中，$MPP_K \cdot K/Y$ 就是资本对总收入的贡献，称为资本的产量份额，相当于柯布－道格拉斯生产函数中的 α；$MPP_L \cdot L/Y$ 就是劳动对总收入的贡献，称为劳动的产量份额，相当于柯布－道格拉斯生产函数中的 $(1-\alpha)$。于是，可以用柯布－道格拉斯生产函数来表示经济的增长，即得到技术条件不变下的新古典经济增长模型的基本公式：

$$\Delta Y/Y = \alpha \cdot (\Delta K/K) + (1-\alpha) \cdot (\Delta L/L)$$

上式表明，经济的增长率是资本存量增长率和劳动力增长率的加权平均数，权数即为资本和劳动对国民收入的贡献，即资本和劳动所创造的收入在总收入中的比例。

经济增长还要考虑人均收入增长率。假定人口增长率与劳动力增长率（$\Delta L/L$）相同，那么人均收入增长率大致等于（$\Delta Y/Y - \Delta L/L$）。

因为　$\Delta Y/Y = \alpha \cdot (\Delta K/K) + (1-\alpha) \cdot (\Delta L/L)$

所以　$\Delta Y/Y - \Delta L/L = \alpha \cdot (\Delta K/K) + (1-\alpha) \cdot (\Delta L/L) - \Delta L/L$

得　$\Delta Y/Y - \Delta L/L = \alpha \cdot (\Delta K/K - \Delta L/L)$

上式表明，在技术条件不变的条件下，人均收入增长率取决于资本、劳动力投入量的增加速度和资本对产量的贡献。

若 $\Delta K/K > \Delta L/L$，则资本增长快于劳动力增长，人均经济增长率为正；若 $\Delta K/K < \Delta L/L$，即资本增长慢于劳动力增长，人均经济增长率为负；若 $\Delta K/K = \Delta L/L$，即资本增长等于劳动力增长，人均经济增长率为零。要使人均收入有所增加，必须保证资本的增加速度比劳动力增加速度更快，即人均资本拥有量必须增加。

（三）技术进步条件下的新古典经济增长模型

技术进步可看成是独立于劳动和资本的另一个生产要素，用 $\Delta A/A$ 来表示技术进步率，也即 $\Delta A/A$ 表示技术进步所带来的经济增长率。

因为技术水平不变时　$\Delta Y/Y = \alpha \cdot (\Delta K/K) + (1-\alpha) \cdot (\Delta L/L)$

所以技术进步条件下，新古典经济增长模型基本公式为：

$$\Delta Y/Y = \alpha \cdot (\Delta K/K) + (1-\alpha) \cdot (\Delta L/L) + \Delta A/A$$

由上式可以看出：①决定经济增长的因素是资本的增加、劳动的增加和技术进步；②资本－劳动比率是可变的，从而资本－产量比率也是可变的；③资本－劳动比率的改变是通过价格的调节进行的。如果资本量大于劳动量，则资本的相对价格下降，劳动的相对价格上升，从而使生产中更多地利用资本，更少地利用劳动，即通过资本密集型技术来实现经济增长；反之，如果资本量小于劳动量，则资本的相对价格上升，劳动的相对价格下降，从而使生产中更多地利用劳动，更少地利用资本，即通过劳动密集型技来实现经济增长。

同理,技术进步条件下人均经济增长率:

$$\Delta Y/Y - \Delta L/L = \alpha \cdot (\Delta K/K - \Delta L/L) + \Delta A/A$$

由上式可以看出,由于存在技术进步,即使资本的增加慢于人口的增加速度,仍有可能使人均收入增加。

(四) 经济长期稳定增长的条件

新古典经济增长模型认为,长期中实现均衡的条件是使储蓄全部转化为投资,在这种情况下,储蓄倾向不变,劳动增长率不变,则长期稳定增长的条件是使经济增长率($\Delta Y/Y$)与资本存量增长率($\Delta K/K$)必须相等,即:

$$\Delta Y/Y = \Delta K/K$$

如果$\Delta Y/Y > \Delta K/K$,意味着收入的增加快于资本存量的增加,从而资本生产率提高,这将刺激厂商用资本代替劳动。使用资本量的增加,一方面使资本边际生产率下降,另一方面也使资本价格提高,从而最终会减少资本使用量,最后达到$\Delta Y/Y = \Delta K/K$。

五、新剑桥经济增长模型

英国经济学家罗宾逊和卡尔认为,索罗模型中关于资本和劳动可以完全替代的假设是不符合客观实际的,经济的长期稳定增长不可能由资本－产出比灵活调节而达到。因此,他们提出了新剑桥经济增长模型。

(一) 新剑桥经济增长模型的基本假定

(1) 社会成员分为利润收入者与工资收入者两个阶级。
(2) 社会总收入分为利润收入和工资收入。
(3) 利润收入者与工资收入者的储蓄倾向不变。
(4) 利润收入者的储蓄倾向大于工资收入者的储蓄倾向。

(二) 基本公式

设:国民收入为Y,利润收入为P,工资收入为W,则有:

$$Y = P + W$$

于是有:

$$P/Y + W/Y = 1$$

即利润收入在国民收入中所占份额与工资收入在国民收入中所占份额之和等于1。

设利润收入者的储蓄倾向为S_p,工资收入者的储蓄倾向为S_w,由假设可知:$S_p > S_w$。

全社会的储蓄率:

$$s = \frac{S}{Y} = \frac{S_p \cdot P + S_w \cdot w}{Y} = S_p \cdot \frac{P}{Y} + S_w \cdot \frac{W}{Y}$$

哈罗德-多马模型：
$$G = s/J$$

所以得出新剑桥经济增长模型：
$$G = \frac{s}{J} = \frac{S_p \cdot \frac{P}{Y} + S_w \cdot \frac{W}{Y}}{J}$$

从新剑桥经济增长模型来看，由于客观技术条件的制约，资本-产出比率 J 是相对稳定的，要想经济长期稳定增长，储蓄率 s 应具有可变性。在利润所得者和工资所得者的储蓄倾向既定的条件下，只能通过国民收入分配中改变利润和工资的份额 P/Y 和 W/Y，才能达到改变储蓄总量从而调整储蓄率 s 的目的。

因此，经济要保持长期稳定增长，利润和工资在国民收入中就要保持一定比例。随着经济经济增长，在国民收入分配中，利润的比率在提高，工资的比率在下降。因为 $S_p > S_w$，所以利润收入者的收入在国民收入中占的比例增大时，全社会的储蓄比例增大；反之，当利润收入者的收入在国民收入中占的比例减少时，全社会的储蓄比例将减少。所以，经济增长的结果也加剧了收入分配的不平等。

六、关于经济增长因素的分析

（一）库兹涅茨对经济增长的分析

1. 经济增长的条件

库兹涅茨认为，现代经济增长的源泉是科学技术的进步，因此，以下三个要素是非常重要的：一是需求对物质资本和人力资本进行大量投资；二是应具备企业家才能；三是存在对产品的需求。

2. 效率的增长和产业结构的变化

库兹涅茨通过实证研究，认为在现代经济增长中，生产效率的提高在总量增长中发挥越来越大的作用。在人均国民生产总值的增长中，75%归于效率的提高，25%归于生产资源投入增长。科学技术的进步，则改善了产业结构、资源配置，提高了生产效率。

3. 收入分配结构的变化

随着经济的增长，收入分配结构将呈以下变化趋势：

（1）财产收入在国民收入中的比例大大下降，劳动收入在国民收入中的比重趋于上升。

（2）国民收入在个人和居民之间分配的差别明显缩小。

4. 产品使用结构的变化

（1）政府消费在总产值中的比重趋于上升。

（2）总资本形成有国民资本形成和国内资本形成之分，国民资本形成表示一个国家的储蓄；国内资本形成，表示一个国家的资本存量的增量。

（3）个人消费在总产值中的比重趋于下降。

（4）人们的消费结构发生变化。

5. 现代经济增长的特征

库兹涅茨认为，现代经济增长的特征有以下六个方面：

（1）人均 GNP 和人口呈加速增长趋势，但人均产值的增长率要高于人口的增长率。

（2）由于技术进步的推动，生产率不断提高。

（3）在经济增长过程中，经济结构的转变率很高，经济结构的转变又推动了经济更快地增长。

（4）经济增长伴随着社会结构与意识形态的迅速改变。

（5）经济增长不是一国的独特现象，而是在世界经济范围内迅速扩大，成为各国追求的目标。

（6）经济增长在世界范围内不是平衡的，因而世界经济增长受到限制。

（二）肯德里克对全要素生产率的分析

美国经济学家肯德里克对美国不同时期（1948—1969 年）生产率的发展趋势进行了研究，以确定生产率提高对经济增长的作用。

肯德里克提出了全要素生产率的概念，认为产量和某一种特定生产要素投入量的比率是部分生产率，产量和全部生产要素投入量的比率是全要素生产率。

以 T_t 代表 t 年全要素生产率，则有：

$$T_t = \frac{Q_t}{\omega_0 L_t + i_0 K_t}$$

上式中，Q_t 表示 t 年的总产量，L_t、K_t 分别为 t 年劳动与资本的投入量，ω_0 与 i_0 为基期的劳动实际小时工资率与资本实际小时报酬率。

如果用指数形式来表示，则这一指数可表示为：

$$\frac{T_t}{T_0} = \frac{\frac{Q_t}{Q_0}}{a\left(\frac{L_t}{L_0}\right) + b\left(\frac{K_t}{K_0}\right)}$$

$a = \omega_0 L_0 / Q_0$，$b = i_0 K_0 / Q_0$，a、b 是劳动与资本在基期产量中的份额。

根据上式，肯德里克根据实证研究得出，经济增长中来自要素投入量增加的比例和来自生产率提高的比例大致为 1∶1，全要素生产率提高对经济增长的贡献已超过要素投入量的增加。

（三）丹尼森对经济增长因素的分析

丹尼森利用肯德里克的全要素生产率理论进行分析，得出了重要结论。丹尼森认为，对长期增长发生作用并能影响增长率变动的经济因素主要有以下七类：

（1）就业人数及年龄–性别构成。

（2）包括非全日工作的工人在内的工时数。

（3）就业人员的教育年限。

（4）资本存量的大小。

(5) 资源配置：低效率使用的劳动力比重的减少。
(6) 规模经济。
(7) 知识进展和它在生产上的应用。

丹尼森通过定量分析认为，资本投入量增加对经济增长的促进作用是日益提高的；劳动力投入量在经济增长中起着十分重要的作用，其中，除就业量外，教育是对经济增长贡献最大的一个因素。

七、新经济增长理论

从 20 世纪 50 年代到 80 年代，新古典经济增长理论一直在经济增长研究中居于主导地位。然而，经过这 30 年时间的考验，新古典经济增长模型有两个重要假设存在缺陷：一是完全竞争市场与现实相悖；二是规模收益不变同经济中的现实情况不符。对现实不能做出令人满意的解释，也提不出相应的政策建议。于是，在 20 世纪 80 年代，通过修正新古典经济增长理论的基本假设，把技术进步作为内生变量，把劳动力作为人力资本投资，使经济增长理论出现重大突破。

主要有以下三种新经济增长理论。

（一）罗默尔的新经济增长论

美国经济学家罗默尔把知识积累看作经济增长的一个独立因素，特殊的知识和专业化的人力资本是经济增长的最重要源泉，它能形成自身的递增收益，而且使得投入的劳动和资本产生递增的收益，整个经济的规模收益也是递增的。

罗默尔模型为：

$$Q_i = F(K_i, KX_i)$$

式中，Q_i 指厂商的产量；F 指所有厂商的连续微分生产函数；K_i 指厂商生产的专业化知识；K 指所有厂商都可使用的一般知识；X_i 指 i 厂商的物质资本和劳动等追加生产要素投入的总和。

在模型中，罗默尔将知识区分为一般知识和专业化知识。一般知识可使全社会获得规模经济效应，专业化知识可给个别厂商带来超额利润。作为独立因素的知识积累不仅自身产生递增收益，还使其他要素的收益递增，进而使全社会的收益递增。知识的积累可以实现社会总产出的规模收益递增，这是经济长期均衡稳定增长的重要保证和主要源泉。

从世界范围来看，国际贸易可以加快知识积累，提高世界总产出水平。对穷国来讲，通过国际贸易可以引进其他国家的新技术来提高本国的劳动生产率，引进新技术还可以把节约的用于研究与开发的资源用于其他方面。所以，引进新技术是穷国迅速走上富国之路的重要途径之一。

（二）卢卡斯的新经济增长论

美国经济学家卢卡斯在 1988 年提出了一个专业化的人力资本模型（卢卡斯模型），把经济增长中的技术进步具体化，将其体现在生产中的一般知识上，表现为劳动技能的人力资本。

卢卡斯将资本划分为物资资本和人力资本，人力资本又分为全社会共同拥有的一般知识形式的人力资本和表现为劳动者技能的专业化的人力资本；认为只有专业化的、特殊的、表现为劳动者技能的人力资本才是经济增长的真正源泉，是推动经济增长的重要动力。

人力资本具有两种效应：一是内在效应。内在效应可通过教育形成、可产生收益递增，并获得高收入。二是外在效应。外在效应是劳动者经验效应，在"边学边干"中形成，表现为资本与其他要素的收益都递增。各国人力资本的差异导致了各国在经济增长率和人均收入方面的差异。

（三）斯科特的新经济增长论

英国经济学家斯科特提出了资本投资决定技术进步的模型。他认为，经济增长率主要决定于资本投资率和劳动生产率的增长率。斯科特强调，资本投资是技术进步的源泉，是经济增长的决定性因素。

新经济增长理论虽然在理论上还不是很成熟，但是在某些理论上有所突破。首先，该理论直观说明了技术进步对经济增长的作用，强调知识积累与人力资本。其次，论证了资本投资与技术进步的因果关系，说明了资本积累对促进技术进步及整个经济增长的作用。最后，该理论较好地解决了现代世界穷国与富国差距巨大等现实问题，强调了国际贸易对一国经济增长的重要作用。

第十七章 宏观经济政策

宏观经济政策包括宏观货币政策、宏观财政政策、收入政策、国际收支政策四大类。宏观政策的主要目标在于促进经济增长、保障充分就业、稳定物价和国际收支平衡。在这些目标之间，政策运用会发生冲突。最优政策的选择就是在于在实现主要政策目标的同时，把政策的负作用降低到可能小的限度。

第一节 宏观货币政策

一、货币政策及其目标

货币政策，是指中央银行为达到特定的宏观经济目标而采取的金融方针和各种调节措施。它是货币政策目标和货币政策工具的总和，其作用机理是通过对货币供应量的调节和控制，来实现货币总供给与总需求的平衡。

货币政策目标一般分为最终目标和中间目标。

（一）货币政策的最终目标

货币政策的最终目标是经济增长、稳定物价、充分就业和国际收支平衡。

1. 经济增长

在现实经济中，大多数国家一般采用人均国民生产总值的增长率来衡量经济增长。

中央银行通过调节货币总量、结构、投向，有效地调节经济增长。

2. 稳定物价

稳定物价的基本含义是控制货币贬值和物价水平的上涨，在一般情况下，它与"反通货膨胀"在实质上是一致的。

目前，常用的测量一般物价水平变动的物价指数有消费物价指数、批发物价指数等。从实际操作来看，一般要求物价上涨率控制在3%左右。

稳定物价就是要控制货币投放，这与投资需要大量货币来促进经济增长的要求相矛盾。因此，中央银行要处理好稳定物价与经济增长的关系。

3. 充分就业

充分就业是指凡有工作能力并愿意工作者，在某一工资水平下，都能找到适当的工作。

由于工作转换、职业选择等因素，即使就业机会大于就业人数，也有可能存在暂时性失业。

凯恩斯将失业分为摩擦性失业、自愿失业和非自愿失业三类。摩擦性失业和自愿失

业是一种正常的失业现象，真正的失业是指非自愿失业。一般失业率低于5%可以算是充分就业。

4. 国际收支平衡

国际收支平衡，是指一国在一定时期内对外货币收入总额和货币支出总额大体相等的状况。

国际收支逆差会引起本国货币对外贬值，进而影响国内货币的稳定。国家应通过货币政策，支持出口企业的生产，扩大商品出口，以平衡国际收支。

平衡国际收支可采用利率和汇率手段。一方面，利率的变动可影响国内投资，从而对国内消费、物价水平产生调节作用，从而对进出口产生间接的连锁反应。另一方面，利率的变动可以产生资本流动的作用。如果一国利率较他国高，他国资本会流入该国，本国资本外流停止。资本流入增加，流出减少，可调节国际收支逆差。

当一国出现国际收支逆差时，可以运用本币贬值的手段，使本国货币的对外汇率偏低，则该国输出商品和劳务的价格偏低，输入的商品和劳务的价格较其他国家高，将使出口增加、进口减少，从而改善国际收支状况。相反，当出现国际收支顺差的手段，则可使本币升值来改善国际收支状况。

（二）货币政策的中间目标

货币政策的中间目标，是指中央银行运用货币政策的工具实施调节，在尚未实现最终目标之前所能达到的具有传导作用的中间变量目标。

1. 货币供应量

货币供应量增减变动直接影响经济活动。货币供应量的增减变动可以由中央银行直接控制。增加货币供应量，中央银行实施宽松的货币政策；减少货币供应量，表示实施紧缩的货币政策。

2. 基础货币

基础货币是指能够派生出信用的货币，由法定准备多金、超额准备金和流通中的现金三部分构成。可以从三个方面理解基础货币：①它是中央银行的负债；②它由中央银行直接控制，金融机构的存款储备金取决于中央银行的再贴现和再贷款，以及法定存款准备金比率水平，有较强的可控性；③它具有扩张和收缩货币总量的特殊功能。

3. 超额准备金

中央银行不管运用何种政策工具，都必将首先改变商业银行的超额准备金，然后对最终目标产生影响，变动超额准备金是货币政策传导的必由之路。

4. 利率

利率可反映货币与信贷的供给状态，而且能够表现供给与需求的相对变化，因而成为货币政策的中间目标。

当经济增长时，会增加对信贷的需求量，利率水平相应地会提高；当经济下降时，会减少对信贷的需求量，利率水平会相应下降。中央银行可以根据利率的升降变化，确定对社会的货币供应量，扩大或收缩银根，以适应经济发展。

中央银行还可以通过变动利率水平来调节经济。当货币供应量过多导致通货膨胀时，可以通过提高利率紧缩银根，稳定币值与物价；当经济不景气时，可以通过降低利率，刺激需求，刺激经济的增长。

二、货币政策的类型

（一）扩张性货币政策

扩张性货币政策，是指通过提高货币供给增长率，从而增加信贷的可供量，降低利率，来刺激总需求的增长。其使用条件为社会总需求低于总供给，资源未被充分利用，失业率很高，即在经济萧条时，选择这种货币政策最为合适。

在经济处于萧条时期，采取扩张性货币政策，既可以扩大社会支付能力，又可以压低利率，而低利率既能刺激消费，又能刺激投资。

（二）紧缩性货币政策

紧缩性货币政策，是指通过降低货币供给增长率，从而减少信贷的可供量，随之提高利率，来削弱总需求的增长。在经济过热、通货膨胀严重的情况下，选择这种货币政策最为合适。

在货币发行过度、社会总需求严重超过总供给的情况下，紧缩性货币政策会使货币供应量小于货币的实际需要量，从而使货币供应量所代表的总需求减少，最终抑制总需求的迅速增长，使社会总需求与总供给趋于平衡。

在货币发行适度、社会总需求与总供给大体平衡的情况下，实施紧缩的货币政策，会使货币供应量小于货币的实际需要量，从而抑制总需求的正常增长，造成社会总需求低于总供给的增长，经济出现停滞。

在货币供应量过小、社会总需求过分地小于总供给的情况下，实施紧缩的货币的政策，使货币供应量更小于货币的实际需要量，从而进一步抑制总需求的增长，造成有效需求的极度疲软，生产能力的闲置和资源的浪费更大。

（三）均衡性货币政策

均衡性货币政策，是指通过调整社会总产值或国民收入增长率来控制货币供应量，从而使货币供应量与货币需要大体相等。在社会的总需求与社会的总供给大体平衡的情况下，选择这种货币政策最为合适。

在社会总需求膨胀、总供给严重地落后于总需求的条件下，中央银行依据均衡性货币政策，可以控制货币供应量，从而对过度的市场需求起抑制作用；在社会有效需求不足，总供给严重超过总需求的条件下，中央银行依据均衡性货币政策，可以增加货币供应量，改变货币供应不足使需求萎缩的状况，从而协调社会总需求与总供给的关系。

三、货币政策工具

货币政策工具主要有以下两种。

(一) 一般性货币政策工具

一般性货币政策工具是中央银行调控经济的常规手段，它主要是对社会货币供应量、信用量进行总量的控制，包括以下三个方面。

1. 存款准备金制度

商业的银行的存款准备金总额由法定存款准备金和超额准备金两项构成。

法定存款准备率，是指法定存款准备金占商业银行吸收存款的比例。

中央银行可以通过调整商业银行的法定存款准备率，以改变商业银行的准备金数量和货币扩张乘数，从而达到间接控制商业银行等存款机构的信用创造能力和货币供应量的目的。

当经济发生通货膨胀时，中央银行通过提高准备金率，迫使商业银行紧缩信贷，减少市场货币供应量；当经济处于衰退时，中央银行降低准备金率，使得银行扩大信贷规模，增加市场货币供应量。

2. 再贴现政策

贴现，是指企业将未到期的商业票据卖给商业银行从而取得现金的经济行为。

再贴现，是指商业银行将未到期的商业票据卖给中央银行取得现金的经济行为。

在再贴现过程中，中央银行对商业银行收取的利息率，称为再贴现率，也即中央银行对商业银行的贷款利率。

再贴现政策，是指中央银行通过提高或降低再贴现率的办法，影响商业银行从中央银行获得再贴现贷款的能力，进而达到调节货币供应量和利率水平的目的。

贴现贷款数量的增加，则增加基础货币，进而使货币供给扩大；贴现贷款数量的减少，则减少基础货币，进而使货币供给缩小。

提高再贴现率，是指对减少商业银行从中央银行的贷款，从资金来源方面造成商业银行的贷款规模下降，并且将使商业银行按同样幅度提高对企业的贷款率，以保证其原有的盈利，这又将使商业银行对企业的贷款减少，从而会使国民生产总值减少，失业增加。

当经济处于过热时，总支出过大或价格水平过高，中央银行应该提高再贴现率，以压缩信贷规模，减少投资，抑制经济发展；当经济处于萧条时，即总支出不足或失业增加时，中央银行应该降低再贴现率，以扩大信贷规模，增加投资，刺激经济发展。

3. 公开市场业务

公开市场业务，是指中央银行在公开市场上购买或出售政府债券，进而扩大或缩小基础货币，增加或降低货币供给，并进一步增加或降低短期利率的行为。

中央银行在公开市场业务中买卖的有价债券主要是政府债券，特别是一年以下的国库券。

当中央银行实行扩张性货币政策时，它将在金融市场上购买有价债券，这等于向市场投放货币，引起银行信贷量和货币供应量的增加，引起利率下降。

当中央银行实行紧缩性货币政策时，将在金融市场上出售有价债券，回笼货币，使货币供给量减少，利率提高，从而抑制总需求的增长。

如果经济处于过热增长，即总支出过大或价格水平过高，中央银行可在公开市场上出售证券，促使利率提高，减少投资，抑制经济发展；当经济处于萧条时，即总支出不足或失业增加时，中央银行可在公开市场上购买政府证券，以降低利率，增加投资，刺激经济发展。

总之，通过以上三种方法，中央银行达到控制货币供给量的目的。通过存款准备金，它影响银行相对于存款必须保持的准备金数量；通过贴现率，它影响持有过少准备金的成本；通过公开市场业务，它影响准备金的供给。

公开市场业务政策比较温和，可对经济进行微调，而存款准备金制度和贴现率的改变，则是激烈的手段，二者的改变是中央银行宣告货币政策的重大变化。

（二）选择性货币政策工具

1. 证券市场信用控制

证券市场信用控制，是指中央银行对以信用方式购买股票和证券所实施的一种管理措施。通过调整证券信用保证金比率以控制商业银行对证券市场的最高放款额，以防止有价证券价格的不正常波动，促进信贷资金的合理运用。

2. 消费信用控制

消费信用控制，是指中央银行对不动产以外各种耐用消费品的销售再次进行控制，以达到抑制消费需求，抑制消费品价格上涨的目的。消费信用控制主要有以下内容：①规定分期付款购买的首付比例；②规定信用消费的最长年限；③规定信用消费品的种类。

3. 不动产信用控制

不动产信用控制，是指中央银行对金融机构在不动产方面进行贷款限制，以抑制房地产投机。

4. 优惠利率

优惠利率，是指中央银行对国家产业政策重点扶持和发展的部门、行业和产品规定较低的利率（较低的贷款利率和较低的贴现率），以促进其发展。

第二节 宏观财政政策

一、财政政策及其目标

财政政策，是指为促进就业水平提高、减轻经济波动、防止通货膨胀、以实现稳定经济增长为目标，而对政府支出、税收和借债水平所进行的选择，或对政府的收入和支出水平所做的决策。

财政政策目标可分成四大类、两个层次。四大类目标是经济稳定目标、经济增长目标、公平分配目标和预算平衡目标。前三类属于高层次目标、也是最终目标层次，后一类属于低层次目标，也是中间目标层次。

(一) 经济稳定目标

(1) 价格稳定。由于通货膨胀是各国经济发展的主要障碍,所以抑制通货膨胀是财政政策的稳定目标之一。

(2) 充分就业。

(3) 国际收支平衡。

(二) 经济增长目标

(1) 经济增长。利用财政政策引导经济发展,实现最优经济增长。

(2) 资源合理配置。实行资源最优配置,产生最大的社会经济效益。资源必须用于生产消费者最需要的产品,而避免用于生产消费者最不需要的产品。资源必须分配给生产能力最强的工业。

(3) 反经济周期波动。用适当的财政政策措施,尽可能削弱经济周期的振幅,减轻波动的不利影响。

(三) 公平分配目标

衡量公平分配的重要指标是基尼系数。当基尼系数为0,表示收入根本绝对平等;当基尼系数为1时,收入分配绝对不平等。基尼系数越大,说明社会收入分配越不平均,多数财富集中在少数人手里;基尼系数小,表明社会收入分配比较平均。

国际上的衡量标准一般认为:基尼系数小于0.2表示绝对平等,0.2~0.3表示比较平等,0.3~0.4表示基本合理,0.4~0.5表示差距较大,0.5以上收入差距拉大。

按照世界银行提供的数据,我国的基尼系数1996年为0.424,1998年为0.456,1999年为0.457,2000年为0.458,2001年为0.46,超过国际警戒水平。有专家估计,目前我国的基尼系数已达到了0.458。

(四) 预算平衡目标

预算平衡,是指一定时期内,国家财政预算的收支保持平衡。

在经济繁荣时期,赤字预算必然会导致经济过热和严重的通货膨胀;在经济衰退时,盈余预算会使经济更加萧条,加剧失业。

二、财政政策的类型

(一) 扩张性财政政策

扩张性财政政策,是指通过财政分配活动来增加和刺激社会的总需求。主要方式有减税(降低税率)和增加财政支出规模。

减税可以增加居民可支配收入,在财政支出不变情况下,也可以扩大社会总需求。减流转税可以刺激总供给,减所得税可以增加居民收入,刺激总需求。

一般在总需求不足的情况下采用,通过扩张性财政政策,使总需求与总供给的差额缩小以至平衡。

（二）紧缩性财政政策

紧缩性财政政策，是指通过财政分配活动来减少和抑制总需求。主要方式为增税和减少财政支出。

增税可减少居民可支配收入，降低消费需求；减少财政支出可降低政府的消费需求和投资需求，从而都可达到减少和抑制社会总需求的效应。

紧缩性财政政策一般在总需求过旺的情况下采用，通过紧缩性财政政策来消除通货膨胀缺口，达到供求平衡。

（三）中性财政政策

中性财政政策，是指财政的分配活动对社会总需求的影响保持中性，财政收支活动既不产生扩张效应，也不产生紧缩效应。

三、财政政策工具

（一）购买性支出

购买性支出，是指政府在商品劳务市场购买商品和劳务的支出。

政府提高购买支出水平，能增加社会总需求，从而抑制经济衰退；政府减少购买支出，能降低社会总需求，从而抑制通货膨胀。

（二）预算政策

预算政策的调节功能主要体现在财政收支规模的收支差额上。可以采用三态来实现调节作用，即赤字预算、盈余预算和平衡预算。

（三）转移性支出

转移性支出，是指政府单方面把一部分收入的所有权无偿转移出去的支出，包括各种社会保障支出、各项财政补贴支出以及政府债务的利息支出和中央政府对地方政府的税收返还或补助等。

在有效需求不足时，主要增加消费性补贴；在总供给不足时，主要增加生产性补贴，这样就可以在一定程度上缓和供求矛盾。

（四）税收政策

税收政策的功能很重要，税收可以调节社会总供给与总需求的关系，可以调节收入分配关系，还可调节的税收主要有流转税、所得税和财产税。

（五）公债政策

公债政策，是指政府发行公债，以国家信用的方式筹集财政收入。

公债政策是实现财政政策稳定目标的主要工具。

四、财政政策与货币政策的协调配合

（一）"双松"搭配政策

"双松"搭配政策，是指实行扩张性财政政策和扩张性货币政策。

扩张性财政政策通过减税和扩大政府支出来增加社会总需求，扩张性货币政策增加货币供给。这样刺激经济增长，扩大就业，但是有通货膨胀的风险。

（二）"双紧"搭配政策

"双紧"搭配政策，是指实行紧缩性财政政策和紧缩性货币政策。

紧缩性财政政策限制投资，抑制社会总需求；紧缩性货币政策减少货币供给。从而可以有效地制止通货膨胀，但是可能会抑制经济的增长。

（三）紧缩性财政政策、扩张性货币政策

紧缩性财政政策可抑制社会总需求，扩张性货币政策可以使经济保持适度增长；主要在控制通货膨胀的同时，使经济保持适度增长。

（四）扩张性财政政策、紧缩性货币政策

扩张性财政政策刺激社会总需求，克服经济萧条；紧缩性货币政策可以避免较高的通货膨胀率；主要在保持经济适度增长的同时，尽可能地避免通货膨胀。

第三节 收入政策

一、收入政策的目标与理论依据

（一）收入政策及其目标

收入政策，是指政府为了降低一般价格水平上升的速度而采取强制性与非强制性的限制工资水平与价格水平的政策。其目标在于防止通货膨胀，尤其是避免滞胀。

（二）收入政策的理论依据

收入政策的理论依据主要来自成本推进型通货膨胀理论。

按照西方经济学的观点，在劳动力市场与商品市场，存在着操纵价格的垄断组织：工会与公司。工会能够把过高的工资要求强加给厂商，致使成本上升，引起物价上涨；而公司为了保证利润，则把商品价格提高到足以抵消成本增加额之上，进一步推动了物价上涨。由于存在工资刚性，在上述两个因素中，工资推进的通货膨胀是主因，利润推

进的通货膨胀是从属性的。并且在工资推进与利润推进的通货膨胀又是相互促动的。

二、收入政策的主要内容

（一）协商恳谈

协商恳谈又称道德规劝，即政府通过与工会组织及企业的谈判，劝说工会与企业限制工资与价格的上升，或者把涨幅限制在一定的范围之内。

（二）工资－价格指导

工资－价格指导，是指政府根据其估计的经济增长率与货币工资增长率，制定相应的工资税基与价格税基指导线。

1. 工资税基指导

工资税基指导线的基本思路在于，政府把工资税基指导线通知企业，在工资的上升小于一定百分点时按低税率征税，而在工资的上升大于一定百分点时按高税率征税，依此来抑制成本推进型通货膨胀。

2. 价格税基指导

价格税基指导线的基本思路在于，政府把价格税基指导线通知企业，在价格的上升小于一定百分点时按低税率征税，而在价格的上升大于一定百分点时按高税率征税，依此来抑制成本推进型通货膨胀。

（三）工资－价格管制

工资－价格管制，是指政府通过制定法律硬性控制工资和价格的增长速度，即工资与价格的变动必须取得政府负责工资与价格管制部门的许可，而不仅仅是由市场力量决定。这种严厉的管制措施主要用于战时非常时期。

第四节　国际收支政策

一、国际收支政策的定义

国际收支政策又称对外经济政策，是指一国政府对涉外经济活动所制定的规则和措施。它可由对外贸易政策、利用外资政策、汇率和汇率制度政策组成。

对外贸易政策，是指一国在一定时期内对进出口贸易所实行的政策，可以分为自由贸易政策和保护贸易政策。自由贸易政策是指国家对商务活动一般不进行干预，允许商务自由进行，在国内外市场自由竞争。保护贸易政策是指国家利用关税及其他非关税手段限制外国商品的进口，利用补贴以及其他非补贴手段鼓励本国商品出口为基本内容的贸易政策。

利用外资政策，是指国家政府为了更好地发挥对外贸易在宏观经济总量平衡中的作用,而在利用外资范围内所制定的各项政策措施的总称。其主要方式有:合资经营、合作经营、合作开发、补偿贸易等。

汇率是指本国货币与外国货币的交换比率,也就是买卖外汇的价格,其汇率制度大体可以分为固定汇率制度和浮动汇率制度。

使用不同汇率制度和汇率政策,可以达到不同的国际收支水平和国民收入水平。

对外经济政策的主要目的就是通过调节利率、汇率和税收等手段来调节国际收支失衡状况,其调节措施主要有:采用经济政策或行政措施对国际贸易进行调节,通过调整汇率来调节国际收支,通过调整利率来影响资本流出和资本流入,利用政府信贷和国际金融机构的贷款。政府实施外汇管制,对外汇收支与汇率实行直接的行政干预,等等。

二、国际收支均衡曲线及 $IS-LM-BP$ 模型

(一) 国际收支均衡曲线

国际收支均衡指一国的自主性交易差额为零,其均衡条件可写成下式:

$$(X-M)-K=0$$

式中,$(X-M)$ 为净出口;K 为资本净流出,即国际收支平衡表资本项目的差额。

进口 M 为国民收入的增函数,出口 X 为外生变量,可假设为常量,所以净出口就是国民收入的减函数。不考虑其他因素的情况下,可得:

$$X-M=f(Y)$$

另外,资本的流出是国内利率的递增函数,资本流入是国内利率的递减函数,因此,不考虑其他因素,可得:

$$K=f(r)$$

国际收支均衡曲线如图 17-1 所示:

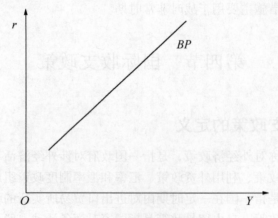

图 17-1 国际收支均衡曲线

(二) $IS-LM-BP$ 模型

在 $IS-LM$ 模型中,分析考虑的是产品市场和货币市场的同时均衡。在开放经济中,要实现经济整体的全面均衡,必须使产品市场、货币市场和国际收支同时实现均衡,于是,就得到 $IS-LM-BP$ 模型(如图 17-2 所示):

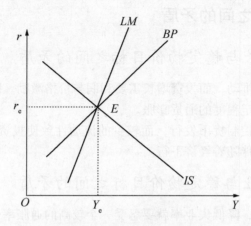

图 17-2 $IS-LM-BP$ 模型

在图 17-2 的 $IS-LM-BP$ 模型中,IS 曲线上任何一点都实现了产品市场的均衡,LM 曲线上任何一点都实现了货币市场的均衡,BP 曲线上任何一点都实现了国际收支均衡。IS、LM 和 BP 三条曲线相交于 E 点,则 E 点表示的国民收入与利率的组合能同时实现产品市场、货币市场以及国际收支的均衡,此时的均衡利率是 r_e,均衡国民收入为 Y_e。

(三) 内部均衡与外部均衡

在现实的经济生活中,产品、货币及国际收支三个市场经常不能同时达到均衡。

通常来说,把国际收支均衡称为外部均衡,把国内经济处于充分就业和物价稳定的状态称为内部均衡。

在强调利用财政政策和货币政策来调控宏观经济均衡时,货币政策对外的影响要强于对内的影响,财政政策对内的影响要大于对外的影响。而且,当出现内部和外部同时不均衡时,主要任务应是利用宏观经济政策优先解决内部均衡问题。

归纳起来,运用财政政策和货币政策的搭配来调节宏观经济,一般有以下四种情况(如表 17-1 所示)。

表 17-1 财政政策与货币政策的搭配

序号	经济状况	财政政策	货币政策
1	失业、衰退/国际收支逆差	扩张	紧缩
2	通货膨胀/国际收支逆差	紧缩	紧缩
3	通货膨胀/国际收支顺差	紧缩	扩张
4	失业、衰退/国际收支顺差	扩张	扩张

第五节 宏观目标之间的矛盾与最优政策的配置

一、宏观目标之间的矛盾

(一) 经济增长与稳定物价目标之间的矛盾

经济增长需要投资推动,而投资增长需要利润与价格激励。因此,经济增长过程往往伴随着物价上涨与一定程度的通货膨胀。

稳定物价需要严格控制货币发行,而较少的流动性致使投资放缓与经济增速下降。因此,反通胀过程往往伴随着经济下行。

(二) 充分就业与稳定物价目标之间的矛盾

菲利普斯曲线表明,降低失业率就要忍受一个较高的通胀率,降低通胀率就要忍受一个较高的失业率。因此,在通货膨胀率与失业率之间存在着交替性,在充分就业与稳定物价目标之间存在着矛盾。

(三) 经济增长与充分就业目标之间的矛盾

经济增长可以靠投入增长推动,也可以由技术进步推动。当经济增长是由投入增长推动时,增长目标与充分就业目标是一致的。但是,当经济增长是由技术进步推动时,增长目标就与充分就业目标不一致,技术进步产生技术对劳动的替代,对就业产生压力。

(四) 国际收支平衡与其他政策目标之间的矛盾

1. 国际收支平衡目标与经济增长目标之间的矛盾

经济增长过程是一个强投资的过程,而强投资需要宽松的货币政策支持,需要有较大的流动性与较低的利率。而较低的利率可能会引发资本的外流,影响国际收支状况。

2. 国际收支平衡目标与充分就业目标之间的矛盾

充分就业实现的过程也是资本对劳动需求增加的过程,在该过程中伴随着工资与物价的上涨。而工资的上升不仅会引起成本推进型通胀,而且会加大成本,降低本国产品的国际竞争力。

3. 国际收支平衡目标与稳定物价目标之间的矛盾

当国际上发生通货膨胀,为了稳定本国价格,需要抑制总需求,而总需求由消费、投资、政府支出、净出口构成。为降低总需求,其手段就包括减少出口。这样也会影响到国际收支状况。

(五) 平等与效率目标之间的矛盾

宏观政策目标不仅要考虑经济增长、充分就业、稳定物价、国际收支平衡,还要兼顾平等与效率,而在平等与效率之间也存在着"两难"情况。

1. 平等目标与效率目标的矛盾

为了平等目标,福利国家强调失业救济、最低保障与累进所得税。但过高的福利政策与过高的税收会产生"多干不如少干"、"少干不如不干"的问题,挫伤劳动者的积极性。

2. 效率目标与平等目标的矛盾

为了效率目标,在宏观政策上需要降低所得税,鼓励投资,同时充分发挥市场本身的自发调节作用。而这样又会拉大收入差距与贫富之间的差距。

美国经济学家奥肯在《公平与效率——重大的权衡》一书中指出,近现代资本主义制度是建立在公平与效率构成的张力之上的,它既要保证公平,又要保证效率。因此,兼顾公平与效率应该成为经济政策的基本考虑,在保证公平的基础上兼顾效率,在注重效率的同时兼顾公平。为此,奥肯强调,要建立保证机会均等与公平竞争的社会秩序,要注重既能保证公平又能保证效率的人力资本投资,要实行必须有但不能过高的社会福利与累进所得税制度,在平等与效率之间寻求平衡。

二、最优政策配置的含义与要点

(一) 最优政策配置的含义

由于在政策目标之间存在着矛盾,就需要政策之间的合理配置。在国内市场上针对不同的问题可实行松与松的政策搭配、紧与紧的政策搭配以及松与紧的政策搭配,致力于主要问题的解决,同时降低政策对其他宏观政策目标的负面影响。在开放经济条件下还要考虑国内市场与国外市场的不同情况,制定恰当的政策,通过最优政策配置,实现政策目标,并把某种政策的负面影响降低到较小的限度之内。

以开放条件为例,所谓最优政策配置,是指在国内外需要不同的调节政策条件下,政策选择可采用的政策配置应使其中一项政策的积极作用超过另一种政策的消极作用。当一种政策对一市场产生积极作用,而对另一市场产生消极作用,可实施另外一种政策抵消其部分消极作用,同时又不影响主政策的实施。

(二) 最优政策配置的要点

(1) 货币政策对外的作用大于对内的作用,财政政策对内的作用大于对外的作用。
(2) 确定主要问题,制定主要政策。
(3) 注意主要政策对另一市场带来的消极作用,要制定辅助政策加以抵消。

三、开放条件下的非均衡问题与政策

开放条件下的非均衡问题主要有:①国内通胀与国际收支盈余;②国内衰退与国际

收支盈余；③国内通胀与国际收支赤字；④国内衰退与国际收支赤字；⑤国内均衡与国际收支盈余；⑥国内均衡与国际收支赤字；⑦国内通胀与国际收支平衡；⑧国内衰退与国际收支平衡。

针对上述问题，可选择的政策主要有：

针对问题①，可采用紧的财政政策与松的货币政策搭配。

针对问题②，可采用松的财政政策与松的货币政策搭配。

针对问题③，可采用紧的财政政策与紧的货币政策搭配。

针对问题④，可采用松的财政政策与紧的货币政策搭配。

针对问题⑤，可采用松的国际收支政策与松的财政-货币政策抵消。

针对问题⑥，可采用贸易保护政策或利率下调政策。

针对问题⑦，可采用紧的财政政策与紧的货币政策。

针对问题⑧，可采用松的财政政策与松的货币政策。

习题与答案

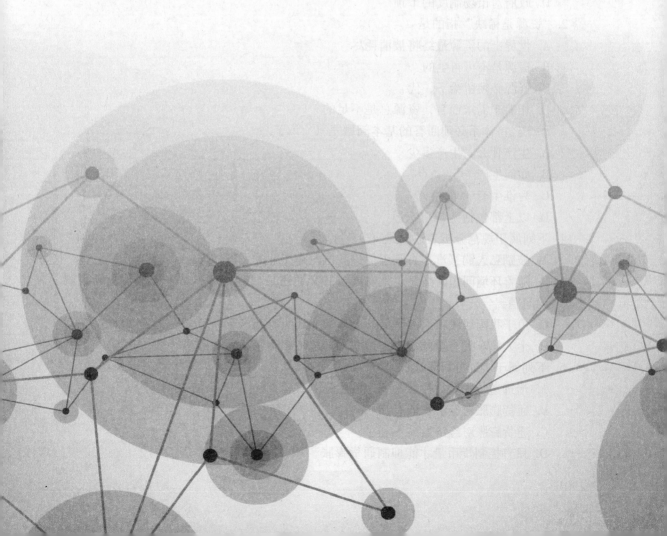

导论部分
（第一章）

第一章 经济学基本问题与主要经济理论

一、选择题

1. 经济学可定义为（　　）。
   A. 企业赚取利润的活动
   B. 研究人们如何依靠收入生活的问题
   C. 研究稀缺资源如何有效配置的问题
   D. 政府对市场制度的干预

2. "资源是稀缺"指的是（　　）。
   A. 世界上的资源最终将被消耗尽
   B. 资源是不可再生的
   C. 资源必须留给下一代
   D. 相对于需求而言，资源总是不足的

3. 一个经济体系必须回答的基本问题是（　　）。
   A. 生产什么，生产多少
   B. 如何生产
   C. 为谁生产
   D. 以上都包括

4. 下列属于规范分析表述的是（　　）。
   A. 鼓励私人购买汽车有利于促进我国汽车工业的发展
   B. 随着环境问题的凸显，是发展公共交通还是拥有私家车是一个值得重新审视的问题
   C. 由于我国居民收入水平低，大多数人还买不起汽车
   D. 个人汽车拥有量的增多，给我国居民的出行带来交通隐患

5. 下列属于实证分析表述的是（　　）。
   A. 治理通货膨胀往往以失业率的上升为代价
   B. 通货膨胀对经济发展有利
   C. 通货膨胀对经济发展不利
   D. 只有控制货币量才能抑制通货膨胀

二、答案

1. C 2. D 3. D 4. B 5. A

微观经济学部分
（第二章至第十章）

第二章 需求、供给、均衡价格

一、分析题

1. 假如卫生组织发布一份报告，称某种蘑菇会致癌，则这种蘑菇的需求曲线会向右移。

分析：这种说法是错误的。因为卫生组织发布该蘑菇会致癌的报告会使人们减少对此种蘑菇的需求量，因此其需求曲线会向左下方移。

2. 预计某产品的价格会下降，则该产品的供给将会减少。

分析：这种说法是错误的。因为当预计某产品的价格下降时，生产者会在价格下降前尽量多地生产产品，因此该产品的供给会增加，供给曲线向右上方移动。

3. 如果政府对某种商品的生产者给予现金补贴，会使该商品的供给曲线向左上方移动。

分析：这种说法是错误的。如果政府对某种商品的生产者给予现金补贴，会使该商品的供给曲线向右下方移动。这与生产者生产成本减少或生产技术改善使供给曲线向右下方移动是一样的。

4. 需求曲线的斜率和需求的价格弹性是相同的概念。

分析：这种说法是错误的。二者是两个紧密联系却又不相同的概念。需求曲线在某点的斜率为 dP/dQ，而需求的点弹性不仅取决于斜率的倒数值 dQ/dP，还取决于 P/Q。

5. 假如某城市运输的需求的价格弹性为1.2，则为了增加运输的收入，运输价格应该降低。

分析：正确。因为运输的需求的价格弹性为1.2，说明运输的需求是富有弹性的。富有弹性的商品的价格与销售收入呈反方向变动。因此要增加收入必须降价。

6. 降低价格一定会使供给量下降。

分析：这种说法是错误的。对于一般商品来说，在其他因素不变的条件下，降低价格会使供给量减少。但当其他因素发生变化时，降低价格不一定会使供给量减少。

二、选择题

1. 在得出某种商品的个人需求曲线时，下列（ ）外均保持为常数。
   A. 个人收入 B. 其余商品的价格
   C. 个人偏好 D. 所考虑商品的价格

2. 在得出某棉花种植农户的供给曲线时，下列（ ）外均保持常数。
   A. 土壤的肥沃程度 B. 技术水平
   C. 棉花的种植面积 D. 棉花的价格

3. 在某一时期内彩色电视机的需求曲线向左平移的原因可以是（ ）。
   A. 彩色电视机的价格上升 B. 黑白电视机的价格上升
   C. 消费者对彩色电视机的预期价格下降 D. 消费者的收入水平提高

4. 某月内，X 商品的替代品的价格上升和互补品的价格上升，分别引起 X 商品的需求变动量为 50 单位和 80 单位，则在它们共同作用下该月 X 商品需求数量（ ）。
   A. 增加 30 单位 B. 减少 30 单位
   C. 增加 130 单位 D. 减少 130 单位

5. 如果一条线性的需求曲线与一条曲线型的需求曲线相切，则在切点处两条需求曲线的需求的价格弹性系数（ ）。
   A. 不相同 B. 相同
   C. 可能相同，也可能不相同 D. 根据切点的位置而定

6. 消费者预期某物品未来价格要上升，则对该物品当前需求会（ ）。
   A. 减少 B. 增加
   C. 不变 D. 上述三种都可能

7. 如果商品 X 和商品 Y 是替代的，则 X 的价格下降将造成（ ）。
   A. X 的需求曲线向右移动 B. X 的需求曲线向左移动
   C. Y 的需求曲线向右移动 D. Y 的需求曲线向左移动

8. 一种商品价格下降对其互补品最直接的影响是（ ）。
   A. 互补品的需求曲线向右移动 B. 互补品的需求曲线向左移动
   C. 互补品的供给曲线向右移动 D. 互补品的价格上升

9. 生产者预期某物品未来价格要下降，则对该物品当前的供给会（ ）。
   A. 增加 B. 减少
   C. 不变 D. 上述三种都可能

10. 假如生产某种物品所需原料价格上升了，则这种商品的（ ）。
    A. 需求曲线向左方移动 B. 供给曲线向左方移动
    C. 需求曲线向右方移动 D. 供给曲线向右方移动

11. 小麦歉收导致小麦价格上升，准确地说在这个过程中（　　）。
    A. 小麦供给的减少引起需求量下降
    B. 小麦供给的减少引起需求下降
    C. 小麦供给量的减少引起需求量下降
    D. 小麦供给量的减少引起需求下降

12. 均衡价格随着（　　）。
    A. 需求和供给的增加而上升
    B. 需求和供给的减少而上升
    C. 需求的减少和供给的增加而上升
    D. 需求的增加和供给的减少而上升

13. 假定某商品的需求价格为 $P = 100 - 4Q$，供给价格为 $P = 40 + 2Q$，均衡价格和均衡产量应为（　　）。
    A. $P = 60$，$Q = 10$
    B. $P = 10$，$Q = 6$
    C. $P = 40$，$Q = 6$
    D. $P = 20$，$Q = 20$

14. 直线型需求曲线的斜率不变，因此其价格弹性也不变，这个说法（　　）。
    A. 一定正确
    B. 一定不正确
    C. 可能不正确
    D. 无法断定正确与否

15. 度量沿着需求曲线的移动而不是曲线本身移动的弹性是（　　）
    A. 需求的价格弹性
    B. 需求的收入弹性
    C. 需求的交叉价格弹性
    D. 需求的预期价格弹性

16. 假定玉米市场的需求是缺乏弹性的，玉米的产量等于销售量且等于需求量，恶劣的气候条件使玉米产量下降20%，在这种情况下，（　　）。
    A. 玉米生产者的收入减少，因为玉米产量下降20%
    B. 玉米生产者的收入增加，因为玉米价格上升低于20%
    C. 玉米生产者的收入增加，因为玉米价格上升超过20%
    D. 玉米生产者的收入增加，因为玉米价格上升等于20%

17. 当两种商品中一种商品的价格发生变化时，这两种商品的需求量都同时增加或减少，则这两种商品的需求的交叉价格弹性系数为（　　）。
    A. 正
    B. 负
    C. 0
    D. 1

18. 若 X 和 Y 两商品的交叉价格弹性是 -2.3，则（　　）。
    A. X 和 Y 是替代品
    B. X 和 Y 是正常商品
    C. X 和 Y 是劣等品
    D. X 和 Y 是互补品

19. 如果某商品富有需求的价格弹性，则该商品价格上升会使该商品的（　　）。
    A. 销售收益增加
    B. 销售收益不变
    C. 销售收益下降
    D. 销售收益可能增加也可能下降

20. 如果人们收入水平提高，则食物支出在总支出中比重将（　　）。
    A. 大大提高
    B. 稍有增加
    C. 下降
    D. 不变

21. 假定某商品的价格从3美元降到2美元，需求量将从9单位增加到11单位，则该商品卖者的总收益将（　　）。
    A. 保持不变				B. 增加
    C. 减少				D. 无法确知

22. 如果价格下降10%能使买者总支出增加1%，则这种商品的需求量对价格（　　）。
    A. 富有弹性				B. 具有单位弹性
    C. 缺乏弹性				D. 其弹性不能确定

23. 两种商品中若当其中一种的价格变化时，这两种商品的购买量同时增加或减少，则两者的交叉需求价格弹性系数为（　　）。
    A. 负				B. 正
    C. 0				D. 1

24. 对劣质商品需求的收入弹性 e_M 是（　　）。
    A. $e_M < 1$			B. $e_M = 0$
    C. $e_M < 0$			D. $e_M > 0$

25. 某商品的市场供给曲线是一过原点的直线，则其供给的价格弹性（　　）。
    A. 随价格的变化而变化		B. 恒为1
    C. 为其斜率值			D. 不可确定

26. 如果政府利用配给的方法来控制价格，这意味着（　　）。
    A. 供给和需求的变化已不能影响价格
    B. 政府通过移动供给曲线来抑制价格
    C. 政府通过移动需求曲线来抑制价格
    D. 政府通过移动供给和需求曲线来抑制价格

27. 政府为了扶持农业，对农产品规定了高于其均衡价格的支持价格。政府为了维持支持价格，应该采取的相应措施是（　　）。
    A. 增加对农产品的税收		B. 实行农产品配给制
    C. 收购过剩的农产品		D. 对农产品生产者予以补贴

28. 政府把价格限制在均衡水平以下可能导致（　　）。
    A. 黑市交易				B. 大量积压
    C. 买者按低价买到了希望购买的商品数量	D. A 和 C

29. 某户今年扩大播种面积并取得丰收，则可预期他的收入必定（　　）。
    A. 增加				B. 减少
    C. 不变				D. 不确定

三、答案

1. D   2. D   3. C   4. B   5. B   6. B   7. D   8. A   9. A   10. B
11. A   12. D   13. A   14. B   15. A   16. C   17. B   18. D
19. C   20. C   21. C   22. A   23. A   24. C   25. B   26. C

27. C　　28. A　　29. D

四、计算

1. 已知某一时期内某商品的需求函数为 $Q^d = 50 - 5P$，供给函数为 $Q^s = -10 + 5P$。

（1）求均衡价格 P_e 和均衡数量 Q_e。

（2）假定供给函数不变，由于消费者收入水平提高，使需求函数变为 $Q^d = 60 - 5P$。求出相应的均衡价格 P_e 和均衡数量 Q_e。

（3）假定需求函数不变，由于生产技术水平提高，使供给函数变为 $Q^s = -5 + 5P$。求出相应的均衡价格 P_e 和均衡数量 Q_e。

（4）利用（1）、（2）、（3），说明静态分析和比较静态分析的联系和区别。

（5）利用（1）、（2）、（3），说明需求变动和供给变动对均衡价格和均衡数量的影响。

解（1）：

∵ $Q^d = 50 - 5P$，$Q^s = -10 + 5P$，$Q^d = Q^s$

∴ $50 - 5P = -10 + 5P$　　得：$P_e = 6$，$Q_e = 20$

解（2）：

∵ $Q^d = 60 - 5P$，$Q^s = -10 + 5P$，$Q^d = Q^s$

∴ $60 - 5P = -10 + 5P$　　得：$P_e = 7$，$Q_e = 25$

解（3）：

∵ $Q^d = 50 - 5P$，$Q^s = -5 + 5P$，$Q^d = Q^s$

∴ $50 - 5P = -5 + 5P$　　得：$P_e = 5.5$，$Q_e = 22.5$

联系：

变量的调整时间被假设为零。在（1）、（2）、（3）中，所有外生变量和内生变量即 P、Q 及其 α、β、γ、δ 都属于同一个时期，或者，都适用于任何时期。而且，在分析由外生变量变化所引起的内生变量的变化过程中，也假定这种变量的调整时间为零。

区别：

静态分析是根据既定的外生变量值来求得内生变量值的分析方法。如（1）中，需求函数和供给函数中的外生变量 α、β、γ、δ 被赋予确定数值后，求出相应的均衡价格 P_e 和均衡数量 Q_e。而（2）、（3）中，外生变量 α、β、γ、δ 被确定为不同的数值，得出的内生变量 P 和 Q 的数值是不相同的，当外生变量的变化使得需求曲线或供给曲线的位置发生移动时，表示内生变量的 P 和 Q 的数值的均衡点的位置也会发生变化。这种研究外生变量变化对内生变量的影响方式，以及分析比较不同数值的外生变量下的内生变量的不同数值，被称为比较静态分析。

需求变动对均衡价格和均衡数量的影响：

在供给不变的情况下，需求增加会使需求曲线向右平移，从而使得均衡价格和均衡数量都增加；同理，需求减少会使需求曲线向左平移，从而使得均衡价格和均衡数量都减少。

供给变动对均衡价格和均衡数量的影响：在需求不变的情况下，均衡数量增加。同理，供给减少会使供给曲线向左平移，从而使得均衡价格上升，均衡数量减少。

综上所述，在其他条件不变的情况下，需求变动分别引起均衡价格和均衡数量的同方向的变动；供给变动分别引起均衡价格的反方向的变动和均衡数量的同方向的变动。

2. 假定表2-1是需求函数 $Q^d = 500 - 100P$ 在一定价格范围内的需求量如表2-1所示：

表2-1　某商品的需求量

价格（元）	1	2	3	4	5
需求量	400	300	200	100	0

（1）求出价格2元和4元之间的需求的价格弧弹性。
（2）根据给出的需求函数，求 $P=2$ 元时的需求的价格点弹性。

解（1）：
$e_d = -(\Delta Q/\Delta P) \times \{[(P_1+P_2)/2]/[(Q_1+Q_2)/2]\}$
$= -[(100-300)/(4-2)] \times \{[(2+4)/2]/[(300+100)/2]\} = 3/2$

解（2）：
$e_d = -(dQ/dP) \times (P/Q) = -(-100) \times (2/300) = 2/3$

3. 假定表2-2是供给函数 $Q_s = -3 + 2P$ 在一定价格范围内的供给量如表2-2所示：

表2-2　某商品的供给量

价格（元）	2	3	4	5	6
供给量	1	3	5	7	9

（1）求出价格3元和5元之间的供给的价格弧弹性。
（2）根据给出的供给函数，求 $P=4$ 元时的供给的价格点弹性。

解（1）：
$e_s = (\Delta Q/\Delta P) \times \{[(P_1+P_2)/2]/[(Q_1+Q_2)/2]\}$
$= [(7-3)/(5-3)] \times \{[(3+5)/2]/[(3+7)/2]\} = 8/5$

解（2）：
$e_s = (dQ/dP) \times (P/Q) = 2 \times (4/5) = 8/5$

4. 某君对某消费品的反需求函数为 $P = 100 - \sqrt{Q}$，分别计算价格 $P=60$ 和 $P=40$ 时的需求的价格弹性。

解：由 $P = 100 - \sqrt{Q}$，得 $Q = (100-P)^2$
∴ $e_d = -(dQ/dP) \times (P/Q)$
$= -2(100-P) \cdot (-1) \cdot P/(100-P)^2 = 2P/(100-P)$。

当价格 $P=60$ 时，$e_d = (2 \cdot 60)/(100-60) = 3$
当价格 $P=40$ 时，$e_d = (2 \cdot 40)/(100-40) = 4/3$

5. 1986年7月某外国城市的公共汽车票价从32美分提高到40美分，1986年8月的乘客为880万人次，与1985年同期相比减少了12%，求需求的价格弧弹性。

解：由题意：$P_1=32$，$P_2=40$，$Q_2=880$，$Q_1=880/(1-12\%)=1000$

$e_d = -(\Delta Q/\Delta P) \times \{[(P_1+P_2)/2]/[(Q_1+Q_2)/2]\}$

$= -[(880-1000)/(40-32)] \times \{[(32+40)/2]/[(1000+880)/2]\}$

$= 27/47$。

6. 假设对新汽车需求的价格弹性 $e_d=1.2$，需求的收入弹性 $e_m=3.0$，计算：

（1）其他条件不变，价格提高3%对需求的影响。

（2）其他条件不变，收入增加2%对需求的影响。

解（1）：

$e_d = -(\Delta Q/Q)/(\Delta P/P)$，而 $\Delta P/P = 3\%$，$e_d = 1.2$

$\therefore \Delta Q/Q = -e_d \times (\Delta P/P) = -1.2 \times 3\% = -3.6\%$。

即其他条件不变，价格提高3%将导致需求减少3.6%。

解（2）：

$e_m = (\Delta Q/Q)/(\Delta M/M)$，而 $\Delta M/M = 2\%$，$e_m = 3.0$

$\therefore \Delta Q/Q = e_m \times (\Delta M/M) = 3.0 \times 2\% = 6.0\%$，即其他条件不变，收入增加2%将导致需求增加6.0%。

7. 设汽油的需求价格弹性为0.15，其价格现为每加仑1.20美元，试问汽油价格上涨多少才能使其消费量减少10%？

解：

由题意知：$e_d = 0.15$，$P = 1.20$，$\Delta Q/Q = -10\%$，

由弹性公式 $e_d = -(\Delta Q/Q)/(\Delta P/P)$ 可得：

$\Delta P = -(\Delta Q/Q)/e_d \times P = -(-10\%)/0.15 \times 1.20 = 0.8$（美元），即汽油价格上涨0.8美元才能使其消费量减少10%。

8. 假设A公司和B公司的产品的需求曲线分别为 $Q_A = 200 - 0.2P_A$，$Q_B = 400 - 0.25P_B$，这两家公司现在的销售量分别为100和250。

（1）求A、B两公司当前的价格弹性。

（2）假定B公司降价后，使B公司的销售量增加到300，同时又导致A公司的销售量下降到75，问A公司产品的交叉价格弹性是多少？

（3）假定B公司目标是谋求销售收入最大，你认为它降价在经济上是否合理？

解（1）：

由题意知：$Q_A = 200 - 0.2P_A$，$Q_B = 400 - 0.25P_B$，而 $Q_A = 100$，$Q_B = 250$，则

$P_A = 200/0.2 - 100/0.2 = 500$，$P_B = 400/0.25 - 250/0.25 = 600$

$\therefore$ A公司当前的价格弹性 $e_{dA} = -(dQ_A/dP_A) \times (P_A/Q_A) = -(-0.2) \times (500/100) = 1$

B公司当前的价格弹性 $e_{dB} = -(dQ_B/dP_B) \times (P_B/Q_B) = -(-0.25) \times (600/250) = 0.6$

解（2）：

由题意知：$Q_B = 300$，$Q_A = 75$，

则 $P_B = 400/0.25 - 300/0.25 = 400$，$\Delta Q_A = 75 - 100 = -25$，$\Delta P_B = 400 - 600 = -200$

∴ A公司产品的交叉价格弹性 $e_{AB} = (\Delta Q_A / Q_A) / (\Delta P_B / P_B)$
$= (-25/100) / (-200/600) = 0.75$

解（3）：

由（1）可知，B公司生产的产品在价格为600时的需求价格弹性为0.6，即其需求缺乏弹性。对于缺乏弹性的商品，其价格与销售收入呈同方向变动。因此，B公司要使销售收入最大，应该提价而不是降价。

第三章 效用论

一、分析题

1. 所谓商品的效用，就是指商品的功能。

分析：这种说法是错误的。商品的效用指商品满足人的欲望的能力，指消费者在消费商品时所感受到的满足程度。

2. 不同的消费者对同一件商品的效用的大小可以进行比较。

分析：这种说法是错误的。同一个消费者对不同商品的效用大小可以比较。但由于效用是主观价值判断，所以，同一商品对不同的消费者来说，其效用的大小是不可比的。

3. 效用的大小，即使是对同一件商品来说，也会因人、因时、因地而异。

分析：这种说法是正确的。同一商品给消费者的主观心理感受会随环境的改变而改变。

4. 边际效用递减规律是指消费者消费某种消费品时，随着消费量的增加，其最后一单位消费品的效用递减。

分析：这种说法是错误的。必须在某一特定的时间里，连续性增加。

5. 根据基数效用论的观点，假设货币收入不变，则消费者获得效用最大化的条件是使单位货币的边际效用不变。

分析：这种说法是正确的。这是按照基数效用论推导出的消费者均衡条件。

6. 在一个坐标系里，有无数条无差异曲线，每条无差异曲线互不相交且平行。

分析：这种说法是错误的。两条无差异曲线互不相交，但未必平行。因为无差异曲线不一定是直线。

7. 无差异曲线可以凸向原点，也可能凹向原点。

分析：这种说法是正确的。这主要取决于两种产品之间的关系。

8. 当两种产品的边际替代率的绝对值递减时，无差异曲线凸向原点。

分析：这种说法是正确的。这可以借助于边际替代率的公式和无差异曲线的形状进行分析。

9. 预算线的移动表示消费者的收入发生变化。

分析：这种说法是错误的。只有在收入变动，商品价格不变，预算线发生平移时，预算线的移动才表示消费者的收入发生了变化。

10. 需求曲线上的每一点都是在不同的价格水平下的消费均衡点。

分析：这种说法是正确的。当某种产品价格变化时，会引起预算线的移动，形成许多均衡点，把均衡点连结起来形成消费者的价格——消费曲线，即转换坐标后的需求曲线。因此，需求曲线是均衡点连结而成的。

11. 价格效应可以分解为替代效应和收入效应，并且替代效应与收入效应总是反向变化。

分析：这种说法是错误的。正常物品的替代效应和收入效应是同向变化的。

12. 低档物品和吉芬物品的关系是：吉芬物品一定是低档品，但低档品不一定是吉芬物品。

分析：这种说法是正确的。吉芬物品是低档品中的一种产品。

13. 不确定性是指消费者在不完全信息的情况下，无法预知结果。

分析：这种说法是错误的。指无法准确确定结果。

14. 当用财富量、效用分别表示坐标的横、纵轴，且效用是财富量的函数，则对风险回避者来说，其效用函数是凸向横轴的。

分析：这种说法是错误的。是凹向横轴的。

二、选择题

1. 当总效用增加时，边际效用应该（　　）。
   A. 为正值，且不断减少　　　　B. 为正值，且不断增加
   C. 为负值，且不断减少　　　　D. 以上都不对

2. 当某消费者对商品 X 的消费达到饱和点时，则边际效用 MU_X 为（　　）。
   A. 正值　　　　　　　　　　　B. 负值
   C. 零　　　　　　　　　　　　D. 不确定

3. 商品价格变化引起的替代效应，表现为相应的消费者的均衡点（　　）。
   A. 运动到另一条无差异曲线　　B. 沿着原有的无差异曲线运动
   C. 新均衡点代表的效用减少　　D. 新均衡点代表的效用增加

4. 正常物品价格上升导致需求量减少的原因在于（　　）。
   A. 替代效应使需求量增加，收入效应使需求量减少
   B. 替代效应使需求量增加，收入效应使需求量增加
   C. 替代效应使需求量减少，收入效应使需求量减少
   D. 替代效应使需求量减少，收入效应使需求量增加

5. 当吉芬物品的价格上升时，应该有（　　）。
   A. 替代效应为负值，收入效应为正值，且前者的作用小于后者
   B. 替代效应为正值，收入效应为负值，且前者的作用小于后者
   C. 替代效应为负值，收入效应为正值，且前者的作用大于后者

D. 无法判断

6. 无差异曲线的形状取决于（　　）。
   A. 消费者收入　　　　　　　　B. 所购商品的价格
   C. 消费者偏好　　　　　　　　D. 商品效用水平的大小

7. 无差异曲线上任一点斜率的绝对值代表了（　　）。
   A. 消费者为了提高效用而获得另一些商品时愿意放弃的某一种商品的数量
   B. 消费者花在各种商品上的货币总值
   C. 两种商品的价格比率
   D. 在确保消费者效用不变的情况下，一种商品与另一种商品的交换比率

8. 无差异曲线为斜率不变的直线时，表示相组合的两种商品是（　　）。
   A. 可以替代的　　　　　　　　B. 完全替代的
   C. 互补的　　　　　　　　　　D. 互不相关的

9. 若某条无差异曲线是水平直线，这表明该消费者对（　　）的消费已达到饱和（设 X 由横轴度量，Y 由纵轴度量）。
   A. 商品 X　　　　　　　　　　B. 商品 Y
   C. 商品 X 和商品 Y　　　　　　D. 无法判断

10. 同一条无差异曲线上的不同点表示（　　）。
    A. 效用水平不同，但所消费的两种商品组合比例相同
    B. 效用水平相同，但所消费的两种商品的组合比例不同
    C. 效用水平不同，两种商品的组合比例也不相同
    D. 效用水平相同，两种商品的组合比例也相同

11. 无差异曲线任一点上商品 X 和 Y 的边际替代率等于它们的（　　）。
    A. 效用之比　　　　　　　　　B. 数量之比
    C. 边际效用之比　　　　　　　D. 成本之比

12. 预算线的位置和斜率取决于（　　）。
    A. 消费者的收入　　　　　　　B. 消费者的偏好、收入和商品的价格
    C. 消费者的收入和商品的价格　D. 消费者的偏好

13. 商品 X 和 Y 的价格以及消费者的收入都按同一比例同方向变化，预算线（　　）。
    A. 向左下方平行移动　　　　　B. 向右上方平行移动
    C. 不变动　　　　　　　　　　D. 向左下方或右上方平行移动

14. 商品 X 和 Y 的价格按相同的比率上升，而收入不变，预算线（　　）。
    A. 向左下方平行移动　　　　　B. 向右上方平行移动
    C. 不变动　　　　　　　　　　D. 向左下方或右上方平行移动

15. 假定其他条件不变，如果某种商品（非吉芬物品）的价格下降，根据效用最大化原则，消费者则会（　　）对这种商品的购买。
    A. 增加　　　　　　　　　　　B. 减少
    C. 不改变　　　　　　　　　　D. 增加或减少

16. 已知消费者的收入是 100 元, 商品 X 的价格是 10 元, 商品 Y 的价格是 3 元。假定他打算购买 7 单位 X 和 10 单位 Y, 这时商品 X 和 Y 的边际效用分别是 50 和 18。如要获得最大效用, 他应该（　　）。
    A. 停止购买　　　　　　　　　　　B. 增购 X, 减少 Y 的购买量
    C. 减少 X 的购买量, 增购 Y　　　　D. 同时增购 X 和 Y

17. 假定 X、Y 的价格 P_x、P_y 已定, 当 $MRS_{xy} > P_x/P_y$ 时, 消费者为达到最大满足, 他将（　　）。
    A. 增加 X, 减少 Y　　　　　　　　B. 减少 X, 增购 Y
    C. 同进增购 X、Y　　　　　　　　 D. 同时减少 X、Y

18. 若无差异曲线上任何一点的斜率 $dX/dY = -1/2$, 这意味着消费者有更多的 X 时, 他愿意放弃（　　）单位 X 而获得一单位 Y。
    A. 1/2　　　　　　　　　　　　　　B. 2
    C. 1　　　　　　　　　　　　　　　D. 1.5

19. 某些人在收入比较低时购买黑白电视机, 而在收入提高时, 则去购买彩色电视机, 黑白电视机对这些人来说是（　　）。
    A. 生活必需品　　　　　　　　　　B. 劣质商品
    C. 奢侈品　　　　　　　　　　　　D. 吉芬物品

20. 某消费者需求曲线上的各点（　　）。
    A. 表示该消费者的效用最大点　　　B. 不表示效用最大点
    C. 有可能表示效用最大点　　　　　D. 无法判断

21. 假设某人只购买两种商品 X 和 Y, X 的价格为 10, Y 的价格为 20。若他买了 7 个单位 X 和 3 个单位 Y, 所获得的边际效用值分别为 30 和 20 个单位, 则（　　）。
    A. 他获得了最大效用
    B. 他应当增加 X 的购买, 减少 Y 的购买
    C. 他应当增加 Y 的购买, 减少 X 的购买
    D. 他要想获得最大效用, 需要借钱

22. 不是序数效用论对偏好的假设是（　　）。
    A. 边际效用递减　　　　　　　　　B. 完备性
    C. 传递性　　　　　　　　　　　　D. 不饱和性

23. 不是消费者的无差异曲线具有的特点是（　　）。
    A. 其斜率递减
    B. 任意两条无差异曲线都不相交
    C. 具有正斜率
    D. 位于右上方的无差异曲线具有较高的效用水平

24. 若 X 的价格变化, X 的替代效应小于收入效应, 则 X 是（　　）。
    A. 正常品　　　　　　　　　　　　B. 低档品
    C. 吉芬物品　　　　　　　　　　　D. 必需品

241

25. 在同一条无差异曲线上（参见下图）（   ）。

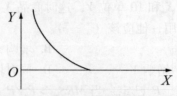

A. 消费 X 获得的总效用等于消费 Y 获得的总效用
B. 消费 X 获得的边际效用等于消费 Y 获得的边际效用
C. $\triangle X \cdot MU_x = \triangle Y \cdot MU_y$
D. 曲线上任两点对应的消费品组合（X，Y）所能带来的边际效用相等

三、答案

1. A	2. C	3. B	4. C	5. A	6. C	7. D	8. B	9. A	10. B
11. C	12. C	13. C	14. A	15. A	16. C	17. A	18. A	19. B
20. A	21. B	22. A	23. C	24. C	25. C

四、计算题

1. 假设某消费者的均衡如下图所示。其中，横轴 OX_1 和纵轴 OX_2 分别表示商品 1 和商品 2 的数量，线段 AB 为消费者的预算线，曲线 I 为消费者的无差异曲线，E 点为均衡点。已知商品 1 的价格 $P_1 = 3$ 元

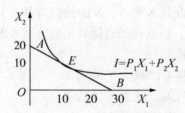

要求
①求消费者的收入；
②求商品 2 的价格 P_2；
③写出预算线方程；
④求预算线的斜率；
⑤求 E 点的边际替代率。

解：
① $I = 3 \times 30 = 90$（元）
② $P_2 = I/20 = 4.5$（元）
③预算线方程：$I = P_1 X_1 + P_2 X_2$
因为：$I = 90$ $P_1 = 3$ $P_2 = 4.5$
所以：$90 = 3X_1 + 4.5X_2$
④预算线斜率 $K = OX_2/OX_1 = 20/30 = 2/3$

⑤ E 点的边际替代率为 2/3。

2. 已知某消费者每年用于商品 1 和商品 2 的收入为 540 元，两商品的价格分别为 $P_1 = 20$ 元和 $P_2 = 30$ 元，该消费者的效用函数为 $U = 3X_1 X_2^2$，该消费者每年购买这两种商品的数量各应为多少？他每年从中获得的总效用是多少？

解：

①设消费者对两种商品的购买量分别为 X 和 X，则根据条件有：

$540 = 20X_1 + 30X_2$

因为：$U = 3X_1 X_2^2$，则：$MU_1 = 3X_2^2 \quad MU_2 = 6X_1 X_2$，

当消费者均衡时，$MU_1/MU_2 = P_1/P_2$，推出：$3X_2^2 / 6X_1 X_2 = 20/30$

联立方程求得：$X_1 = 9 \quad X_2 = 12$

②总效用 $U = 3X_1 X_2^2 = 3 \times 9 \times 12^2 = 3888$

3. 某公司确定，在目前的价格下，其电脑芯片的需求在短期内有 -2 的价格弹性，其软盘驱动器的价格弹性是 -1。

① 如果公司决定将两种产品的价格都提高 10%，其销售量有什么变化？销售收入呢？

②能否从已知的信息中判断，哪个产品会给厂商带来最大的收入？说明理由。

解：

①电脑芯片的销售量变化：$\triangle Q/Q = -2 \times \triangle P/P = -2 \times 10\% = -20\%$

电脑芯片的销售收入：

$$\frac{R - R'}{R} = \frac{P \cdot Q - (P + \triangle P) \times (Q + \triangle Q)}{P \cdot Q} = \frac{1 - (1 + 10\%) \times (1 - 20\%)}{1} = 12\%$$

通过上述计算可以看出：由于价格提高 10%，导致销售收入减少 12%，驱动器的价格需求弹性为 -1，所以价格提高 10%，会导致销售量减少 10%，销售收入没有变化。

②从已知信息可以判断，在当前的价格水平下，软盘驱动器给厂商带来了最大的收入，因为厂商不论是降价还是提价，都不能再使收入增加。进一步考虑，若厂商降低产品价格，电脑芯片的收入会增加。

4. 如果你在管理一条高速公路，过路的需求 Q 由 $P = 12 - 2Q$ 求得。要求回答：

①画出过路的需求曲线。

②如果不收费，有多少车辆会通过此路？

解：

①以过路车辆为横轴，以价格为纵轴，画出坐标系，

当 $P = 12$ 时，$Q = 0$ 得到纵轴上的一点 A；

当 $P = 0$ 时，$Q = 6$ 得到横轴上的一点 B；

联结 AB 而成的直线为过路的需求曲线。

②若不收费，即 $P = 0$，此时 $Q = 6$，即有 6 辆车过路。

5. 假设食物需求的收入弹性为 0.5，价格弹性为 -1.0，若某位消费者每年食物支

出为10000元,食物价格 $P=2$ 元,收入是25000元。要求回答:

①若某种原因使食物价格增加一倍,那么食物消费会有什么变化?

②假设他得到5000元的补助,食物消费如何变化?

解:

①食物价格增加一倍,则 $P=4$ 元,由于价格弹性是 -1.0,所以食物消费量减少一半,则原来的食物消费量为:

$10000/2 = 5000$,价格上升后的消费量为:$5000/2 = 2500$

②由于收入弹性 $E_{dM} = 0.5$,收入增加1倍,消费量增加50%,所以当他得到5000元的补助后,食物消费会增加:

$$\frac{5000}{25000} \times 50\% = 10\%$$

6. 某君消费两种商品 X 和 Y,其消费形式已满足下述条件:$MU_X/P_X = MU_Y/P_Y$。现在假设 P_x 下降,P_y 保持不变,请论证说明:

①若某君对 X 的需求价格弹性小于1,为什么他对 Y 的需求量会增加?

②若某君对 X 的需求价格弹性大于1或等于1,他对 Y 的需求量会怎样?

答:

①原来某君的消费处于均衡状态,设预算方程为 $P_x \cdot x + P_y \cdot y = M$,现在 X 的价格下降(设为 P_{x1}),由于 X 的需求价格弹性小于1,虽然 X 商品的购买量会增加(设为 X_1),但消费者用于 X 商品上的支出是减少的,即 $P_x \cdot X > P_{x1} \cdot X_1$,这样,在收入 (M) 和 P_y 不变的情况下,Y 商品的购买量就会增加。

②原来消费处于均衡状态,预算方程为 $P_x \cdot x + P_y \cdot y = M$,现在 X 的价格下降为 P_{x1}。

若 X 的需求价格弹性等于1,虽然对 X 的需求量会增加(设为 x_1),但是,消费者用于购买 X 商品的支出却没有变,即 $P_{x1} \cdot X_1 = P_x \cdot X$,由于 M、P_y 不变,Y 的需求量也没变。

若 X 的需求价格弹性大于1,对 X 的需求量增加(仍设为 x_1),消费者用于 X 商品的支出也随之增加,即 $P_{x1} \cdot X_1 > P_x \cdot X$,由于 M、P_y 不变,Y 的需求量减少。

7. 假设某消费者的收入、商品价格和消费品的效用函数为已知,请给出效用极大化所需条件。假如他只消费两种消费品,他是否总是同时买进这两种商品?为什么?

解:设效用函数为 $U = f(x, y)$,收入为 M,价格为 P_x、P_y,而

$$MU_X = \frac{\partial U}{\partial X} = \frac{\partial f(x,y)}{\partial x}; MU_y = \frac{\partial U}{\partial Y} = \frac{\partial f(x,y)}{\partial y}$$

$$\frac{\partial f(x,y)}{\partial x}/P_x = \frac{\partial f(x,y)}{\partial Y}/P_Y$$

效用极大化条件为:$MU_X/P_X = MU_Y/P_Y$

约束条件为:$P_x \cdot x + P_y \cdot y = M$

由于在一般情况下,P_x 和 P_y 都不可能为零,MU_x 和 MU_y 都不可能为零,因此,假如他只消费两种消费品,就一般总是同时买进这两种商品。但在无解情况下,则不必然同时买进两种商品。

8. 某人把他的全部收入都用于购买 X 和 Y 两种商品，他认为 X 和 Y 是完全替代的，一单位 X 和一单位 Y 的效用相同。X 每单位 4 元，Y 每单位 5 元。假设 X 的价格下降为 3 元，他会更多地购买 X 商品吗？消费的这种变化中，多少归于收入效应？多少归于替代效应？

解：因为一单位 X 的效用与一单位 Y 的效用相同，所以，$MRS_{xy}=1$，又因为 $P_x=4$ 元，$Py=5$ 元，所以，预算线 AB 的斜率 $=4/5=0.8$，因此，AB 的斜率小于 MRS_{xy}，AB 与无差异曲线 I 相交，如下图所示。这时，消费者为得到最大满足，把全部收入用于购买 OA 量的 X 商品，而不买任何 Y 商品。

当 X 的价格下降到 3 元时，预算线变为 $A'B$，$A'B$ 的斜率为 $3/5=0.6$，仍小于 MRS_{xy}，$A'B$ 与较高的无差异曲线 II 相交于 A' 点，这时，消费者为得到最大满足，把全部收入用于购买 OA' 量的 X，X 商品的购买量增加了 AA'，从下图可以看出，X 商品购买量的增加完全是由于收入效应，替代效应为零。

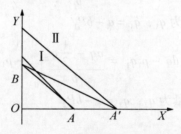

9. 已知效用函数为 $U=X^a+Y^a$，求商品的边际替代率 MRS_{xy} 和 $MRSyx$，以及 $X=10$，$Y=5$ 时的 MRS_{xy} 和 MRS_{yx}

解：$\because MU_X=\partial U/\partial x=aX^{a-1}\quad MU_Y=\partial U/\partial Y=aY^{a-1}$

$\therefore MRS_{xy}=MU_X/MU_Y=-\dfrac{\partial U}{\partial X}/\dfrac{\partial U}{\partial Y}=\dfrac{aX^{a-1}}{-aY^{a-1}}=-\left(\dfrac{X}{Y}\right)^{a-1}$

$MRS_{YX}=MU_Y/MU_X=\dfrac{\partial U}{\partial Y}/\dfrac{\partial U}{\partial X}=-\dfrac{aY^{a-1}}{aX^{a-1}}=-\left(\dfrac{Y}{X}\right)^{a-1}$

当 $X=10,Y=5$ 时，

$MRS_{xy}=-\left(\dfrac{X}{Y}\right)^{a-1}=-\left(\dfrac{10}{5}\right)^{a-1}=-2^{a-1}$

$MRS_{YX}=-\left(\dfrac{Y}{X}\right)^{a-1}=-\left(\dfrac{5}{10}\right)^{a-1}=-\left(\dfrac{1}{2}\right)^{1-a}$

10. 设消费者甲的效用函数 $U=(x+2)(y+6)$，X 是苹果的个数，Y 是香蕉的个数。问：

①甲原有 4 个苹果，6 个香蕉。现甲得给乙 3 个苹果，乙将给他 9 个香蕉，进行这项交易，甲的商品组合是什么？如果甲拒绝交换，是否明智？

②若 MRS_{xy} 是 -2，甲愿意为 3 个香蕉而放弃 1 个苹果吗？愿意为 6 个香蕉而放弃 2 个苹果吗？

解：①甲原来的商品组合为（4，6），现在交换后，苹果剩下 1 个，而香蕉却增加为 15 个，商品组合为（1，15）。由效用函数可得到两种组合的效用。

当 $X=4$，$Y=6$ 时，$U=(x+2)(y+6)=(4+2)(6+6)=72$

当 $X=1$，$Y=15$ 时，$U=(x+2)(y+6)=(1+2)(15+6)=63$

可见，(4, 6) 组合提供的效用比 (1, 15) 组合要大，因此拒绝交换是明智的。

② $MRS_{xy}=-2$，意味着甲为得到 2 个香蕉，愿意放弃 1 个苹果，现在他只要放弃 1 个苹果，就可以得到 3 个香蕉，他当然愿意。

同理，$MRS_{xy}=-2$，也意味着甲为得到 4 个香蕉，愿意放弃 2 个苹果，现在放弃 2 个苹果就可得到 6 个香蕉，他当然愿意。

11. 若需求函数为 $q=a-bp$，a，$b>0$，求：

① 当价格为 P_1 时的消费者剩余为多少？

② 当价格由 P_1 变为 P_2 时消费者剩余变化了多少？

解：

① 由 $q=a-bp$，得反需求函数为 $P=\dfrac{a-q}{b}$

设价格为 P_1 时，需求量为 q_1，$q_1=a-bP_1$

消费者剩余 $=\int_0^{q_1}(\dfrac{a-q}{b})dq-p_1q_1=\dfrac{aq-\dfrac{1}{2}q^2}{b}\bigg|_0^{q_1}-p_1q_1=\dfrac{a^2}{2b}-ap_1+\dfrac{b}{2}p_1^2$

② 设价格为 P_2 时，需求量为 q_2，$q_2=a-bP_2$

消费者剩余变化量

$=\int_0^{q_2}(\dfrac{a-q}{b})dq-p_2q_2-[\int_0^{q_1}(\dfrac{a-q}{b})dq-p_1q_1]$

$=\dfrac{aq-\dfrac{1}{2}q^2}{b}\bigg|_0^{a^2}-p_2q_2-(\dfrac{a^2}{2b}-ap_1+\dfrac{b}{2}p_1^2)$

$=\dfrac{aq_2-\dfrac{1}{2}p_2^2}{b}-p_2q_2-(\dfrac{a^2}{2b}-ap_1+\dfrac{b}{2}p_1^2)$

$=\dfrac{a^2}{2b}-ap_2+\dfrac{b}{2}p_2^2-(\dfrac{a^2}{2b}-ap_1+\dfrac{b}{2}p_1^2)$

$=\dfrac{b}{2}p_2^2-\dfrac{b}{2}p_1^2-ap_2+ap_1$

12. 令消费者的需求曲线为 $p=a-bq$，a，$b>0$，并假定征收 $pt\%$ 的销售税，使得他支付的价格提高到 $P(1+t\%)$，证明他损失的消费者剩余超过政府征税而提高的收益。

解：设价格为 p 时，消费者的需求量为 q_1，则 $p=a-bq_1$，得 $q_1=\dfrac{a-p}{b}$

又设价格为 $P(1+t)$ 时，消费者的需求量为 q_2，由 $P=a-bq_2$，得 $q_2=\dfrac{a-(1+t)p}{b}$

消费者剩余损失

$=\int_0^{q_1}(a-bq)dq-pq_1-[\int_0^{q_2}(a-bq)dq-p(1+t)\cdot q_2]$

$$= \int_{q_2}^{q_1}(a-bq)dq + p(1+t) \cdot q_2 - pq_1$$

$$= (aq - \frac{b}{2}q^2)\Big|_{q_2}^{q_1} + (1+t)pq_2 - pq_1$$

$$= (aq_1 - \frac{b}{2}q_1^2) - (aq_2 - \frac{b}{2}q_2^2) + (1+t)pq_2 - pq_1$$

政府征税而提高的收益 = $(1+t)pq_2 - pq_1$

消费者剩余亏损 – 政府征税而提高的收益

$$= (aq_1 - \frac{b}{2}q_1^2) - (aq_2 - \frac{b}{2}q_2^2) + (1+t)pq_2 - pq_1 - [(1+t)pq_2 - pq_1]$$

$$= (aq_1 - \frac{b}{2}q_1^2) - (aq_2 - \frac{b}{2}q_2^2)$$

$$= \frac{a(a-p)}{b} - \frac{b}{2} \times (\frac{a-p}{b})^2 - \frac{a[a-(1+t)p]}{b} + \frac{b}{2} \times [\frac{a-(1-t)p}{b}]^2$$

$$= \frac{2tp + t^2p^2}{2b}$$

∵ b、t、$p > 0$

∴ $\frac{2tp + t^2p^2}{2b} > 0$

因此，消费者剩余损失总是超过政府征税而提高的收益。

13. 假定效用函数为 $U = q^{0.5} + 2M$，q 为消费的商品量，M 为收入。求：需求曲线。

解：根据题意可得，商品的边际效用

$MU = \partial U/\partial q = 0.5q^{-0.5}$

单位货币的效用为 $\lambda = \partial U/\partial M = 2$

若单位商品售价为 P，则单位货币的效用 λ 就是商品的边际效用除以价格，即

$\lambda = MU/P$

于是得：$\frac{\partial U}{\partial M} = \frac{\partial U}{\partial q}\Big/P$，即 $2 = \frac{0.5q^{-0.5}}{P}$

进而得：$q = \frac{1}{16P^2}$，这就是需求曲线。

14. 某消费者消费商品 X 和 Y 的无差异曲线为 $Y = 20 - 4\sqrt{x}$，问：

①组合（4, 12）点的斜率是多少？

②组合（9, 8）点的斜率是多少？

③MRS 是递减的吗？

解：

对于 $Y = 20 - 4\sqrt{x}$，有 $\frac{dy}{dx} = -4 \times \frac{1}{2}x^{-\frac{1}{2}}$ 即 $\frac{dy}{dx} = -2x^{-\frac{1}{2}}$

①当 $x = 4$ 时，$\frac{dy}{dx} = -2x^{-\frac{1}{2}} = -2 \times 4^{-\frac{1}{2}} = -1$

故 $Y = 20 - 4\sqrt{x}$ 在点（4, 12）处的斜率为 –1

②当 $x=9$ 时, $\frac{dy}{dx} = 2x^{-\frac{1}{2}} = 2 \times 9^{-\frac{1}{2}} = -\frac{2}{3}$

故：

$Y = 20 - 4\sqrt{x}$ 在点（9，8）处的斜率是 $-\frac{2}{3}$

③由于 $MRS_{xy} = \frac{dy}{dx} = 2x^{-\frac{1}{2}}$

$(2x^{-\frac{1}{2}})'_x = 2 \cdot (-\frac{1}{2}) \cdot x^{-\frac{3}{2}} = -x^{-\frac{3}{2}} = -\frac{1}{3}x^2 < 0$

故 MRS_{xy} 是递减的。

15. 已知某人消费共两种商品 X 和 Y 的效用函数为 $U = X^{\frac{1}{3}}XY^{\frac{1}{3}}$，商品价格为 P_x 和 P_y，收入为 M，请推导出他对 X 和 Y 的需求函数。

解：根据题意，预算方程为 $P_x \cdot x + P_y \cdot y = M$，那么，$M - P_x \cdot x - P_y \cdot y = 0$

令 $U = X^{1/3}Y^{1/3} + \lambda(M - P_x \cdot x - P_y \cdot y)$，$U$ 极大的必要条件是所有的一阶偏导数为零，即

$\frac{\partial U}{\partial X} = \frac{1}{3}x^{-\frac{2}{3}}y^{\frac{1}{3}} - \lambda P_x = 0;$

$\frac{\partial U}{\partial y} = \frac{1}{3}x^{\frac{1}{3}}y^{-\frac{2}{3}} - \lambda P_x = 0;$

$\frac{\partial U}{\partial \lambda} = M - P_x \cdot x - P_y \cdot y = 0$

解下列方程可得出 X 和 Y 的需求函数

$$\begin{cases} \frac{1}{3}x^{-\frac{2}{3}}y^{\frac{1}{3}} - \lambda P_x = 0 \\ \frac{1}{3}x^{\frac{1}{3}}y^{-\frac{2}{3}} - \lambda P_y = 0 \\ M - P_x \cdot x - P_y \cdot y = 0 \end{cases}$$

16. 已知某人月收入为1200元，全部花费在 X 和 Y 两种商品上，他的效用函数为 $U = XY$，X 的价格为20元，Y 的价格为30元。求：

①为获得最大效用，他购买的 X 和 Y 各为多少？

②货币的边际效用和他获得的总效用各为多少？

③假如 X 的价格提高44%，Y 的价格不变，为保持原有的效用水平，他的收入必须增加多少？

④假设他原有的消费品组合恰好代表全社会的平均数，因而他原有的购买量可作为消费品价格指数的加权数，当 X 的价格提高44%时，消费品价格指数提高多少？

⑤为保持原有的效用水平，他的收入必须提高多少个百分率？

⑥你关于④和⑤的答案是否相同？假如不同，请解释为什么他的效用水平能保持不变？

解：

①由 $U = XY$ 得：$\frac{\partial U}{\partial X} = \frac{\partial (XY)}{\partial X} = Y$，$\frac{\partial U}{\partial Y} = \frac{\partial (XY)}{\partial Y} = X$；

又知，$P_x = 20$ $P_y = 30$，进而由 $MU_X/P_X = MU_Y/P_Y$，得 $Y/20 = X/30$

由题意可知预算方程为：$20X + 30Y = 1200$

解下列方程组：$\begin{cases} \dfrac{Y}{20} = \dfrac{X}{30} \\ 20X + 30Y = 1200 \end{cases}$

可得：$\begin{cases} X = 30 \\ Y = 20 \end{cases}$

因此，为使获得的效用最大，他应购买30单位的 X 和20单位的 Y。

② $\because MU_x = \partial U/\partial x = Y = 20$，$P_x = 20$

$\therefore$ 货币边际效用 $\lambda = MU_X/P_X = Y/P_x = 20/20 = 1$

总效用 $TU = XY = 30 \times 20 = 600$

③现在 $P_X = 20 + 20 \times 44\% = 28.8$，$MU_X/P_X = MU_Y/P_Y$，也就是 $Y/28.8 = X/30$

又由题意可知，$U = XY = 600$

$\begin{cases} \dfrac{Y}{28.8} = \dfrac{X}{30} \\ XY = 600 \end{cases}$ 得 $\begin{cases} X = 25 \\ Y = 24 \end{cases}$

④消费品价格提高的百分率 = $\dfrac{\text{价格指数增加额}}{\text{原有的价格指数}}$

$= \dfrac{(30 \times 28.8 + 20 \times 30) - (30 \times 20 + 20 \times 30)}{30 \times 20 + 20 \times 30}$

$= \dfrac{264}{1200} = 22\%$

⑤收入提高的百分率 = $24/120 = 20\%$

⑥消费品价格指数提高22%，而收入提高了20%，二者显然不同。

因为 X 的价格提高44%，在 Y 价格不变的情况下，为取得同样效用，均衡购买量发生了变化。一方面，X 的购买量从30降为25，因而减少支出为 $28.8 \times (30 - 25) = 144$ 元；另一方面，Y 的购买量从20增至24，因而增加 $30 \times (24 - 20) = 120$ 元的支出，二者相抵，净节省 $144 - 120 = 24$ 元，占原收入1200元的 $24/1200 = 2\%$。因此，当价格指数提高22%时，收入只需提高20%就够了。

17. 若某消费者的效用函数为 $U = xy^4$，他会把收入的多少用于商品 Y 上？

解：假设商品 X 的价格为 P_X，商品 Y 的价格为 P_Y，收入为 M。

由 $U = xy^4$ 得：$\partial U/\partial x = y^4$ $\partial U/\partial y = 4xy^3$

他对 X 和 Y 的最佳购买条件是，$MU_X/P_X = MU_Y/P_Y$，即为：$y^4/P_x = 4xy^3/P_y$

变形得，$P_x \cdot x = \dfrac{1}{4} P_y \cdot y$

把 $P_x \cdot x = \dfrac{1}{4} P_y \cdot y$ 代入预算方程 $P_x \cdot x + P_y \cdot y = M$

$$\frac{1}{4}P_y \cdot y + P_y \cdot y = M$$

$$P_y \cdot y = \frac{4}{5}M$$

这就是说，他的收入中有 4/5 用于购买商品 Y。

18. 证明：若效用函数为 $U = X^r Y$，$r > 0$，则恩格尔曲线是一条直线。

解：恩格尔曲线是在商品价格和消费者的偏好不变的情况下，消费者收入变动，无差异曲线和预算线的切点的轨迹，它经过原点。设 X 的价格为 P_X，Y 的价格为 P_Y。

对于 $U = X^r Y$，有：$\partial U/\partial x = rX^{r-1}Y$ $\partial U/\partial y = X^r$

$MU_X/P_X = MU_Y/P_Y$，即为：

$$\frac{Y}{X} = \frac{P_x}{rP_y}$$

由于 P_x、P_y 是固定不变的，r 为常数，且 $r > 0$，故 $\dfrac{P_x}{rP_y}$ 是一个大于零的常数。因此，$\dfrac{Y}{X}$ 是大于零的常数。

又因为恩格尔曲线过原点，所以 Y/X 就是曲线的斜率，而 Y/X 又是大于零的常数。因此，恩格尔曲线是一条过原点向右上方倾斜的直线。

第四章　厂商生产理论

一、分析题

1. 在生产函数中，只要有一种投入不变，便是短期生产函数。

分析：生产函数中，只有一种要素可变，是短期生产函数。

2. 如果劳动的边际产量递减，其平均产量也递减。

分析：随着某种生产要素投入量的增加，边际产量和平均产量增加到一定程度均趋于下降，其中边际产量的下降一定先于平均产量。

3. 如果平均变动成本等于边际成本，则边际产量等于平均产量。

分析：短期成本曲线上的平均变动成本最低点对应短期生产曲线上的平均产量最高点，而边际成本曲线穿过平均变动成本最低点，边际产量曲线穿过平均产量曲线最高点，因此，在平均变动成本等于边际成本的点所对应的生产函数上，平均产量等于边际产量。

4. 当平均产量最高时，平均成本最低。

分析：当平均产量最高时，平均变动成本最低。

5. 若生产函数 $q = \sqrt{4L}\sqrt{9K}$，且 L，K 价格相同，则为实现利润最大化，企业应投入较多的劳动和较少的资本。

分析：由 $q = (4L)^{1/2}(9K)^{1/2}$，$dq/dL = 3(L/K)^{1/2}$，$dq/Dk = 3(L/K)^{1/2}$，L、K 价

格相等，$L/K=1$。因此，企业投入的劳动和资本相等。

6. 拥有范围经济的企业，必定存在规模经济。

分析：大型企业往往同时具有范围经济和规模经济，但两者并无必然联系。

二、选择题

1. 如果仅劳动是变动投入，以边际产量等于平均产量作为划分生产三阶段的标志，则（   ）不是第Ⅱ阶段的特点。
   A. 边际实物报酬递减   B. 平均产量不断下降
   C. 总产量不断提高   D. 投入比例从比较合理到比较不合理
   E. 资本的平均产量递增

2. 若劳动与资本的投入组合处于投入产出生产函数等产量线的垂直部分，则（   ）。
   A. 劳动与资本的边际产量都是负
   B. 劳动与资本的边际产量都是0
   C. 劳动的边际产量为0，资本的边际产量为正
   D. 劳动的边际产量为正，资本的边际产量为0
   E. 以上说法都不正确

3. 机会成本的经济含义是（   ）。
   A. 使用一种资源的机会成本是放弃这种资源另一种用途的收入
   B. 使用一种资源的机会成本是放弃这种资源在其他用途中所能得到的最高收入
   C. 使用一种资源的机会成本是将其用于次优用途的收入
   D. 使用一种资源的机会成本是保证这种资源在现用途继续使用而必须支付的费用
   E. 以上都是机会成本的含义，只是说法不同

4. 某企业有房屋、设备等固定资产1 000万元，折旧率6%；银行长期贷款100万元，年利率5%；生产工人工资总额120万元；管理人员工资10万元；原料、材料、动力费用1 500万元。则其总固定成本为（   ）。
   A. 60万元   B. 65万元   C. 75万元   D. 1 000万元   E. 1 100万元

5. 若某个产量的长期平均成本等于短期平均成本，但高于长期边际成本，则可推断（   ）。
   A. 规模报酬处于递减阶段   B. 长期平均成本正在下降
   C. 短期平均成本最小   D. 短期平均成本等于长期边际成本
   E. 短期边际成本等于长期边际成本   F. 仅B，E正确

6. 如果连续增加某种生产要素，在总产量达到最大值的时候，边际产量曲线与以下哪条线相交（   ）。
   A. 平均产量曲线   B. 纵轴
   C. 横轴   D. 总产量曲线

7. 在总产量、平均产量和边际产量的变化过程中，下列哪一个变化首先发生（   ）。

A. 边际产量下降 D. 平均产量下降

C. 总产量下降 D. B 和 C

8. 在边际收益递减规律的作用下，边际产量会发生递减，在这种情况下，如果增加相同产量的产出，应该（ ）。

   A. 停止增加可变的生产要素 B. 减少可变生产要素的投入

   C. 增加可变要素投入的数量 D. 减少固定生产要素

9. 等产量曲线（ ）。

   A. 说明为了生产一个给定的产量而可能的各种要素投入组合

   B. 除非得到所有要素的价格，否则不能画出这条曲线

   C. 表明了投入与产出的关系

   D. 表明了无论投入的数量如何变化，产出量都是一定的

10. 如果一项投入品的边际产量为正值，随着投入的增加，边际产量递减，则（ ）。

    A. 总的产量已经达到了最高点，正在不断下降

    B. 总的产量不断增加，但是增加的速度越来越慢，平均产量一定是下降的

    C. 平均产量一定下降

    D. 厂商应当减少产出

11. 如果一项投入品的平均产量高于其边际产量，则（ ）。

    A. 随着投入的增加，边际产量增加

    B. 边际产量将向平均产量趋近

    C. 随着投入的增加，平均产量一定增加

    D. 平均产量将随投入的增加而降低

12. 在生产的有效区域内，等产量曲线（ ）

    A. 凸向原点 B. 不能相交

    C. 负向倾斜 D. 上述说法都对

13. 下列的说法中正确的是（ ）。

    A. 生产要素的边际技术替代率是规模报酬递减规律造成的

    B. 边际收益递减规律是规模报酬递减规律造成的

    C. 规模报酬递减是边际收益递减规律造成的

    D. 生产要素的边际技术替代率递减是边际收益递减规律造成的

14. 凡是属于齐次的生产函数，都是分辨其规模收益的类型，这句话（ ）。

    A. 正确 B. 不正确

    C. 可能正确 D. 不一定正确

三、答案

1. D   2. D   3. B   4. D   5. F   6. C   7. A   8. C   9. A   10. B

11. D   12. D   13. D   14. A

四、计算题

1. 已知某企业的生产函数为 $Q = L^{2/3}K^{1/3}$,劳动的价格 $w = 2$,资本的价格 $r = 1$。求:
（1）当成本 $C = 3000$ 时,企业实现最大产量时的 L、K 和 Q 的均衡值。
（2）当产量 $Q = 800$ 时,企业实现最小成本时的 L、K 和 C 的均衡值。

解:
（1）$Q = L^{2/3}K^{1/3}$,$w = 2$,$r = 1$,$C = 3000$
$2L + K = 3\,000$ ①
由 $MP_L/w = MP_k/r$ 得 $2/3 \times L^{-1/3}K^{1/3}/2 = 1/3 L^{2/3}K^{-2/3}$
得 $K = L$ ②
由①②,得 $K = L = 1000$ $Q = 1000$
（2）$Q = L^{2/3}K^{1/3} = 800$
由 MP_L/w：MP_K/r 得 $K = L$
由①②,得 $K = L = 800$
$C = 2L + K = 2400$

2. 企业以变动要素 L 生产产品 X,短期生产函数为 $q = 12L + 6L^2 - 0.1L^3$
（1）AP_L 最大时,需雇佣多少工人?
（2）MP_L 最大时,需雇佣多少工人?
（3）AP_K 最大时,需雇佣多少工人?

解:由 $q = 12L + 6L^2 - 0.1L^3$ 得
（1）$AP_L = q/L = 12 + 6L - 0.1L^2$
$AP'_L = 6 - 0.2L = 0$,$L = 30$
（2）$MP_L = dq/dL = 12 + 12L - 0.3L^2$
$MP'_L = 12 - 0.6L = 0$
$L = 20$
（3）根据题设,仅 L 为变动要素,因此 K 为固定值（设 $K = K_0$）。要求 AP_K 最大,求:$AP_K = q/K = (12L + 6L^2 - 0.1L^3)/K = (12L + 6L^2 - 0.1L^3)/K_0$ 最大。
$AP'_K = (12 + 12L - 0.3L^2)/K_0 = 0$,即 $12 + 12L - 0.3L_2 = 0$,解之得:
$L = 20 + 2\sqrt{110}$ $L = 20 - 2\sqrt{110}$（舍去）,因此,AP_K 最大时,需雇佣 $L = 20 + 2\sqrt{110} \approx 41$ 个工人。

3. 某企业使用劳动 L 和资本 K 进行生产,长期生产函数为 $q = 20L + 65K - 0.5L^2 - 0.5K^2$,每期总成本 $TC = 2200$ 元,要素价格 $w = 20$ 元,$r = 50$ 元。求企业最大产量,以及 L 和 K 的投入量。

解:$q = 20L + 65K - 0.5L^2 - 0.5K^2$
$TC = 2200$,$w = 20$,$r = 50$
$MP_L = dq/dL = 20 - L$,$MP_K = 65 - K$
由 $MP_L/MP_K = w/r$ 得 $(20 - L)/(65 - K) = 20/50$

即 $2K - 5L = 30$ ①
由 $wL + rK = 2200$ 得 $20L + 50K = 2200$ ②
由①②得,$L = 10$,$K = 40$
最大产量 $q = 20L + 65K - 0.5L^2 - 0.5K^2 = 20 \times 10 + 65 \times 40 - 0.5 \times 100 - 0.5 \times 40 \times 40 = 1950$

4. 设某国有企业的生产函数为 $q = 30L^{0.75}K^{0.25}$,劳动年工资总额为 0.5 万元,资本(万元)年利率为 10%,问:

(1) 当总成本为 5000 万元时,企业能够达到的最大产量及其劳动、资本雇佣量。
(2) 当总产量为 1000 单位时,企业必须投入的最低总成本及其劳动、资本雇佣量。
(3) 当总成本为 5000 万元时,若劳动年工资从 0.5 万元下降到 0.4 万元,其总效应、替代效应、产量效应各多少?

解: $q = 30L^{0.75}K^{0.25}$,
$MP_L = dq/dL = 30 \times 0.75L^{-0.25}K^{0.25}$
$MP_K = dq/dK = 30 \times 0.25L^{0.75}K^{-0.75}$
$MP_L/MP_K = P_L/P_K$ 得 $3K = 5L$

(1) $0.5L + K(1 + 10\%) = 5000$,$3K = 5L$
$K = 3571$,$L = 2143$
$Q = 30L^{0.75}K^{0.25} = 73044$

(2) $q = 30L^{0.75}K^{0.25} = 1000$,$3K = 5L$
$K = 49$,$L = 29.4$
$TC = 0.5L + K(1 + 10\%) = 68.6$

(3) $3K/L = 0.4/0.1$ $3K = 4L$

当总成本为 5000 万元时,$K = 3571$,$L = 2143$
当劳动年工资从 0.5 万元下降到 0.4 万元时;为使该企业仍能生产同劳动年工资变化前一样的产量,需要的总成本为:$2143 \times 0.4 + 3571 = 4428.2$ 万元。

当总成本为:4428.2 万元,劳动年工资为 0.4 万元时,该企业事实上不仅仅使用 2143 的劳动量,还会增加劳动量的使用,此时需要的劳动量为:
$4L + K(1 + 10\%) = 4428.2$,$3K = 4L$
即 $L = 2372$

由于该企业的成本为 5000 万元,不仅替代效应会增加劳动量的使用,而且产量效应也会增加对劳动量的使用。此时需求的劳动量为:
$4L + K(1 + 10\%) = 5000$,$3K = 4L$
即 $L = 2679$

所以替代效应为:$2372 - 2143 = 229$,产量效应为:$2679 - 2372 = 307$。

5. 某农具厂生产 2 轮和 4 轮两种拖车,主要材料都是钢材和木材。若生产一台 2 轮拖车需用钢材 2 吨、木材 1 吨,每台售价 2000 元;生产一台 4 轮拖车需用钢材 3 吨、木材 4 吨,每台售价 3000 元。但是,该厂每月使用钢材不得超过 400 吨,使用木材不得超过 300 吨,在这种情况下,如果销售无问题,应如何安排生产计划?

解：设分别生产 2 轮和 4 轮拖车 X 台、Y 台

$2X+3Y \leqslant 400$，$X+4Y \leqslant 300$

由 $2X+3Y=400$，$X+4Y=300$

得 $X=140$，$Y=40$

最大利润为 $2000X+3000Y=400000$

因此，在限制条件下，本厂的最优生产计划安排为：生产 2 轮车 140 台，生产 4 轮车 40 台。

第五章 成本－收益分析

一、分析题

1. 机会成本是企业的一种成本，它可以衡量并反映到会计账表中。

分析：这种说法是错误的。因为机会成本属于隐成本，可以大致衡量，但不能在会计账表中反映。

2. 根据西方经济学的解释，当经济利润为零时，企业的可分配利润为零。

分析：这种说法是错误的。因为当经济利润为零时，正常利润大于零。

3. 在短期内若企业的总成本函数为：$STC=aQ+b$，据此可判断固定成本为 b。

分析：这种说法正确。因为短期总成本函数可知，b 不随企业的产量的变化而变化。

4. 边际报酬递减规律决定了当一种投入要素连续增加时，它所带来的边际产量最终必是递减的。

分析：这种说法是错误的。因为必须在其他条件不变时才会如此。

5. 长期平均成本曲线是短期平均成本曲线的包络线，并且长期平均成本曲线与短期平均成本曲线的最低点相切。

分析：这种说法是错误的。因为只有在长期成本曲线的最低点才是如此。

6. 长、短期平均成本曲线都呈 U 形，都是由边际报酬递减规律造成的。

分析：这种说法是错误的。因为短期如此，长期是由规模经济造成的。

7. 长期总成本曲线上的每一点都与短期总成本曲线上的某一点相对应，但短期总成本曲线上并非每一点都与长期总成本曲线上的某一点相对应。

分析：这种说法正确。因为长期总成本线是短期总成本线的包络线，而不是相反。

二、选择题

1. 某厂商每年从企业的总收入中取出一部分作为自己所提供的生产要素的报酬，这部分资金被视为（   ）。

   A. 显性成本　　　　　　　B. 隐性成本　　　　　　　C 经济利润

2. 对应于边际报酬的递增阶段，SMC 曲线（   ）。
   A. 以递增的速率上升 B. 以递增的速率下降
   C. 以递减的速率上升 D. 以递减的速率下降

3. 短期内在每一产量上的 MC 值应该（   ）。
   A. 是该产量上的 TVC 曲线的斜率，但不是该产量上的 TC 曲线的斜率
   B. 是该产量上的 TC 曲线的斜率，但不是该产量上的 TVC 曲线的斜率
   C. 既是该产量上的 TVC 曲线的斜率，又是该产量上的 TC 曲线的斜率

4. 在短期内，随着产量的增加，AFC 会越变越小，于是，AC 曲线和 AVC 曲线之间的垂直距离会越来越小，（   ）。
   A. 直至两曲线相交 B. 决不会相交

5. 在从原点出发的射线与 TC 曲线相切的产量上，必有（   ）。
   A. AC 值最小 B. $AC = MC$
   C. MC 曲线处于上升段 D. 上述各点都对

6. 在规模经济作用下的 LAC 曲线是呈（   ）。
   A. 下降趋势 B. 上升趋势

7. 在任何产量上的 LTC 决不会大于该产量上由最优生产规模所决定的 STC。这句话（   ）。
   A. 总是对的 B. 肯定错了
   C. 有可能对 D. 视规模经济的具体情况而定

8. 在 LAC 曲线与一条代表最优生产规模的 SAC 曲线相切的产量上必定有（   ）。
   A. 相应的 LMC 曲线和代表最优生产规模的 SMC 曲线的一个交点，以及相应的 LTC 曲线和代表最优生产规模的 STC 曲线的一个切点
   B. 代表最优生产规模的 SAC 曲线达最低点
   C. LAC 曲线达最低点

9. 等成本曲线在坐标平面上与等产量曲线相交，那么要生产等产量曲线所表示的产量水平（   ）。
   A. 应该增加成本的支出 B. 不能增加成本的支出
   C. 应该减少成本的支出 D. 不能减少成本的支出

10. 已知等成本曲线和等产量曲线既不能相交也不能相切，此时要达到等产量曲线所表示的产出的水平，应该（   ）。
    A. 增加投入 B. 保持原有的投入不变
    C. 减少投入 D. 或 A 或 B

11. 某厂商以既定的成本产出最大的产量时，他（   ）。
    A. 一定是获得了最大的利润
    B. 一定是没有获得最大的利润
    C. 是否获得了最大的利润，还是没有办法确定
    D. 经济利润为零

12. 任何企业在短期内的固定成本包括（   ）。

A. 购买投入品的所有成本

B. 最优生产条件下生产一定产量的最小成本支出

C. 相当长的一段时间内都固定的成本，如工会组织的长期的工资合约

D. 即便不生产产品也要花费的总的费用

13. 某工厂 1000 个单位的日产出水平，总的成本为 4900 美元，如果产量减少 1 单位，则总的成本为 4890 美元，在这个产出的范围以内（　　）。

A. 平均成本高于边际成本

B. 平均成本和边际成本大致相等

C. 边际成本高于平均成本

D. 由于给定的条件中无法得到边际成本，因此不能比较平均成本和边际成本的大小

14. 如果边际成本在一定的产出范围以内大于平均成本，那么在这一范围内，产出的增加将会使平均成本（　　）。

A. 升高

B. 降低

C. 升高或者降低将会取决于可变成本的变化

D. 保持不变

15. 如果一个企业的边际产量与价格的比率和所有的投入都相同，那么（　　）。

A. 每一投入的边际产量都等于其价格

B. 企业的成本最小，利润最大

C. 企业利润最大化生产，但是并不一定以成本的最小化生产

D. 企业不一定是以利润的最大化生产，但一定是以成本的最小化生产

16. 根据投入在产出中的应用，以等产量曲线来表示固定投入和可变投入的差别，则等产量曲线（　　）。

A. 固定的投入等产量曲线是直线，可变的投入等产量曲线是直角线

B. 固定的投入等产量曲线是直角线，可变的投入表现为曲线

C. 固定的投入等产量曲线表现为曲线，可变的投入表现为直角线

D. 固定的投入表现为直角线，变动的投入表现为直线

17. 农场主投入土地和劳动力进行生产，他种植了 40 亩地的谷物，收益递减的规律告诉我们（　　）。

A. 土地不变，增加劳动力，最终土地的边际产量将会下降

B. 土地不变，增加劳动，最终劳动力的边际产量将会下降

C. 短期内劳动的平均产量保持不变

D. 短期内，没有可变的投入

18. 经济成本和经济利润具有以下特征（　　）。

A. 前者比会计成本大，后者比会计利润小

B. 前者比会计成本小，后者比会计利润大

C. 两者都比相应的会计成本和会计利润小

D. 两者都比相应的会计成本和会计利润大

19. 企业使其利润最大意味着（　　）。

    A. 使它的亏损最小化

    B. 使总的收益和总的成本之间的差额最大

    C. 根据边际收益和边际成本相等来决定产出的水平

    D. 以上都是

20. 一个企业在下面的哪种情况下应该关门（　　）。

    A. AVC 的最低点大于价格的时候

    B. AC 的最低点大于价格的时候

    C. 发生亏损的时候

    D. MC > MR

21. 等产量曲线和等成本曲线的切点表示的是（　　）。

    A. 对任何的产出，可得到最低可能的等成本线，切点表明了一定产出水平的最低成本

    B. 对任何的支出，所得到的最高可能的等产量曲线，切点表明的是这一支出水平下的最大产出

    C. 最大利润的产出水平

    D. A 与 B 都是

22. 劳动的边际产量与厂商的边际成本之间的关系是（　　）。

    A. 边际成本与边际产量呈反比

    B. 边际成本等于工资除以边际产量

    C. 当边际产量的曲线向下倾斜的时候，边际成本曲线也会向下倾斜

    D. 边际成本不变，而边际产量服从收益递减

23. 根据替代效应（　　）。

    A. 边际成本在平均成本最低点处与其相等

    B. 一种投入的价格提高会导致厂商用其他的投入来代替

    C. 一种投入的价格下降会导致厂商用其他的投入来代替

    D. 若厂商不知道其边际成本曲线，可以用平均成本曲线来代替

24. 长期与短期的区别在于（　　）。

    A. 短期中存在着不变的收益而长期中不存在

    B. 从长期来看，所有的投入都可变

    C. 三个月

    D. 平均成本在短期内是递减的，而长期成本在长期内是递增的

25. 规模收益递增的概念是指（　　）。

    A. 同时生产几种产品要比分别生产它们昂贵

    B. 大数量生产要比小数量生产昂贵

    C 产量越大生产的平均成本也就越低

    D. 边际成本线向下倾斜

26. 厂商的经济成本是指（　　）。
    A. 经理的时间机会成本　　　　　　　　B. 厂商资本投资的替代效应
    C. 业主资本投资的收益　　　　　　　　D. 上述各项
27. 如果具有 U 型的短期平均成本线的厂商通过工厂的数目翻番而使产量翻番，且平均成本不变，那么长期的供给曲线是（　　）。
    A. 完全有弹性的　　　　　　　　　　　B. 完全没有弹性的
    C. 向上倾斜的　　　　　　　　　　　　D. 向下倾斜的

三、答案

1. B　2. B　3. C　4. B　5. D　6. A　7. A　8. A　9. C　10. A
11. C　12. D　13. C　14. A　15. D　16. B　17. B　18. A　19. D
20. A　21. B　22. B　23. B　24. B　25. C　26. D　27. A

四、计算题

1. 假定某企业的短期成本函数是 $TC(Q) = Q^3 - 10Q^2 + 17Q + 66$：
（1）指出该短期成本函数中的可变成本部分和不变成本部分；
（2）写出下列相应的函数：$TVC(Q)$、$AC(Q)$、$AVC(Q)$、$AFC(Q)$、$MC(Q)$。

解：
（1）可变成本部分：$Q^3 - 10Q^2 + 17Q$
不变成本部分：66
（2）$TVC(Q) = Q^3 - 10Q^2 + 17Q$
$AC(Q) = Q^2 - 10Q + 17 + 66/Q$
$AVC(Q) = Q^2 - 10Q + 17$
$AFC(Q) = 66/Q$
$MC(Q) = 3Q^2 - 20Q + 17$

2. 已知某企业的短期总成本函数是 $STC(Q) = 0.04Q^3 - 0.8Q^2 + 10Q + 5$，求最小的平均可变成本值。

解：$STC(Q) = 0.04Q^3 - 0.8Q^2 + 10Q + 5$
$AVC(Q) = 0.04Q^2 - 0.8Q + 10$
求导得 $0.08Q - 0.8 = 0$
所以 $Q = 10$
$AVC(Q)_{min} = 6$

3. 某企业短期总成本函数为 $STC = 1000 + 240q - 4q^2 + \frac{1}{3}q^3$

（1）当 SMC 达到最小值时产量多少？
（2）当 AVC 达到最小值时产量多少？

解：$STC = 1\,000 + 240q - 4q^2 + \dfrac{1}{3}q^3$

(1) $SMC = d(STC)/dq = 240 - 8q + q^2$

$SMC' = -8 + 2q = 0$

$q = 4$

∴ 当 SMC 达到最小值时产量为 4。

(2) $AVC = 240 - 4q + \dfrac{1}{3}q^2$

$AVC' = -4 + \dfrac{2}{3}q = 0$，$q = 6$

∴ 当 AVC 达到最小时产量为 6。

4. 假定厂商只有一种可变要素的劳动 L，产出的也只有一种产品 Q，固定成本为既定的，短期函数为 $Q = -0.2L^3 + 12L^2 + 24L$，试求：①劳动的平均产量 AP_L 为极大值时雇佣的劳动人数。②劳动的边际产量 MP_L 为极大值时雇佣的劳动人数。③平均可变成本极小时的产量。④假如每个人的工资 $W = 240$，产品的价格 $P = 10$，求利润极大时雇佣的劳动人数。

解：

(1) 生产函数 $Q = -0.2L^3 + 12L^2 + 24L$

劳动的平均产量函数为：$AP_L = -0.2L^2 + 12L + 24$。

令：$\dfrac{dAP_L}{dL} = -0.4L + 12$

求解得：$L = 30$

即劳动的平均产量极大时所雇佣的劳动人数为 30 人。

(2) 劳动的边际产量为 $MP_L = -0.6L^2 + 24L + 24$

$\dfrac{DMP_L}{dL} = 1.2L + 2.4$

求解：$L = 20$

即劳动的边际产量为最大时所雇佣的劳动人数为 20 人。

(3) 平均可变成本极小时，即 AP_L 极小时，$L = 30$，代入生产函数，则：

$Q = -0.2L^3 + 12L^2 + 24L$

$= -0.2 \times 30^3 + 12 \times 30^2 + 24 \times 30 = 6120$

即平均可变成本最小时的产量为 6120。

(4) $\Pi = PQ - W \cdot L = 10 \times (-0.2L^3 + 12L^2 + 24L) - 240L$

$= -2L^3 + 120L^2$

$\Pi' = -6L^2 + 2\ L^4 = 0$

∴ $L = 40$

当 $W = 360$ 元，$P = 30$ 元，利润极大时雇佣的劳动人数为 40 人。

5. 一个厂商用资本和劳动生产产品，在短期中资本是固定的，劳动是可变的，短期的生产函数为 $x = -L^3 + 24L^2 + 240L$，其中：x 是每周的产量，L 是雇佣的劳动人数，每个人每周工作 40 小时，工资是每小时 6 元，试求：①计算该厂商在生产的第一、二、三个阶段上的 L 数值。②厂商在短期中生产的话，其产品的最低价格是多少？③如果该厂商每周的纯利润要达到 1096 元，需雇佣 8 个工人，该厂商的固定成本是多少？

解：

（1）对生产的第一、二、三阶段的判断取决于 MP_L 和 AP_L。从 AP_L 和 MP_L 都等于 0 到二者相等时，即 AP_L 为最大值时，为第一阶段；从这一阶段到 MP_L 为 0 时是第二阶段；从 MP_L 变为负值起为第三阶段。根据这一原理，先要计算出 AP_L 为最大及 $MP_L = 0$ 时投入劳动的数值，即：

$$x = -L^3 + 12L^2 + 144L, \quad AP_L = -L^2 + 12L + 144$$

$\dfrac{\partial AP_L}{\partial L} = -2L + 12 = 0 \Rightarrow L = 6$

$MP_L = -3L^2 + 24L + 144 = 0$，得 $L = 12$

$0 < L < 6$ 时，处于生产的第一阶段；

$6 < L < 12$ 时，处于生产的第二阶段；

$L > 12$ 时，处于生产的第三阶段。

（2）当产品的价格这 $P_X = AVC$ 的最小值时，工厂停止生产，AVC 最小发生在 AP_L 为最大值，从上面的计算已知，$L = 6$ 时，AP_L 达最大值。

当 $L = 6$ 时，产量 $X = -6^3 + 24 \times 6^2 + 240 \times 6 = 2088$。

由于满足每人每周工作 40 小时，每小时为 6 元，所以 6 个工人一周的工资成本为 $WL = 40 \times 6 \times 6 = 1440$ 元。$AVC = \dfrac{1440}{2088} = 0.69$（元）

当产品的价格低于 0.69 元时，则停止生产。

（3）厂商均衡的条件为 $W = VMP = P_X \cdot MP_L$，则：$P_X = \dfrac{W}{MP_L}$

当 $L = 8$ 时，$MP_L = -3 \times 8^2 + 24 \times 8 + 144 = 144$。

每个工人每周的工资为 $40 \times 6 = 240$ 元，则：

$P_X = \dfrac{W}{MP_L} = \dfrac{240}{144} = 1.6$（元）

当 $L = 8$ 时，总产量 $x = -8^3 + 12 \times 8^2 + 144 \times 8 = 1408$。

总收益 $TR = X \cdot P_X = 1.67 \times 1408 = 351.36$ 元。

总可变成本 $TVC = W \cdot L = 8 \times 240 = 1920$ 元。

由于利润要达到 300 元，所以固定成本

$\triangle TFC = 2351.36 - 1920 - 300 = 131.36$ 元。

6. 假定一个企业的平均成本函数为 $AC = 160/Q + 5 - 3Q + 2Q^2$，求它的边际成本函数。

解：

$TC = Q \cdot AC = 160 + 5Q - 3Q^2 + 2Q^3$

$MC = \dfrac{dTC}{dQ} = 5 - 6Q - 6Q^2$

这就是边际成本函数。

7. 已知 $MC = 9Q^2 + 4Q + 5$，$Q = 10$，$TC = 3000$，分别求 TC、AC、VC 和 AVC 的函数形式。

解：

由 MC 微分得：

$TC = 3Q^3 + 2Q + 5Q + \alpha$（$\alpha$ 为常数）

$300 = 3 \times 10^3 + 2 + 10^2 + 5 \times 10 + \alpha \Rightarrow \alpha = -250$

$\therefore TC = 3Q^3 + 2Q^2 + 5Q - 250$

$AC = \dfrac{TC}{Q} = 3Q^2 + 2Q + 5 - \dfrac{250}{Q}$

$VC = TC - FC = 3Q^2 + 2Q + 5 = 3 \times 10^2 + 2 \times 10 + 5 = 325$

$AVC = \dfrac{VC}{Q} = 3Q + 2 + \dfrac{5}{Q} = 3 \times 10 + 2 + \dfrac{5}{10} = 32.5$ $FC = TC - VC = 3000 - 325 = 2675$

第六章　完全竞争市场

一、分析题

1. 在某个行业，厂商数量很少，则这个行业不是垄断市场就是寡头市场。

分析：这种说法是错误的。因为这个行业如果没有进退障碍，虽然行业内厂商数量较少，但未必是垄断和寡头市场，也可能是可竞争市场。

2. 如果某一行业的产品是同质的，或者是相互之间有很好的替代性，则这一行业一定是竞争市场。

分析：这种说法是错误的。因为如果有很大的进出障碍，并且在位厂商对价格有较强的控制力或影响力，尽管产品同质，也不一定是竞争市场，如原油生产、提炼行业。

3. 对于完全竞争市场上的厂商来说，每个厂商都获得相同的利润率水平。

分析：这种说法是错误的。因为在要素市场完全竞争的条件下，长期内上述命题正确，但短期内厂商的利润率水平有很大差异。

4. 厂商获得均衡状态的充分必要条件是 $MR = MC$。

分析：这种说法是错误的。因为 $MR = MC$ 是必要条件，$\dfrac{dMC}{dQ} > \dfrac{dMR}{dQ}$ 是充分条件。

5. 完全竞争厂商的短期均衡状态有五种情况，所以当 $P < AVC$ 时，厂商仍能达到均衡状态。

分析：这种说法正确。因为此时厂商应停止生产。但若不得不选择继续生产时，此时的均衡产量是 $P = MR = MC$ 所对应的产量水平。

6. 在短期内，完全竞争行业的供给曲线上的每一点都表示在相应价格水平下能够使全体厂商获得最大利润（或最小亏损）的行业短期供给量。

分析：这种说法正确。因为行业供给曲线是由单个厂商的短期供给曲线水平相加而成的。

7. 在长期情况下，完全竞争行业的长期总供给曲线从左下方向右上方倾斜时，其原因是为了吸引厂商扩大产量或者是吸引新厂商的进入。

分析：这种说法是错误的。因为是由于产量增加所引起的生产要素需求的增加，并进一步导致生产要素价格的上升造成的。

8. 在完全竞争市场上，之所以会出现右下方倾斜的长期供给曲线，是由于成本递减造成的。成本递减的原因是行业（产业）的规模经济。

分析：这种说法正确。由于行业规模经济，每个厂商的长期平均成本随产量增加而下移。

9. 在市场经济条件下，消费者统治的说法不论在什么条件下都是能够成立的。

分析：这种说法是错误的。因为对于短期内短缺经济的情况下，生产者有一定的控制能力。如垄断厂商可以影响或改变消费者的偏好。

二、选择题

1. 完全竞争厂商所面临的需求曲线是一条水平线，它表示（　　）。
   A. 厂商可以通过改变销售量来影响价格
   B. 厂商只能接受市场价格
   C. 厂商通过联合来改变市场价格
   D. 厂商通过改进生产技术，获得经济利润

2. 在 $MR = MC$ 的均衡产量上，企业（　　）。
   A. 必然得到最大的利润
   B. 不可能亏损
   C. 必然是最小亏损
   D. 若获利，利润最大；若亏损，损失最小

3. 如果在厂商的短期均衡产量上，AR 小于 SAC，但大于 AVC，则厂商（　　）。
   A. 亏损，立即停产   B. 亏损，但继续生产
   C. 亏损，生产与否都可   D. 获利，继续生产

4. 在厂商的停止营业点上，应有（　　）。
   A. $AR = AVC$ B. 总亏损等于 TFC
   C. $P = AVC$ D. 以上说法都对

5. 完全竞争厂商的短期供给曲线应该是（　　）。
   A. SMC 曲线上超过停止营业点的部分
   B. SMC 曲线上超过收支相抵点的部分
   C. SMC 曲线上的停止营业点和超过停止营业点以上的部分
   D. SMC 曲线的上升部分

6. 完全竞争厂商的长期均衡产量上必然有（　　）。
   A. $MR = LMC \neq SMC$，其中 $MR = AR = P$
   B. $MR = LMC = SMC \neq LAC$，其中 $MR = AR = P$

C. $MR = LMC = SMC = LAC \neq SAC$，其中 $MR = AR = P$

D. $MR = LMC = SMC = LAC = SAC$，其中 $MR = AR = P$

7. 当一个完全竞争行业实现长期均衡时，每个企业（　　）。
   A. 显成本和隐成本都得到补偿　　　　B. 利润都为零
   C. 行业中没有任何厂商再进出　　　　D. 以上说法都对

8. 在完全竞争市场上，厂商短期均衡条件是（　　）。
   A. $P = AR$　　　　　　　　　　　　B. $P = MR$
   C. $P = MC$　　　　　　　　　　　　D. $P = AC$

9. 某完全竞争行业的价格和供给量在长期内呈同方向变动，则该行业的长期供给曲线呈（　　）。
   A. 水平的　　　　　　　　　　　　　B. 向右下方倾斜的
   C. 向右上方倾斜的　　　　　　　　　D. 无法判断

10. 假如某厂商的平均收益曲线由水平线变为向右下方倾斜的曲线，这说明（　　）。
    A. 既有厂商进入也有厂商退出该行业
    B. 完全竞争被不完全竞争所取代
    C. 新的厂商进入了该行业
    D. 原有厂商退出了该行业

11. 根据完全竞争市场的条件，下列哪个行业最接近完全竞争行业（　　）。
    A. 自行车行业　　　　　　　　　　　B. 玉米行业
    C. 糖果行业　　　　　　　　　　　　D. 服装行业

12. 假定在某一产量水平上，某厂商的平均成本达到了最小值，这意味着（　　）。
    A. 边际成本等于平均成本　　　　　　B. 厂商获得了最大利润
    C. 厂商获得了最少利润　　　　　　　D. 厂商的超额利润为零

13. 假定完全竞争行业内某厂商在目前产量水平上的边际成本、平均成本和平均收益均等于1美元，则这家厂商（　　）。
    A. 肯定只得到正常利润　　　　　　　B. 肯定没得到最大利润
    C. 是否得到了最大利润还不能确定　　D. 肯定得到了最小利润

14. 完全竞争市场中的厂商总收益曲线的斜率为（　　）。
    A. 固定不变　　　　　　　　　　　　B. 经济变动
    C. 1　　　　　　　　　　　　　　　 D. 0

15. 在完全竞争的条件下，如果厂商把产量调整到平均成本曲线最低点所对应的水平（　　）。
    A. 他将取得最大利润　　　　　　　　B. 他没能获得最大利润
    C. 他是否获得最大利润仍无法确定　　D. 他一定亏损

16. 在完全竞争市场中，行业的长期供给曲线取决于（　　）。
    A. SAC 曲线最低点的轨迹　　　　　B. SMC 曲线最低点的轨迹
    C. LAC 曲线最低点的轨迹　　　　　D. LMC 曲线最低点的轨迹

17. 成本递增行业的长期供给曲线是（　　）。

A. 水平直线 B. 自左向右上倾斜
C. 垂直于横轴 D. 自左向右下倾斜

18. 总利润达到最大是在（   ）。

A. $TR = TC$ 处

B. TR 曲线和 TC 曲线平行处

C. TR 曲线和 TC 曲线平行，且 TC 超过 TR 处

D. TR 曲线和 TC 曲线平行，且 TR 超过 TC 处

19. 在任何市场中，厂商的平均收益曲线可以由（   ）。

A. 他的产品供给曲线表示 B. 他的产品需求曲线表示

B. 行业的产品供给曲线表示 D. 行业的产品需求曲线表示

三、答案

1. B   2. D   3. B   4. D   5. C   6. D   7. D   8. C   9. C   10. B
11. B   12. A   13. A   14. A   15. C   16. C   17. B   18. D   19. B

四、计算题

1. 已知某完全竞争行业中的单个厂商的短期成本函数为：

$$STC = 0.1Q^3 - 2Q^2 + 15Q + 10$$

试求：

（1）当市场上产品价格为 $P = 55$ 时，厂商的短期均衡产量和利润。

（2）当市场价格下降为多少时，厂商必须停产。

（3）厂商的短期供给函数。

解：

（1）当 $MR = MC$ 时，厂商达到均衡状态。

由短期总成本函数知：$MC = 0.3Q^2 - 4Q + 15$，

在完全竞争市场上：$AR = MR = P = 55$

所以有：$0.3Q^2 - 4Q + 15 = 55$

解上式得：$Q = 20$

利润 $\pi = P \cdot Q - STC = 20 \times 55 - 0.1 \times 20^3 + 20^2 \times 2 - 15 \times 20 - 10 = 790$

（2）当市场价格下降到 AVC 的最低点以下时，厂商必须停产。由短期总成本函数可知：

$$AVC = \frac{TVC}{Q} = 0.1Q^2 - 2Q + 15$$

在 AVC 最低点，$\frac{dAVC}{dQ} = 0.1Q - 2 = 0$ $Q = 20$

设此时市场价格为 P，则：

$$P = 0.1 \times 20^2 - 2 \times 20 + 15$$

解上式 $P = 15$ 即价格下降到 15 以下时须停产。

(3) $MC = 0.3Q^2 - 4Q + 15$

所以厂商的短期供给函数是：

$$P = 0.3Q^2 - 4Q + 15 \quad (P \geq 15)$$

2. 已知某完全竞争的成本不变行业中的单个厂商的长期总成本函数 $LTC = Q^3 - 12Q^2 + 40Q$。试求：①当市场商品价格为 $P = 100$ 时，厂商实现 $MR = LMC$ 时的产量、平均成本和利润；②该行业长期均衡时的价格和单个厂商的产量；③当市场的需求函数为 $Q = 660 - 15P$ 时，行业长期均衡时的厂商数量。

解：

（1）完全竞争厂商 $MR = P$，所以当 $MR = LMC$ 时，有 $P = LMC$，即

$P = (LTC)' = 3Q^2 - 24Q + 40$，

$100 = 3Q^2 - 24Q + 40$，得 $Q = 10$

$LAC = LTC/Q = Q^3 - 12Q^2 + 40Q/Q = Q^2 - 12Q + 40 = 10^2 - 12 \times 10 + 40 = 20$

利润 $\pi = (P - LAC)Q = (100 - 20) \times 10 = 800$

（2）成本不变的行业是在不变的均衡价格水平提供产量，该均衡价格水平等于厂商的不变的长期平均成本的最低点。此时 $(LAC)' = 0$，

即 $(Q^2 - 12Q + 40)' = 2Q - 12 = 0$

得该行业长期均衡时产量 $Q = 6$，价格 $P = LAC = (6^2 - 12 \times 6 + 40) = 4$

（3）长期均衡时 $P = 4$，单个厂商的产量为 6，总产量 $Q = 660 - 15 \times 4 = 600$，所以共有厂商数量为 $600/6 = 100$。

3. 已知某完全竞争的成本递增行业的长期供给函数 $LS = 5500 + 300P$。试求：①当市场需求函数为 $D = 8000 - 200P$ 时，市场的长期均衡价格和均衡产量；②当市场需求增加，市场需求函数为 $D = 10000 - 200P$ 时，市场长期均衡价格和均衡产量；比较①、②，说明市场需求变动对成本递增行业的长期均衡价格和均衡产量的影响。

解：

（1）成本递增行业长期均衡时有 $LS = D$，即 $5500 + 300P = 8000 - 200P$，得 $P = 5$，$Q = 7000$。

（2）$LS = D$，$5500 + 300P = 10000 - 200P$，得均衡 $P = 9$，均衡产量 $Q = 8200$。

（3）由（1）、（2）知，当市场需求增加时，成本递增行业的长期均衡价格和均衡产量都会增加。

4. 已知某完全竞争市场的需求函数为 $D = 6300 - 400P$，短期市场供给函数为 $SS = 3000 + 150P$；单个企业在 LAC 曲线最低处的价格为 6，产量为 50；单个企业的成本规模不变。

（1）求市场的短期均衡价格和产量。

（2）判断（1）中的市场是否同时处于长期均衡状态，并求行业内的厂商数量。

（3）如果市场的需求函数为 $D' = 8000 - 400P$，短期供给函数为 $SS' = 4700 + 150P$，求市场的短期均衡价格和产量。

（4）判断（3）中的市场是否同时处于均衡状态，并求行业内厂商数量。

（5）判断该行业属于什么类型。

(6) 需求新加入多少企业，才能提供由（1）到（3）所增加的行业总产量？

解：（1）在完全竞争市场上，价格和产量由市场决定，所以市场均衡时，$D = SS$ 即：

$$6300 - 400P = 3000 + 150P$$

得：$P_e = 6$　$Q_e = 3900$

（2）因为在 LAC 曲线最低处的价格正好等于市场价格，所以市场处于长期均衡状态，每个厂商的产量为 50，则需要的厂商数量为：$3900/50 = 78$（个）

（3）$D' = SS'$

则：$8000 - 400P = 4700 + 150P$

$P_e = 6$　$Q_e = 5600$

（4）在（3）中的条件下，市场处于均衡状态，厂商的数量为：$5600 \div 50 = 112$（个）

（5）该行业属于完全竞争市场类型。

（6）需要新加入 34 个企业，才能提供由（1）到（3）所增加的行业总产量。

第七章　完全垄断市场

一、分析题

1. 一个处于完全竞争的厂商，由于他所面临的需求曲线是完全弹性的，因此他不能够自行定价；而一个垄断者，由于面临的需求曲线的弹性比完全弹性小，因此他可依利润最大化原则而自行定价。因此，如果可能，垄断者总是选择在需求曲线缺乏弹性的地方经营。

分析：这种说法是错误的。因为垄断者进行经营的原则是利润最大化，使 $MR = MC$，并不依据其需求曲线是否缺乏弹性。

2. 在垄断条件下，总存在着某个产出范围，在这个范围内，边际收益小于平均收益，而边际成本大于平均成本。如果一个厂商在此范围内经营，并使 $MC = MR$，他就可以获得利润。因此，一个垄断者只要选择合适的价格和产量，他总能获得利润。

分析：这种说法是错误的。因为垄断者的经营可在一定程度上通过产量的控制以控制价格进而实现更多的垄断利润，它不可能改变市场需求曲线。

3. 如果在市场上一种商品的需求价格弹性为 0.75，则边际收益是其价格的 3/4。如果市场是垄断的，垄断者的平均成本曲线是一条水平直线，则他的利润将是其总成本的 1/3。

分析：这种说法是错误的。因为对非线性需求曲线，利用垄断者定价原则 $MR = P(1 - 1/E_d) = MC = A$（常数），$\dfrac{利润}{总成本} = \dfrac{(P-AC)\,Q}{(P-MC)\,Q} = \dfrac{(P-MC)}{MC} = \dfrac{(P-MR)}{MR} = \dfrac{E_d}{E_d - 1} = 0.75/0.25 = 3/1$。

4. 如果垄断者经营一个企业，该企业规模使得垄断者在取得利润最大化产出时具有最低的平均成本，则这个企业达到了长期垄断均衡。

分析：这种说法错误。因为判断企业是否达到长期均衡的必要条件是 $MR = LMC$。

5. 在长期均衡条件下，如果垄断产品的需求下降，价格在长期比在短期下降得更多。

分析：这种说法错误。因为价格在短期比在长期下降得更多。

二、选择题

1. 在垄断厂商的短期均衡时，垄断厂商可以（   ）。
   A. 亏损   B. 利润为零
   C. 获得利润   D. 以上任何一种情况都可能出现

2. 在垄断厂商的长期均衡产量上可以有（   ）。
   A. $P > LAC$ B. $P < LAC$
   C. P 等于最小的 LAC D. 以上情况都可能存在

3. 对完全垄断厂商来说（   ）。
   A. 提高价格一定能够增加收益
   B. 降低价格一定会减少收益
   C. 提高价格未必能增加收益，降低价格未必减少收益
   D. 以上都不对

4. 完全垄断厂商的总收益与价格同时下降的前提条件是（   ）。
   A. $E_d > 1$ B. $E_d < 1$
   C. $E_d = 1$ D. $E_d = 0$

5. 一垄断者如果有一线性需求函数，总收益最大时（   ）。
   A. 边际收益为正值且递增   B. 边际收益为正值且递减
   C. 边际收益为负值   D. 边际收益为零

6. 完全垄断厂商的产品需求弹性为 1 时（   ）。
   A. 总收益最小   B. 总收益最大
   C. 总收益递增   D. 总收益递减

7. 如果在需求曲线上有一点，$E_d = -2$，$P = 20$ 元，则 MR 为（   ）。
   A. 30 元   B. 10 元
   C. 60 元   D. -10 元

8. 当垄断市场的需求富于弹性时，MR 为（   ）。
   A. 正   B. 负
   C. 0   D. 1

9. 如果市场价格超过平均成本，边际收益大于边际成本，垄断厂商多卖 1 单位时（   ）。
   A. 对总利润没有影响，但会缩小边际收益和边际成本之间的差额
   B. 总利润会减少

C. 厂商总收益会减少，其数额等于 $P - AC$

D. 总利润会增加，其数额为 $MR - MC$，并缩小边际收益和边际成本之间的差额

10. 完全垄断厂商的平均收益曲线为直线时，边际收益曲线也是直线。边际收益曲线的斜率为平均收益曲线斜率的（　　）。

　　A. 2 倍　　　　　　　　　　　　B. 1/2 倍

　　C. 1 倍　　　　　　　　　　　　D. 4 倍

11. 如果非线性需求曲线是凹面的，那么非线性边际收益曲线位于价格轴和需求曲线之间距离的平分线的（　　）。

　　A. 左边　　　　　　　　　　　　B. 中点

　　C. 右边　　　　　　　　　　　　D. 以上都不是

12. 垄断利润或者说超额利润（　　）。

　　A. 不是一种成本，因为它不代表生产中使用的资源所体现的替换成本

　　B. 不能为垄断者在长期中所获取，因为价格在最优产出水平上必须等于长期平均成本

　　C. 为保证资本继续进入该行业所必需

　　D. 能为完全竞争者和垄断者一样在长期中获取

13. 市场需求增加时，垄断厂商会（　　）。

　　A. 增加产量以增加边际收益　　　B. 增加产量以提高价格

　　C. 降低产量以增加边际成本　　　D. 减少产量以降低价格

14. 若一个管理机构对一个垄断厂商的限价正好使经济利润消失，则价格要等于（　　）。

　　A. 边际收益　　　　　　　　　　B. 边际成本

　　C. 平均成本　　　　　　　　　　D. 平均可变成本

15. 在完全垄断厂商的最好或最优产量处（　　）。

　　A. $P = MC$　　　　　　　　　　B. $P = SAC$ 的最低点的值

　　C. P 最高　　　　　　　　　　D. $MR = MC$

16. 如果垄断者的长期平均成本超过市场价格，则厂商将（　　）。

　　A. 停留在这一营业水平上，因为它使资本得到了一个正常报酬

　　B. 停留在这一营业水平上，尽管其固定成本没有得到补偿

　　C. 歇业并清理资产

　　D. 暂时停业

17. 要能有效地实行差别定价，下列哪一条以外都是必须具备的条件（　　）。

　　A. 分割市场的能力

　　B. 一个巨大的无弹性的总需求

　　C. 每个分市场上不同的需求价格弹性

　　D. 保持市场分割以防止商品在较有弹性的需求时被顾客再售卖

18. 如果完全垄断厂商在两个分割的市场中具有相同的需求曲线，那么垄断厂商（　　）。

A. 可以施行差别价格　　　　　　B. 不能施行差别价格

C. 既能也不能施行差别价格　　　D. 上述都不对

19. 完全垄断市场中，如果 A 市场的价格高于 B 市场的价格，则（　　）。

A. A 市场的需求弹性大于 B 市场的需求弹性

B. A 市场的需求弹性小于 B 市场的需求弹性

C. 两个市场的需求弹性相等

D. 以上都正确

三、答案

1. D　2. A　3. C　4. B　5. D　6. B　7. B　8. A　9. D　10. A

11. C　12. A　13. A　14. C　15. D　16. C　17. B　18. B　19. B

四、计算题

某垄断厂商的短期总成本函数为 $STC = 0.1Q^3 - 6Q^2 + 140Q + 3000$，反需求函数为 $P = 150 - 3.25Q$，求该厂商的短期均衡产量和均衡价格。

解：由 $STC = 0.1Q^3 - 6Q^2 + 140Q + 3000$

得 $SMC = 0.3Q^2 - 12Q + 140$

又由 $P = 150 - 3.25Q$

得 $MR = 150 - 3.25 \times 2Q = 150 - 6.5Q$

令 $MR = MC$ 解得 $Q = 20$，$P = 85$。

第八章　垄断竞争市场

一、分析题

1. 垄断竞争与完全竞争的主要区别在于垄断竞争的市场需求曲线是向下倾斜的。

分析：这种说法是错误的。因为垄断竞争与完全竞争的主要区别在于垄断竞争的单个厂商的需求曲线是向下倾斜的。

2. 在完全竞争条件下，当平均可变成本曲线向下倾斜时，厂商不可能处于均衡状态；但在长期及垄断竞争条件下，除非它的平均成本曲线向下倾斜，厂商不可能处于均衡状态。

分析：这种说法正确。因为这是由厂商所面临的需求曲线的特性及均衡的必要条件决定的。

3. 在垄断竞争条件下，短期均衡要求每个厂商都有 $MR = MC$，不论是否存在 $AR = AC$；反之，长期均衡要求有 $AR = AC$，而不论是否存在 $MR = MC$。

分析：这种说法是错误的。因为短期和长期均衡都要求 $MR = MC$。

4. 在长期，垄断竞争厂商得不到超额利润，所以，垄断竞争与完全竞争一样是一种有效的市场。

分析：这种说法是错误的。因为垄断竞争厂商需求曲线的有限弹性决定了垄断竞争市场的效率低于完全竞争市场。

5. 垄断竞争条件下厂商所面临的主观想象 d 曲线在所有价格水平下都更缺乏弹性。

分析：这种说法是错误的。因为垄断竞争条件下厂商所面临的主观想象 d 曲线在所有价格水平下都更具有弹性。

二、选择题

1. 垄断竞争市场上厂商的短期均衡发生于（　　）。
   A. 边际成本等于实际需求曲线中产生的边际收益时
   B. 平均成本下降时
   C. 主观需求曲线与实际需求曲线相交，并有边际成本等于主观需求曲线中产生的边际收益时
   D. 主观需求曲线与平均成本曲线相切时

2. 垄断竞争厂商短期均衡时（　　）。
   A. 厂商一定能获得超额利润
   B. 厂商一定不能获得超额利润
   C. 只能得到正常利润
   D. 取得超额利润，发生亏损及获得正常利润三种情况都可能发生

3. 垄断竞争厂商长期均衡时，必然有（　　）。
   A. 价格大于长期平均成本
   B. 在均衡点上，主观需求曲线上的弹性大于实际需求曲线上的弹性
   C. 资源在广告中浪费
   D. 边际成本等于实际需求曲线中产生的边际收益

4. 垄断竞争厂商长期均衡点上，长期平均成本曲线处于（　　）。
   A. 上升阶段　　　　　　　　　　B. 下降阶段
   C. 水平阶段　　　　　　　　　　D. 以上三种情况都可能

5. 在垄断竞争中（　　）。
   A. 只有为数很少几个厂商生产有差异的产品
   B. 有许多厂商生产同质产品
   C. 只有为数很少几个厂商生产同质产品
   D. 有许多厂商生产有差异的产品

6. 垄断竞争厂商实现最大利润的途径有（　　）。
   A. 调整价格从而确定相应产量　　B. 品质竞争
   C. 广告竞争　　　　　　　　　　D. 以上途径都可能用

三、答案

1. C　　2. D　　3. B　　4. B　　5. D　　6. D

第九章 寡头垄断市场

一、分析题

1. 古诺双头垄断下的产量高于勾结时的产量。

分析：这种说法正确。因为古诺均衡下每个寡头厂商的均衡产量是市场总容量的三分之一，勾结时，两个寡头的产量之和是市场总容量的二分之一，若两个寡头势力相当，每个分得的产量是市场总容量的四分之一。

2. 勾结的需求曲线下的寡头垄断模型假定在行业中没有一个厂商处在主导地位。

分析：这种说法正确。因为两个寡头进行勾结的目的是求得能使二者总利润达到最大的联合产出水平，然后再瓜分这一产出水平。

3. 利润最大化的卡特尔达到了稳定的均衡，因为在它控制下的任何一个厂商不打算作任何变动。

分析：这种说法错误。因为卡特尔组织能否有效地控制价格和产量，依赖于两个重要的条件：其一是卡特尔潜在的垄断力，其大小取决于本产业需求曲线价格弹性与非卡特尔生产者供给曲线价格弹性大小。其二是卡特尔成员能否遵从他们所达成的产量与价格协议。

二、选择题

1. 弯折的需求曲线模型的假定有（   ）。
   A. 行业内寡头厂商们提价时，其他寡头厂商都会仿效
   B. 行业内某个寡头厂商提价时，其他寡头厂商都会仿效
   C. 行业内某个寡头厂商降价时，其他寡头厂商都会仿效

2. 寡头垄断厂商的产品是（   ）。
   A. 同质的   B. 有差异的
   C. 既可以是同质的，也可以是有差异的   D. 以上都不对

3. 按照古诺模型，下列哪一说法不正确（   ）。
   A. 双头垄断者没有认识到他们的相互依赖性
   B. 每个双头垄断商都假定对方保持产量不变
   C. 每个双头垄断者假定对方价格保持不变
   D. 均衡的结果是稳定的

4. 在拐折需求曲线模型中，拐点左右两边的需求弹性是（   ）。
   A. 左边弹性大，右边弹性小   B. 左边弹性小，右边弹性大
   C. 左右两边弹性一样大   D. 以上都不对

三、答案

1. C   2. C   3. C   4. A

四、计算题

1. 假设：①只有 A、B 两寡头垄断厂商出售同质且生产成本为零的产品；②市场对该产品的需求函数为 $Q_d = 240 - 10p$，以美元计；③厂商 A 先进入市场，随之 B 进入。各厂商确定产量时认为另一厂商会保持产量不变。试求

(1) 均衡时各厂商的产量和价格为多少？

(2) 与完全竞争和完全垄断相比，该产量和价格如何？

(3) 各厂商取得利润是多少？该利润与完全竞争和完全垄断时相比情况如何？

(4) 如果再有一厂商进入该行业，则行业均衡产量和价格会发生什么变化？如有更多厂商进入，情况又会怎样？

解：

(1) 根据假设条件，这两个厂商的行为属古诺模型。

从产品需求函数 $Q_d = 240 - 10p$ 中可知，当 $p = 0$ 时 $Q_d = 240$

根据古诺模型，这两个厂商利润极大时的产量为 $= \frac{1}{3} \times 240 = 80$，整个市场的产量为：

$Q = Q_A + Q_B = 80 + 80 = 160$

将 $Q = 160$ 代入市场需求函数，得 $P = (240 - 160) \div 10 = 8$（美元）

(2) 完全竞争时，厂商数 n 越多，各厂商均衡产量的总和即总产量 $n/(n+1) \times 240$ 就接近于 240，而价格则越接近于零，反之，完全垄断时，$n = 1$。

因此该厂商均衡产量为 $\frac{1}{1+1} \times 240 = 120$，价格 $p = 12$（美元）

(3) 厂商 $\pi_A = TR_A - TC_A = PQ_A = 8 \times 80 = 640$（美元）

同样可求得 $\pi_B = 640$（美元）

完全竞争时，$\pi_A = PQ_A = 0$

完全垄断时，$\pi_A = pQ_A = 12 \times 120 = 1440$（美元）

(4) 再有一厂商进入该行业时，$Q_A = Q_B = Q_C = \frac{1}{4} \times 240 = 60$，总产量 $Q = Q_A + Q_B + Q_C = 180$，将 $Q = 180$ 代入需求函数，得 $P = (240 - 180) \div 10 = 6$（美元）

如有更多厂商进入，则各厂商的均衡产量越小，总产量越接近于 240，价格则越低。

第十章 市场失灵与公共选择理论

一、分析题

1. 垄断对社会造成的损害只在于企业获得了超额利润。

分析：这种说法错误。因为垄断对社会造成的损害不仅如此，为了获得和维持垄断

地位从而获取超额经济利润，厂商常常进行"寻租"活动，这种行为是一种纯粹的浪费，它不是用于生产，没有创造出任何有益的产出，完全是一种非生产性的寻利，可造成更大的经济损失。

2. 当存在外部不经济时，厂商的私人成本高于社会成本。

分析：这种说法错误。因为当存在外部不经济时，厂商的私人成本低于社会成本。

3. 外部经济情况下，私人活动水平常常要高于社会所要求的最优水平。

分析：这种说法错误。因为外部经济情况下，私人活动水平常常要低于社会所要求的最优水平。

4. 对产生外部经济行为的企业或个人应采取征税或罚款的措施。

分析：这种说法错误。因为对产生外部经济行为的企业或个人应采取津贴或奖励的措施。

5. 任何人都消费同等数量的公共产品。

分析：这种说法错误。因为公共产品不具备竞争性，任何人增加对某公共产品的消费都不会减少其他人所得到的消费水平，所以并不意味着任何人都消费同等数量的公共产品。

6. 任何人都要支付相同数量的费用，才可以消费公共产品。

分析：这种说法错误。因为公共产品不具备排他性，无法避免一些人不支付便消费。

7. 不完全竞争市场中出现低效率的资源配置表现为产品价格低于边际成本。

分析：这种说法错误。因为不完全竞争市场中出现低效率的资源配置表现为产品价格高于边际成本。

8. 一项公共物品是否值得生产，主要依据公众的意愿。

分析：这种说法错误。因为一项公共物品是否值得生产，主要依据成本－收益分析，就是将一项公共物品建设项目预期所能产生的收益的现值加以估计，与它预期所需支出的成本相比较，根据评估结果看该项目是否值得生产。

二、选择题

1. 某一经济活动存在外部不经济是指该活动的（　　）。
   A. 私人成本大于社会成本　　　　　　B. 私人成本小于社会成本
   C. 私人利益大于社会利益　　　　　　D. 私人利益小于社会利益

2. 某一经济活动存在外部经济是指该活动的（　　）。
   A. 私人成本大于社会成本　　　　　　B. 私人成本小于社会成本
   C. 私人利益大于社会利益　　　　　　D. 私人利益小于社会利益

3. 如果上游工厂污染了下游居民的饮水，按照科斯定理（　　），问题即可妥善解决。
   A. 不管财产权是否明确，只要交易成本为零
   B. 只要财产权明确，且交易成本为零
   C. 只要财产权明确，不管交易成本有多大

D. 不论财产权是否明确，交易成本是否为零

4. 某项生产活动存在外部不经济时，其产量（　　）帕累托最优产量。
　　A. 大于　　　　　　　　　　　　　　B. 小于
　　C. 等于　　　　　　　　　　　　　　D. 以上三种情况都有可能

5. 政府提供的物品（　　）公共物品。
　　A. 一定是　　　　　　　　　　　　　B. 不都是
　　C. 大部分是　　　　　　　　　　　　D. 少部分是

6. 为了提高资源配置效率，政府对垄断行为是（　　）。
　　A. 坚决反对的　　　　　　　　　　　B. 不管的
　　C. 尽量支持的　　　　　　　　　　　D. 加以管制的

7. 某人的吸烟行为属于（　　）。
　　A. 生产的外部经济　　　　　　　　　B. 生产的外部不经济
　　C. 消费的外部不经济　　　　　　　　D. 消费的外部经济

8. 市场不能提供纯粹的公共物品是因为（　　）。
　　A. 公共物品不具有排他性　　　　　　B. 公共物品不具有竞争性
　　C. 消费者都想"免费乘车"　　　　　　D. 以上三种情况都是

9. 如果某产品的生产造成污染，适当的税收政策是征税，征税额应是（　　）。
　　A. 社会边际成本和私人边际成本之差
　　B. 社会边际成本和私人边际成本之和
　　C. 社会边际成本
　　D. 私人边际成本

10. 下列哪一种情况属于寻租行为（　　）。
　　A. 公司凭借自己所有的财产收取租金
　　B. 公司投入资源去劝说政府阻止新公司进入它的行业
　　C. 政府剥夺公司的垄断租金
　　D. 政府查出公司的垄断租金

三、答案

1. B　　2. D　　3. B　　4. A　　5. B　　6. D　　7. C　　8. D　　9. A
10. B

宏观经济学部分
（第十一章至第十七章）

第十一章 国民收入的核算

一、分析题

1. 国民生产总值中的最终产品是指有形的物质产品。

分析：这种说法错误。

2. 今年建成并出售的房屋和去年建成而在今年出售的房屋都应计入今年的国民生产总值。

分析：这种说法错误。

3. 同样的服装，在生产中作为工作服就是中间产品，而在日常生活中穿就是最终产品。

分析：这种说法错误。

4. 国民生产总值一定大于国内生产总值。

分析：这种说法错误。

5. 居民购房支出属于个人消费支出。

分析：这种说法错误。

6. 从理论上讲，按支出法、收入法和部门法所计算出的国民生产总值是一致的。

分析：这种说法错误。

7. 所谓净出口是指出口减进口。

分析：这种说法错误。

8. 在三部门经济中如果用支出法来计算，GNP等于消费＋投资＋税收。

分析：这种说法错误。

二、选择题

1. 宏观经济学的中心理论是（　　）。
   A. 价格决定理论　　　　　　B. 工资决定理论
   C. 国民收入决定理论　　　　D. 汇率决定理论
2. 表示一国在一定时期内生产的所有最终产品和劳务的市场价值的总量指标是（　　）。
   A. 国民生产总值　　　　　　B. 国内生产总值
   C. 名义国民生产总值　　　　D. 实际国民生产总值

3. GNP 核算中的劳务不包括（　　）。
   A. 工人劳动　　　　　　　　　　B. 农民劳动
   C. 工程师劳动　　　　　　　　　D. 保险业服务
4. 实际 GDP 等于（　　）。
   A. 价格水平除以名义 GDP　　　　B. 名义 GDP 除以价格水平
   C. 名义 GDP 乘以价格水平　　　　D. 价格水平乘以潜在 GDP
5. 从国民生产总值减下列哪个项目成为国民生产净值（　　）。
   A. 折旧　　　　　　　　　　　　B. 原材料支出
   C. 直接税　　　　　　　　　　　D. 间接税
6. 从国民生产净值减下列哪个项目成为国民收入（　　）。
   A. 折旧　　　　　　　　　　　　B. 原材料支出
   C. 直接税　　　　　　　　　　　D. 间接税

三、答案

一、1. C　　2. A　　3. D　　4. B　　5. A　　6. D

四、简答题

1. 比较实际国民生产总值与名义国民生产总值。

答：实际国民生产总值与名义国民生产总值的区别在于计算时所用的价格不同。前者用不变价格，后者用当年价格。两者之间的差别反映了通货膨胀程度。

2. 比较国民生产总值与人均国民生产总值。

答：国民生产总值除以人口数就是人均国民生产总值。前者可以反映一国的综合国力，后者可以反映一国的富裕程度。

3. 为什么住房建筑支出作为投资支出的一部分？

答：由于能长期居住，提供服务，它比一般耐用消费品的使用寿命更长，因此把住房的增加看作投资的一部分。当然，房屋被消费的部分可算作消费，假定它是出租的话所得的房租可以计入 GNP。

4. 假定 A 为 B 提供服务应得报酬 400 美元，B 为 A 提供服务应得报酬 300 美元，AB 商定相互抵消 300 美元，结果 A 只收 B 100 美元。应如何计入 GNP？

答：计入 GNP 的是 400 + 300 美元。因为 GNP 计算的是生产的最终产品和劳务的价值，至于相互抵消多少与 GNP 计量无关。

第十二章 总需求与总收入决定模型

一、选择题

1. 当消费函数为 $C = a + bY$，$a > 0$，$b > 0$，这表明，平均消费倾向应（　　）。
   A. 小于边际消费倾向　　　　　　　　B. 大于边际消费倾向
   C. 等于边际消费倾向　　　　　　　　D. 以上三种情况都有可能

2. 假定其他条件不变，厂商投资增加将引起（　　）。
   A. 国民收入增加，但消费水平不变
   B. 国民收入增加，但消费水平下降
   C. 国民收入增加，同时消费水平提高
   D. 国民收入增加，储蓄水平下降

3. 凯恩斯的"基本心理法则"指出（　　）。
   A. 消费和收入总是总量增加
   B. 增加的收入的一部分总是会被储蓄起来
   C. 随着消费增加，收入也会增加
   D. 以上说法都不正确

4. 投资乘数在哪一种情况下较大（　　）。
   A. 边际储蓄倾向较小　　　　　　　　B. 边际储蓄倾向较大
   C. 边际消费倾向较小　　　　　　　　D. 边际消费倾向较大

5. 如果增加 100 万美元使国民收入增加 1000 万美元，则边际消费倾向应是（　　）。
   A. 10%　　　　　　　　　　　　　　B. 100%
   C. 90%　　　　　　　　　　　　　　D. 1%

6. 某个国家的国民收入处于充分就业的均衡状态，其数额为 2000 亿美元。假设再增加 100 亿美元的投资，通货膨胀缺口为（　　）。
   A. 大于 100 亿美元　　　　　　　　B. 100 亿美元
   C. 小于 100 亿美元　　　　　　　　D. 无法确定

7. 边际消费倾向与边际储蓄倾向之和，是（　　）。
   A. 大于 1 的正数　　　　　　　　　B. 小于 1 的正数
   C. 零　　　　　　　　　　　　　　D. 等于 1

8. 消费函数引起消费增加的因素是（　　）。
   A. 价格水平下降　　　　　　　　　B. 收入增加
   C. 平均消费倾向一定为负　　　　　D. 利率提高

9. 如果边际储蓄倾向为负，则（　　）。
   A. 边际消费倾向大于 1　　　　　　B. 边际消费倾向等于 1

C. 平均消费倾向一定为负　　　　　　D. 边际消费倾向小于1

10. 政府支出乘数（　　）。
    A. 等于投资乘数的相反数　　　　　B. 等于投资乘数
    C. 比投资乘数小1　　　　　　　　D. 等于转移支付乘数

11. 如果边际储蓄倾向为0.3，投资支出增加90亿元，可以预期，这将导致均衡水平GDP增加（　　）。
    A. 30亿元　　　　　　　　　　　　B. 60亿元
    C. 200亿元　　　　　　　　　　　D. 300亿元

12. 四部门经济与三部门经济相比，乘数效应（　　）。
    A. 变小　　　　　　　　　　　　　B. 变大
    C. 不变　　　　　　　　　　　　　D. 无法确定

13. 如果边际消费倾向为常数，那么消费函数将是（　　）。
    A. 一条不通过原点的直线　　　　　B. 一条通过原点与横轴成45°的直线
    C. 一条向上凸的直线　　　　　　　D. 一条向下凹的直线

14. 税收乘数和转移支付乘数的唯一区别是（　　）。
    A. 税收乘数总比转移支付乘数小1　B. 前者为负，后者为正
    C. 两者互为相反数　　　　　　　　D. 后者为负，前者为正

15. 投资乘数在哪一种情况下较大（　　）。
    A. 边际储蓄倾向较大　　　　　　　B. 边际储蓄倾向较小
    C. 边际消费倾向较小　　　　　　　D. 以上都不对

16. 边际消费倾向是（　　）。
    A. 可支配收入中用于消费的比例
    B. 当自主性消费增加1美元时，收入增加的数量
    C. 为使消费增加1美元，可支配收入必须增加的数量
    D. 当可支配收入增加1美元时，消费增加的数量

17. 消费函数的截距和斜率分别称为（　　）。
    A. 自主性消费，边际消费倾向　　　B. 非计划消费，边际消费倾向
    C. 边际消费倾向，自主性消费　　　D. 非计划消费，平均消费倾向

二、计算题

1. 假设投资增加90亿元，边际储蓄倾向为0.2，求出乘数，收入的变化及其方向，并求出消费的变化。

2. 某国家消费函数的斜率为0.9，如减税9亿元，试计算该国家可能增加总储蓄的数额。

3. 已知经济模型：国民收入 $Y = C + I + G$，投资 $I = 20 + 0.15Y$，消费 $C = 40 + 0.65Y$，政府开支 $G = 60$。试求：均衡国民收入、乘数和平均消费倾向。

4. 已知：$C = 50 + 0.75Y$，$I = 150$（单位：亿元）。试求：
（1）均衡的收入、消费、储蓄和投资各为多少？

(2) 若投资增加 25，在新的均衡下，收入、消费和储蓄各为多少？
(3) 如果消费函数的斜率增大或减小，乘数有何变化？

5. 设某三部门经济中有如下资料：
$C = 80 + 0.5Yd$，$Yd = Y - T$，$T = -20 + 0.2Y$，$I = 50 + 0.1Y$，$G = 200$ 计算均衡收入、消费、投资与税收水平。

6. 假定某经济的消费函数为 $C = 100 + 0.8Yd$，Yd 为可支配收入，投资支出为 $I = 50$，政府购买支出为 $G = 200$，政府转移支付为 $TR = 62.5$，税收为 $T = 250$。求
(1) 均衡的国民收入；
(2) 投资乘数、政府购买乘数、税收乘数、转移支付乘数和平均预算乘数。

三、分析题

1. 为何边际消费倾向越大，乘数就越大？
2. 通货膨胀缺口和紧缩缺口的关系是什么？
3. 什么是消费倾向？能否说边际消费倾向和平均消费倾向一般是大于 0 而小于 1？
4. 税收、政府购买和转移支付这三者对总支出的影响方式有何区别？
5. 试解释边际消费倾向递减规律。

四、答案

一、选择题
1. B   2. C   3. B   4. AD   5. C   6. B   7. D   8. B   9. B
10. B   11. D   12. A   13. A   14. D   15. B   16. D   17. A

二、计算题

1. 乘数 $= 1/0.2 = 5$；$\Delta y = 90 \times 5 = 450$，收入增加；$\Delta c = 450 \times 0.8 = 360$

2. 乘数 $= -\dfrac{mpc}{1-mpc} = -\dfrac{0.9}{1-0.9} = -9$，收入增加 $= (-9) \times (-9) = 81$

储蓄增加 $= 81 \times 0.1 + 9 \times 0.9 = 9$

3. $Y = 20 + 0.15Y + 40 + 0.65Y + 60 = 600$，$C = 40 + 0.65 \times 600 = 430$，$I = 110$

$K = \dfrac{1}{1 - 0.65 - 0.15} = 5$；$APC = 0.716$

4. $Y = C + I = 800$ $C = 650$；$S = I = 150$

$Y' = 900$；$C' = 725$；$S' = 175$

若消费函数斜率增大，即 MPC 增加，则乘数增大；反之，乘数减少。

5. 由 $Y = C + I + G$ 和已知条件，则
$Y = 80 + 0.75(Y + 20 - 0.2Y) + 0.1Y + 50 + 200 = 0.7Y + 345$ 所以 $Y = 1150$

从而 $I = 50 + 0.1Y = 165$ $T = -20 + 0.2Y = 210$

$Yd = Y - T = 940$ $C = 80 + 0.75Yd = 785$

6. 可支配收入为：$Yd = Y - T + TR = Y - 250 + 62.5 = Y - 187.5$

由收入恒等式得：$Y = C + I + G = 100 + 0.8(Y - 187.5) + 50 + 200$，所以均衡国民

收入 $Y = 1000$

根据消费函数可知边际消费倾向 $MPC = 0.8$，则投资乘数 $K1 = 1/1 - MPC = 5$；
政府购买乘数 $Kg = 1/1 - 6 = 5$；税收乘数 $Kt = -MPC/(1 - MPC) = -4$
转移支付乘数 $Ktr = b/(1 - b) = 4$；平衡预算乘数 $Kb = 1 - MPC/(1 - MPC) = 1$

三、分析题

1. 乘数的基本含义，投资乘数 $=1/$（1 - 边际消费倾向）

2. 膨胀性缺口是指实际总支出小于充分就业时计划的总支出，而膨胀性缺口是指实际总支出大于充分就业时计划的总支出。前者引起总需求不足，从而产生周期失业；后者引起需求过度，从而产生需求拉动的通货膨胀。

3. 消费倾向就是消费支出和收入的关系，又称消费函数。消费支出和收入的关系可以从两个方面加以考察，一是考察消费支出变动量和收入变动量关系，这就是边际消费倾向，二是考察一定收入水平上，消费支出量和该收入量的关系，这就是平均消费倾向。根据定义和计算公式可以判断。

4. 总支出由消费支出、投资支出、政府购买支出和净出口四部分组成。

税收并不直接影响总支出，它是通过改变人们的可支配收入，从而影响消费支出，再影响总支出。税收的变化与总支出的变化是反方向的。当税收增加时，导致人们可支配收入减少，消费减少，总支出也减少。总支出的减少量数倍于税收增加量，反之亦然。

政府购买支出直接影响总支出，两者的变化是同方向的。总支出的变化量也数倍于政府购买量，这个倍数就是政府购买乘数。

政府转移支付对总支出的影响方式类似于税收，它间接影响总支出，通过改变人们的可支配收入，进而影响消费支出及总支出。但与税收不同的是政府转移支付的变化与总支出同方向变化，这两个变量之间有一定的倍数关系，但倍数小于政府购买乘数。

5. 边际消费倾向递减规律是凯恩斯提出的三大基本心理规律之一，它是指人们的消费虽然随收入的增加而增加，但消费的增量不如收入的增量那样多。由于人们总是不把所增加的收入全部消费掉，而要留下一部分作为储蓄，这样人们的收入越是增加，消费支出占全部收入的比例就越小。

第十三章 商品市场和货币市场的一般均衡：$IS - LM$ 模型

一、选择题

1. IS 曲线向右下方移动的经济含义是（　　）。
   A. 利息率不变产出增加　　　　　　B. 产出不变利息率提高
   C. 利息率不变产出减少　　　　　　D. 产出不变利息率降低
2. 货币供给量增加使 LM 曲线右移表示（　　）。
   A. 利息率不变产出增加　　　　　　B. 利息率不变产出减少

C. 产出不变利息率提高　　　　　　D. 产出不变利息率降低
3. 水平的 LM 曲线表示（　　）。
   A. 产出增加使利息率微小提高　　B. 产出增加使利息率微小下降
   C. 利息率提高使产出大幅增加　　D. 利息率提高使产出大幅减少
4. 自发投资支出增加 10 亿元，会使 IS 曲线（　　）。
   A. 右移 10 亿元　　　　　　　　B. 左移 10 亿元
   C. 右移支出乘数乘以 10 亿元　　D. 左移支出乘数乘以 10 亿元
5. 自发总需求增加 100 万元，使国民收入增加了 1000 万元，此时的边际消费倾向为（　　）。
   A. 100%　　　B. 90%　　　C. 50%　　　D. 10%
6. 利息率提高时，货币的投机需求将（　　）。
   A. 增加　　　B. 不变　　　C. 减少　　　D. 不确定
7. 假定货币供给量不变，货币的交易需求和预防需求增加将导致货币的投机需求（　　）。
   A. 增加　　　B. 不变　　　C. 减少　　　D. 不确定

二、分析题

1. 用 $IS-LM$ 模型简要说明财政政策和货币政策变动对经济的影响。
2. 用简单的国民收入决定模型分析"节俭的悖论"。

三、计算题

1. 假定货币需求为 $L=0.2Y$，货币供给 $M=200$，消费 $C=90+0.8Yd$，税收 $T=50$，投资 $I=140-5r$，政府支出 $G=50$，求：
   （1）均衡收入、利率和投资；
   （2）若其他条件不变，政府支出 G 增加 20，那么收入、利率和投资有什么变化？
2. 假定一两部门经济中，消费 $C=100+0.8Y$，投资 $I=150-6r$，货币供给 $M=150$，货币需求 $L=0.2Y-4r$，
   （1）求 IS 和 LM 曲线。
   （2）求产品市场和货币市场同时均衡时的利率和收入。
3. 假定某经济中的消费函数为：$C=0.8(1-t)Y$，税率 $t=0.25$，投资 $I=900-50r$，政府支出 $G=800$，货币需求 $L=0.25-62.5r$，实际货币供给 $M/P=500$，求：
   （1）IS 和 LM 曲线。
   （2）两个市场同时均衡时的利率和收入。
4. 设 IS 曲线为：$Y=5600-40r$；LM 曲线：$r=-20+0.01Y$。
   （1）求均衡产出和均衡利率。
   （2）若产出为 3000，经济将怎样变动？
5. 设有下列经济模型：
   $Y=C+I+G$，$I=20+0.15Y$，$C=40+0.65Y$，$G=60$。求：

（1）边际消费倾向和边际储蓄倾向。

（2）均衡的 Y、C、I。

6. 两部门经济中，如果在初始年份是均衡的，国民收入为 1500 亿元，试问：

每期投资增加 100 亿元，国民边际消费倾向为 0.9，试问国民收入要达到多少亿元才能使国民经济恢复平衡？

（2）如果不是每期投资都增加 100 亿元，而是每期消费增加 100 亿元，上述答案是否会变？如果每期消费增加 150 亿元呢？

四、答案

一、选择题

1. A 2. D 3. A 4. C 5. B 6. C 7. C

二、分析题

1. ①IS 曲线是描述物品市场均衡，即 $I = S$ 时，国民收入与利息率存在着反方向变动关系的曲线；LM 曲线是描述货币市场达到均衡，即 $L = M$ 时，国民收入与利息率存在着同方向变动关系的曲线。②两个市场同时均衡，即 $I = S$，$L = M$ 时，两条曲线的交点决定了国民收入和利息率。③扩张性的财政政策，比如政府支出增加，IS 曲线向右上方移动，在 LM 曲线不变条件下，国民收入增加，利息率上升；扩张性的货币政策使货币供给量增加，LM 曲线向右下方移动，在 IS 曲线不变条件下，国民收入增加，利息率下降。

2. 在两部门经济中，储蓄增加将会导致国民收入减少，储蓄减少能使国民收入增加，这是凯恩斯主义的观点。由此得出一个自相矛盾的推论：节制消费增加储蓄会增加个人财富，对个人是件好事，但由于会减少国民收入，引起经济萧条，对整个社会来说却是坏事；增加消费或减少储蓄会减少个人财富，对个人来说是件坏事，但由于会增加国民收入，使经济繁荣，对整个社会却是好事。这就是所谓的"节俭的悖论"。

三、计算题

1. （1）由 $Y = C + I + G$ 得 IS 曲线为：$Y = 1200 - 25r$；

由 $L = M$ 得 LM 曲线为：$Y = 1000$；说明 LM 处于充分就业的古典区域，故均衡收入为：$Y = 1000$；联立 IS 和 LM 得到：$r = 8$，$I = 100$；

同理得：$r = 12$，$I = 80$，Y 仍为 1000。

（2）G 增加 20 使投资减少 20，存在挤出效应。说明政府支出增加时，只会提高利率和完全挤私人投资，而不会增加国民收入，这是一种古典情况。

2. （1）由 $Y = C + I$ 得 IS 曲线为：$Y = 1250 - 30r$；

由 $L = M$ 得 LM 曲线为：$Y = 750 + 20r$；

（2）联立得：$Y = 950$；$r = 10$。

3. （1）由 $Y = C + I + G$ 得 IS 曲线为：$Y = 4250 - 125r$；

由 $L = M/P$ 得 LM 曲线为：$Y = 2000 + 250r$。

（2）联立得：$r = 6$；$Y = 3500$。

4. （1）联立得：$r = 25.7$，$Y = 4572$。

（2）产出3000高出均衡收入，此时利率也高于均衡利率，利率将会下降。进而引起产品市场求大于供，产出趋于增加。又引起利率提高。最终经济趋于均衡水平。

5.（1）边际消费倾向为0.65；边际储蓄倾向为$1-0.65=0.35$。

（2）$Y=C+I+G$ 得：$Y=600$，$C=430$，$I=110$。

6.（1）国民收入增加额 $=100\times1/(1-0.9)=1000$ 亿元，即国民收入要达到2500亿元才能恢复国民经济均衡；

（2）不会变。如果消费增加150亿元国民收入增加额为1500亿元，即国民收入要达到3000亿元才能恢复国民经济均衡。

第十四章 社会总需求与社会总供给模型：AD-AS模型

一、选择题

1. 总需求曲线向右下方倾斜是由于价格水平上升时（　　）。
   A. 投资会减少　　　　　　B. 消费会减少
   C. 净出口会减少　　　　　D. 以上因素都是
2. 总需求曲线在其他条件不变时因（　　）而右移。
   A. 名义货币供给量增加　　B. 政府支出减少
   C. 价格水平上升　　　　　D. 税收减少
3. 使总供给曲线上移的原因是（　　）。
   A. 工资提高　　　　　　　B. 价格提高
   C. 需求增加　　　　　　　D. 技术进步
4. 在短期总供给曲线区域，决定价格的力量是（　　）。
   A. 需求　　　B. 供给　　　C. 工资　　　D. 技术
5. 在长期总供给曲线区域，决定价格的力量是（　　）。
   A. 需求　　　B. 供给　　　C. 工资　　　D. 技术
6. 当总供给曲线为正斜率时，单位原材料的实际成本增加总供给曲线移向（　　）。
   A. 右方，价格水平下降，实际产出增加
   B. 左方，价格水平下降，实际产出增加
   C. 右方，价格水平上升，实际产出减少
   D. 左方，价格水平上升，实际产出减少
7. 根据总供求模型，扩张性财政政策使产出（　　）。
   A. 增加　　　B. 减少　　　C. 不变　　　D. 不确定
8. 根据总供求模型，扩张性货币政策使价格水平（　　）。
   A. 增加　　　B. 减少　　　C. 不变　　　D. 不确定

二、判断题

1. 价格水平下降时，总需求曲线向右移动。（   ）
2. 扩张总需求政策的价格效应最大，表明总供给曲线是长期总供给曲线。（   ）
3. 在短期总供给曲线时，总需求的变动会引国民收入与价格水平反方向变动。（   ）
4. 在总需求不变时，短期总供给的增加会使国民收入增加，价格水平下降。（   ）
5. 若扩张总需求的产出效应最大，则表明总供给曲线是水平的。（   ）

三、简答题

1. 政府采用扩张性财政政策和货币政策对利率的影响有何不同？
2. 在萧条经济中，价格水平下降。根据向下倾斜的总需求曲线，将刺激总需求增加。这样，萧条将会自动走向繁荣。这种说法对不对？试分析。
3. 总供给曲线移动的原因是什么？
4. 总需求曲线与单个商品的需求有何不同？

四、分析题

1. 国民收入决定的三种模型有何内在联系？
2. 用 $AD-AS$ 模型比较两种对付通货膨胀的方法。

五、计算题

1. 设消费函数 $C=100+0.75Y$，投资函数 $I=20-2r$，货币需求函数 $L=0.2Y-0.5r$，货币供给 $M=50$，价格水平为 P。求：
   （1）总需求函数；
   （2）当价格为 10 和 5 时的总需求；
   （3）政府购买增加 50 时的总需求曲线并计算价格为 10 和 5 时的总需求；
   （4）货币供给增加 20 时的总需求函数。

2. 设劳动需求函数 $L=400-10(W/P)$，名义工资 $W=20$，未达到充分就业时劳动供给弹性无限大，充分就业量为 380。求：
   （1）$P=2$ 时的就业状况；
   （2）$P=5$ 时的就业状况；
   （3）价格提高多少能实现充分就业。

3. 已知：$C=100+0.7(Y-T)$，$I=900-25r$，$G=100$，$T=100$，$Md/P=0.2Y+100-50r$，$Ms=500$，$P=1$，求均衡的 Y 和利率 r。

4. 已知货币供给量 $M=220$，货币需求方程 $L=0.4Y+1.2/r$，投资函数为 $I=195-2000r$，储蓄函数 $S=-50+0.25Y$。设价格水平 $P=1$，求均衡的收入水平和利率水平。

六、答案

一、选择题

1. D 2. A 3. A 4. B 5. A 6. D 7. D 8. D

二、判断题

1. 错 2. 对 3. 错 4. 对 5. 对

三、简答题

1. ①政府采取扩张性财政政策，一般会提高价格水平。价格水平的提高使实际货币供给减少，由此导致利息率上升。②扩张性的货币政策，增加货币供给量，利息率会下降。但由于价格水平会提高，而价格水平提高使实际货币供给减少。因此，利息率的下降会受到一定的限制。

2. 不对。根据总需求曲线，价格下降确实会使总需求增加，但只是有可能性。是否下降还要取决于总供给。在萧条经济中，总供给处于能够接受的最低价格水平，价格不可能继续下降。因此，虽然由于可能性的价格下降，总需求会扩张，但是，该经济实际上不可能按照这种方式由萧条自动地走向繁荣。

3. ①名义工资提高使总供给曲线向左上方移动。它表明在劳动生产率不变的情况下，名义工资提高造成利润下降，迫使企业降低产量。②技术进步使总供给曲线向右下方移动。它表明技术进步降低了企业的成本，企业愿意增加产量。

4. ①总需求是指支出，单个商品需求是指商品数量；②总需求受价格总水平影响，单个商品的需求受相对价格的影响；③二者都受到价格的影响，对前者的解释必须从利息率的变化入手，对后者的解释则是替代效应和收入效应。

四、分析题

1. ①简单国民收入决定模型是建立在价格水平不变、利率不变的前提下，用乘数理论来解释财政政策的效应。该模型对产出决定和政策效应的分析实际是对总需求分析。②IS-LM 模型保持了价格水平不变的假设，在此基础上引入货币因素，从而分析利率变动对宏观经济的影响。该模型在利率可变情况下，分析总产出决定，并分析了利率的决定。对财政政策的分析既保留了乘数效应，又引入挤出效应，还分析了货币政策效应。但是该模型仍然是总需求分析。③总供求模型引入劳动市场从而总供给对宏观经济的影响，放弃了价格不变的假设。该模型在价格可变的情况下，分析了总产出的决定并分析了价格水平的决定。不仅分析了需求管理政策的产出效应，而且分析了它的价格效应。不仅进行了总需求分析，而且进行了总供给分析。

2. 发生通货膨胀价格水平过高，对付通货膨胀就是要使价格水平降下来。根据 AD-AS 模型有两种方法，一是抑制总需求，AD 曲线向左下方平行移动，价格水平下降，国民收入减少；二是增加总供给，AS 曲线向右下方平行移动，价格水平下降，国民收入增加。从理论上讲，第二种方法比第一种方法更好。但实践中，增加总供给需要一定的条件，一旦通货膨胀来得比较快，采用的更多的仍是第一种方法。从长期来看，为防止通货膨胀，应采取措施改善供给尤其是有效供给。

五、计算题

1. （1）由 $Y = C + I$ 得 IS 曲线：$r = 60 - 1/8Y$；

由 $M/P = L$ 得 LM 曲线：$r = -100/P + 0.4Y$；

联立两式得总需求曲线：$Y = 190/P + 114$。

（2）根据（1）的结果可知：$P = 10$ 时，$Y = 133$；$P = 5$ 时，$Y = 152$。

（3）由 $Y = C + I + G$ 得：$Y = 190/P + 162$；

$P = 10$，$Y = 181$；$P = 5$，$Y = 200$。

（4）LM 曲线为：$r = 0.4Y - 140/P$，再结合 IS 曲线 $r = 60 - 1/8Y$，得：$Y = 267/P + 114$。

2. （1）$P = 2$ 时 $L = 400 - 10(20/2)$。劳动供给大于劳动需求，劳动需求决定就业，就业为 300，失业为 80。

（2）同理，就业为 360，失业为 20。

（3）$380 = 400 - (200/P)$，得 $P = 10$，即当价格提高至 10 时，可以实现充分就业。

3. 由 $Y = C + I + G$ 得：$0.3Y + 25r = 1030$；

由 $Md/P = Ms$ 得：$0.2Y - 50r = 400$。

联立得：$Y = 3075$；$r = 4.3$。

4. 产品市场均衡条件为：$I = S$，故 $0.25Y + 2000r = 245$；

货币市场均衡条件为：$M/P = L$，故 $0.4Y + 1.2/r = 200$；

联立得：$Y = 500$，$r = 0.06$。

第十五章 失业与通货膨胀理论

一、选择题

1. 充分就业的含义是（　　）。
    A. 人人都有工作，没有失业者
    B. 消灭了周期性失业的就业状态
    C. 消灭了自然失业的就业状态
    D. 消灭了自愿失业的就业状态

2. 引起周期性失业的原因是（　　）。
    A. 工资刚性
    B. 总需求不足
    C. 经济结构的调整
    D. 经济中劳动力的正常流动

3. 一般用来衡量通货膨胀的物价指数是（　　）。
    A. 消费物价指数
    B. 生产物价指数
    C. GDP 平均指数
    D. 以上均正确

4. 在通货膨胀不能完全预期的情况下，通货膨胀将有利于（　　）。
    A. 债务人
    B. 债权人

C. 在职工人 D. 离退休人员

5. 根据菲利普斯曲线，降低通货膨胀率的办法是（　　）。
   A. 减少货币供给量 B. 降低失业率
   C. 提高失业率 D. 增加财政赤字

6. 货币主义认为，菲利普斯曲线所表示的失业与通货膨胀之间的交替关系（　　）。
   A. 只存在于长期 B. 只存在于短期
   C. 长短期均存在 D. 长短期均不存在

7. 认为长短期失业与通货膨胀之间均不存在交替关系的经济学流派是（　　）。
   A. 凯恩斯主义流派 B. 货币主义学派
   C. 供给学派 D. 理性预期学派

8. 财政部向中央银行借债弥补财政赤字，导致高能货币（　　）。
   A. 增加 B. 减少 C. 不变 D. 不确定

9. 财政部向公众借债弥补财政赤字，高能货币（　　）。
   A. 增加 B. 减少 C. 不变 D. 不确定

10. 中央银行收购公众持有的债券，导致债券价格（　　）。
    A. 提高 B. 下降 C. 不变 D. 不确定

11. 由工资提高导致通货膨胀的原因是（　　）。
    A. 需求拉动 B. 成本推动 C. 结构性 D. 其他

12. 由原材料价格提高导致通货膨胀的原因是（　　）。
    A. 需求拉动 B. 成本推动 C. 结构性 D. 其他

13. 政府支出增加导致通货膨胀的原因是（　　）。
    A. 需求拉动 B. 成本推动 C. 结构性 D. 其他

14. 通货膨胀使实物财产所有者利益（　　）。
    A. 提高 B. 下降 C. 不变 D. 不确定

15. 通货膨胀使货币财产所有者利益（　　）。
    A. 提高 B. 下降 C. 不变 D. 不确定

16. 通货膨胀使工资收入者利益（　　）。
    A. 提高 B. 下降 C. 不变 D. 不确定

17. 通货膨胀使利润收入者利益（　　）。
    A. 提高 B. 下降 C. 不变 D. 不确定

18. 抑制通货膨胀的收入政策是指（　　）。
    A. 收入初次分配 B. 收入再分配
    C. 收入、价格管制 D. 其他

二、判断题

1. 在供给型通货膨胀情况下，若扩张总需求，则价格水平提高。（　　）
2. 充分就业与任何失业的存在都是矛盾的，因此只要经济中有一个失业者，就不

能说实现了充分就业。（　　）

3. 根据奥肯定理，在经济中实现了就业后，失业率每增1%，则实际国民收入就会减少2.5%。（　　）

4. 在任何经济中，只要存在着通货膨胀的压力，就会表现为物价水平的上升。（　　）

5. 紧缩缺口是指实际总需求小于充分就业的总需求时两者的差额，通货膨胀缺口是指实际总需求大于充分就业的总需求时两者的差额。（　　）

6. 凯恩斯认为，引起总需求过度的根本原因是货币的过量发行。（　　）

7. 在总需求不变的情况下，总供给曲线向左上方移动所引起的通货膨胀称为供给推动的通货膨胀。（　　）

8. 经济学家认为，引起工资推动的通货膨胀和利润推动的通货膨胀的根源都在于经济中的垄断。（　　）

9. 凯恩斯主义、货币主义和理性学派，围绕菲利普斯曲线的争论，表明了他们对宏观经济政策的不同态度。（　　）

10. 若发生通货膨胀则总产出一定增加。（　　）

三、简答题

1. 凯恩斯是怎样解释失业存在的原因的？
2. 失业的社会经济损失有哪些？
3. 货币主义学派如何解释菲利普斯曲线的？
4. 如果现在社会上失业率很高，人们估计政府要实现膨胀性经济政策，这属于适应性预期还是理性预期？
5. 什么是周期性失业？凯恩斯是如何解释需求不足原因的？

四、分析题

1. 试述通货膨胀形成的原因。
2. 试述成本推动型通货膨胀。
3. 通货膨胀有利论和不利论的理由各有哪些？

五、计算题

1. 设某国价格水平在1998年为107.9，1999年为111.5，2000年为114.5。求：

（1）1999年和2000年的通货膨胀率各为多少？

（2）若以前两年的通货膨胀的平均值作为第三年通货膨胀的预期值，计算2001年的通货膨胀率。

（3）若2001年的利率为6%，计算该年的实际利率。

2. 假定某经济社会的菲利普斯曲线为 $gp = 36/U - 10$，其中 P 和 U 均为百分数表示。求：

（1）失业率为2%时的价格上涨率；

（2）价格水平不变时的失业率，使失业率下降20%时的价格上涨率的表达式。

六、答案

一、选择题

1. B　2. B　3. A　4. A　5. C　6. B　7. D　8. A　9. C
10. A　11. B　12. B　13. A　14. A　15. B　16. B　17. A　18. C

二、判断题

1. 对　2. 错　3. 错　4. 错　5. 对　6. 错　7. 对　8. 对　9. 对　10. 错

三、简答题

1. 凯恩斯认为：决定一个经济社会总就业水平的是有效需求，即商品的总供给价格与总需求价格达到均衡时的总需求。但它们一致时并不保证实现充分就业。均衡的国民收入也并不等于充分就业时的国民收入。当实际的有效需求小于充分就业的总需求时将存在紧缩的缺口，从而出现失业；反之会发生通货膨胀。一般情况下，实际总需求是小于充分就业时的总需求，失业的存在是不可避免的。

2. 失业会给个人和社会带来损失，这就是个人和社会为失业而付出的代价。对个人来说，如果是自愿失业，则会给他带来闲暇的享受。但如果是非自愿失业，则会使他的收入减少，从而生活水平下降。对社会来说，失业增加了社会福利支出，造成财政困难。同时，失业率过高会影响社会的稳定，带来其他社会问题。从整个经济看，失业最大的经济损失就是实际国民收入的减少。

3. ①在短期，菲利普斯曲线是存在的。因此，扩张总需求的政策能够有效地降低失业率。②在长期，由于通货膨胀预期的存在，工人要求增加工资，这样菲利普斯曲线上移。一方面，失业率稳定在自然失业率水平；另一方面，通货膨胀率越来越高。即长期中，扩张总需求的政策无效。

4. 属于理性预期。这是根据失业率和通货膨胀的关系作出的判断。如果失业率较高，根据两者的关系，人们预计政府会提高通货膨胀率以联系人降低失业率。于是人们抢先一步把预期的通货膨胀率考虑到工资合同中去，这样在政府推行扩张性政策时，由于工资与物价同步上涨，实际工资没有下降，所以厂商并不扩大产量和增雇工人，即使短期中，政府也不能用提高通货膨胀率的方法来降低失业率。这里，人们对通货膨胀所作的判断不是依据过去通货膨胀的经历作出，因此不属于适应性预期。

5. 周期性失业是由于总需求不足而引起的短期失业，一般出现在萧条阶段。凯恩斯将总需求分为消费需求和投资需求。消费需求取决于国民收入水平和边际消费倾向，投资需求取决于预期的利润率（即资本的边际效力）与利息率水平。因为边际递减规律的作用，在经济萧条时期，两种需求都不足，从而总需求不足，导致失业。

四、分析题

1. ①需求拉上的通货膨胀。这是从总需求的角度来分析通货膨胀的原因，它是指在商品市场上现有的价格水平下，如果经济的总需求超过总供给水平，就会导致一般物价水平的上升。②成本推动的通货膨胀。这是从总供给的角度来分析通货膨胀的原因，它是指由于生产成本的提高而引起的一般物价水平的上升。成本的增加意味着只有在高于原有价格水平时，才能达到原有的产出水平。③供求混合推进的通货膨胀。这是将总需求和总供给结合起来分析通货膨胀的原因。许多经济学家认为，通货膨胀的根源不是单一的总需求或总供给，而是两者共同作用的结果。④结构性的通货膨胀。是由于各经济部门劳动生产率的差异、劳动力市场的结构特征和各经济部门之间收入水平的攀比等而引起的通货膨胀。

2. 成本推动的通货膨胀是指由于生产成本的提高而引起的一般物价水平的上升。供给就是生产，根据生产函数，生产取决于成本，因此，从总供给的角度，引起通货膨胀的原因在于成本的增加。成本的增加意味着只有在高于原有价格水平时，才能达到原有的产出水平，即总供给曲线向左上方移动。在总需求不变的情况下，总供给曲线左上方移动使国民收入减少，价格水平上升。根据引起成本上升的原因不同，成本推动的通货膨胀又可分为工资成本推动的通货膨胀、利润推动的通货膨胀和进口成本推动的通货膨胀三种。

3. ①有利论的理由：通货膨胀有利于雇主增加利润，从而刺激投资；可以增加税收，从而增加政府支出，刺激经济发展；加剧收入分配不平等，而富人的储蓄倾向高，有利于储蓄的增加，这对发展中国家来说是非常重要的。②不利论的理由：价格不能反映供求，从而失去调节经济的作用；破坏正常的经济秩序，投资风险加大，社会动荡，经济效率低下；所引起的紧缩政策会抑制经济的发展；在固定汇率下通货膨胀所引起的货币贬值不利于对外经济交往。

五、计算题

1.
（1）$gp1999 = (111.5 - 107.9)/107.9 \times 100\% = 3.34\%$；
$gp2000 = (114.5 - 111.5)/111.5 \times 100\% = 2.69\%$；
（2）$gp2001 = (3.34\% + 2.69\%)/2 = 3.015\%$；
（3）2001 实际利率 $= 6\% - 3.015\% = 2.985\%$。

2.
（1）$gp = 36/2 - 10 = 8$；
（2）$gp = 0$，$36/U - 10 = 0$，$U = 3.6$；
（3）$U1 = U(1 - 20\%) = 0.8U$，$gp1 = 45/U - 10$。

第十六章 经济周期与经济增长理论

一、选择题

1. 经济周期的中心是（　　）。
   A. 价格的波动　　　　　　B. 利率的波动
   C. 国民收入的波动　　　　D. 就业率的波动
2. 从谷底扩张至经济增长的正常水平称为（　　）。

　　A. 繁荣　　　　　　B. 衰退　　　　　　C. 危机　　　　　　D. 复苏
3. 危机阶段的主要特征是（　　）。
　　A. 工资、价格不断上涨　　　　B. 投资减少、产品积压
　　C. 大量工厂倒闭　　　　　　　D. 大量机器更新
4. 8—10 年的经济周期称为（　　）。
　　A. 库兹涅茨周期　　　　　　　B. 基钦周期
　　C. 朱格拉周期　　　　　　　　D. 康德拉季耶夫周期
5. 熊彼特第三个长周期的标志创新产业为（　　）。
　　A. 蒸汽机　　　B. 钢铁　　　　　C. 汽车　　　　　D. 纺织
6. 经济之所以会发生周期性波动，是因为（　　）。
　　A. 外部因素的变动　　　　　　B. 乘数作用
　　C. 加速数作用　　　　　　　　D. 乘数和加速数交织作用
7. 如果国民收入在某个时期趋于下降，则（　　）。
　　A. 净投资大于零　　　　　　　B. 净投资小于零
　　C. 总投资大于零　　　　　　　D. 总投资小于零
8. 根据经济统计资料，经济周期性波动最大的一般是（　　）。
　　A. 资本品的生产　　　　　　　B. 农产品的生产
　　C. 日用消费品的生产　　　　　D. 没有一定的规律

二、判断题

1. 当某一经济社会处于经济周期的扩张阶段时，总需求逐渐增长但没有超过总供给。（　　）
2. 经济周期的四个阶段依次是繁荣、衰退、萧条、复苏。（　　）
3. 基钦周期是一种中周期。（　　）
4. 经济学家划分经济周期的标准是危机的严重程度。（　　）
5. 以总需求分析为中心是凯恩斯主义经济周期理论的特征之一。（　　）
6. 熊彼特周期是一种长周期。（　　）
7. 顶峰是繁荣阶段过渡到萧条阶段的转折点。（　　）
8. 经济周期在经济中是不可避免的。（　　）

三、简答题

1. 消费不足论怎样解释经济周期？
2. 熊彼特怎样解释经济周期？
3. 投资过多论怎样解释经济周期？
4. 纯货币理论怎样解释经济周期？

四、论述题

1. 试述经济周期四个阶段的主要特征。
2. 乘数原理与加速原理有什么联系和区别？

3. 经济波动为什么会有上限和下限？

五、答案

一、选择题

1. C   2. D   3. C   4. C   5. C   6. D   7. B   8. A

二、判断题

1. 对 2. 对 3. 错 4. 错 5. 对 6. 错 7. 错 8. 错

三、简答题

1. 在经济高涨过程中，投资增加导致投资品生产增加，其中包括生产消费品的投资品生产增加。在一定范围内，投资品生产增加可以孤立地进行。这样随着生产的增加，消费品大量增加。然而消费需求不足，于是导致生产过剩的经济危机。

2. 熊彼特用他的创新理论解释经济周期。企业家的创新活动获得超额利润。这引起其他企业的仿效，形成了创新浪潮，进而导致经济逐渐走向繁荣。随着创新的普及，超额利润逐渐消失，投资下降，经济逐渐走向萧条。新一轮创新出现，导致新一轮的经济波动。

3. 该理论对经济由繁荣转向萧条的解释是：在经济扩张过程中，投资过度扩张。投资过度扩张造成的结果是两方面的。一方面，投资品过剩、消费品不足。消费品不足限制了就业的增加，从而使扩大的生产能力不能充分利用。另一方面，资本不足或储蓄不足。尽管投资过度扩张已经消费减少，储蓄增加，然而储蓄增加仍然赶不上投资增加，结果造成储蓄不足或资本不足。在这种情况下，投资扩张还不可能继续进行下去。由于这两方面的原因，经济势必由繁荣转向萧条。

4. 纯货币理论认为，银行信用的扩张和收缩是经济周期的唯一根源。银行信用的扩张导致经济的扩张。但是，银行信用不可能无限制扩张。黄金准备金和国际收支因素会迫使银行收缩信用。银行信用的收缩导致整个经济的收缩，经济逐渐进入危机。经过危机，银行的准备金逐渐增加，下一轮的扩张又开始了。

四、论述题

1. 从经济增长的正常水平扩张至谷顶称为繁荣。其主要特征是：就业率不断提高、资源充分利用、工资物价不断上涨。从谷顶至经济增长的正常水平称为衰退。其主要特征是：需求下降、产品积压、失业率上升、价格下降。从经济增长的正常水平至谷底称为危机。其主要特征：工人大量失业、工厂大量倒闭、价格水平很低、生产下降至最低点。从谷底扩张至经济增长的正常水平称为复苏。其主要特征是：大量机器开始更新、企业利润有所增加、经济开始回升。

2. 乘数原理考察投资变动对收入水平的影响程度。投资乘数大小取决于边际消费倾向，边际消费倾向越大，投资引起的连锁反应越大。其作用是两方面的。加速原理考察收入或消费需求的变动反过来又怎样影响投资的变动。其内容是：收入的增加引起对消费品需求的增加，而消费品要靠资本品生产出来，因而消费增加又引起对资本品需求的增加，从而必将引起投资的增加。生产一定数量产品需要的资本越多，即资本－产出比率越高，则收入变动对投资变动影响越大，因此，一定条件下的资本－产出比率被称为加速系数。同样加速作用也是双向的。可见，两个原理是从不同的角度说明投资与收入、消费之间的相互作用。只有把两者结合起来,才能真正认识三者之间的关系,并从中找到经济自身的因素发生周期性波动的原因。不同的是:乘数原理是投资的变动导致收入变动的倍数;加速原理是收入或消费的变动导致投资变动的倍数。

3. 由于乘数和加速数的结合,经济中将自发地形成周期性的波动,它由扩张过程和收缩过程所组成,但是,即便依靠经济本身的力量,经济波动也有一定的界限。经济波动的上限是指无论怎样增加都不会超过一定界限,它取决于社会已经达到的技术水平和一切资源可以被利用的程度。在既定的技术条件下,如果社会上一切可被利用的生产资源已充分利用,经济的扩张就会遇到不可逾越的障碍,产量停止增加,投资也就停止增加,甚至减少。这就是经济波动的上限。经济波动的下限是指产量或收入无论怎样收缩都不会再下降的一条界限,它取决于总投资的特点和加速作用的局限性。因为总投资降至最小时即为本期不购买任何机器设备,也即总投资为零,它不可能小于零。这就构成了衰退的下限。又因为从加速原理来看,它是在没有生产能力剩余的情况下才起作用。如果厂商因经济收缩而开工不足,企业的过剩的生产能力,则加速原理就不起作用了。此时,只有乘数作用,经济收缩到一定程度后就会停止收缩,一旦收入不再下降,乘数作用又会使收入逐渐回升。这就是经济波动的下限。

第十七章 宏观经济政策

一、选择题

1. 属于内在稳定器的项目是(   )。
   A. 政府购买   B. 税收
   C. 政府转移支付   D. 政府公共工程支出
2. 属于紧缩性财政政策工具的是(   )。
   A. 减少政府支出和减少税收   B. 减少政府支出和增加税收
   C. 增加政府支出和减少税收   D. 增加政府支出和增加税收
3. 如果存在通货膨胀缺口,应采取的财政政策是(   )。
   A. 增加税收   B. 减少税收
   C. 增加政府支出   D. 增加转移支付
4. 经济中存在失业时,应采取的财政政策是(   )。
   A. 增加政府支出   B. 提高个人所得税
   C. 提高公司所得税   D. 增加货币发行
5. 通常认为,紧缩货币的政策是(   )。
   A. 中央银行买入政府债券   B. 增加货币供给
   C. 降低法定准备金率   D. 提高贴现率
6. 紧缩性货币政策的运用会导致(   )。
   A. 减少货币供给量,降低利率   B. 增加货币供给量,提高利率
   C. 减少货币供给量,提高利率   D. 增加货币供给量,提高利率

7. 法定准备金率越高（　　）。
   A. 银行越愿意贷款　　　　　　　　B. 货币供给量越大
   C. 越可能引发通货膨胀　　　　　　D. 商业银行存款创造越困难
8. 对利率最敏感的是（　　）。
   A. 货币的交易需求　　　　　　　　B. 货币的谨慎需求
   C. 货币的投机需求　　　　　　　　D. 三种需求反应相同
9. 在下列哪种情况下，紧缩货币政策的有效性将削弱（　　）。
   A. 实际利率很低　　　　　　　　　B. 名义利率很低
   C. 实际利率很高　　　　　　　　　D. 名义利率很高
10. 在凯恩斯区域内（　　）。
    A. 货币政策有效　　　　　　　　　B. 财政政策有效
    C. 货币政策无效　　　　　　　　　D. 两种政策同样有效
11. 在古典区域内（　　）。
    A. 货币政策有效　　　　　　　　　B. 财政政策有效
    C. 货币政策无效　　　　　　　　　D. 两种政策同样有效
12. "双松"政策国民收入（　　）。
    A. 增加较多　　　　　　　　　　　B. 增加较少
    C. 减少较多　　　　　　　　　　　D. 减少较少
13. "双紧"政策使利息率（　　）。
    A. 提高　　　　B. 下降　　　　C. 不变　　　　D. 不确定
14. 松货币紧财政使利息率（　　）。
    A. 提高很多　　B. 提高很少　　C. 下降很多　　D. 下降很少
15. 松财政紧货币使国民收入（　　）。
    A. 增加　　　　B. 减少　　　　C. 不变　　　　D. 不确定

二、判断题

1. 降低贴现率将增加银行的贷款意愿，同时导致债券价格下降。（　　）
2. 内在稳定器能保持经济的稳定。（　　）
3. 中央银行与商业银行都可以与一般客户有借贷关系。（　　）
4. 商业银行体系所能创造出来的货币量与法定准备率呈反比，与最初存款呈正比。（　　）
5. 凯恩斯主义货币政策的目标是实现充分就业，而货币主义货币政策的目标是实现物价稳定。（　　）
6. 中央银行购买有价证券将引起货币供给量的减少。（　　）
7. 凯恩斯主义货币政策和货币主义货币政策是相同的，都是通过货币供给量来调节利率，通过利率来影响总需求。（　　）
8. 提高贴现率和准备率都可以减少货币供给量。（　　）
9. 收入政策以控制工资增长率为中心，其目的在于制止成本推动的通货膨胀。（　　）

10. 工资指数化是按通货膨胀率来调整实际工资水平。（　　）

三、简答题

1. 为什么边际消费倾向越大，边际税率越小，财政政策的效果越小？
2. 在价格不变条件下，为什么增加货币供给会使利率下降？
3. 什么是补偿性财政政策？
4. 扩张财政对萧条经济会产生怎样的影响？

四、分析题

1. 财政政策与货币政策有何区别？
2. IS 曲线和 LM 曲线怎样移动才能使收入增加而利率不变？怎样的财政政策和货币政策的配合才能做到这一点？
3. 在经济发展的不同时期应如何运用经济政策？

五、计算题

1. 设消费函数 $C=100+0.75Y$，投资函数 $I=20-3r$，货币的需求 $L=0.2Y-0.5r$，货币供给 $W=50$。求：
   （1）IS 和 LM 曲线的函数表达式；
   （2）均衡产出和均衡利率；
   （3）若政府购买增加 50，求政策效应。
2. 假定某银行吸收存款 100 万元，按规定要留准备金 15 万元，计算：
   （1）准备金率为多少？
   （2）能创造出多少货币？
   （3）如果准备金增至 25 万元，能创造多少货币？
3. 设债券的收益为 20 万元，利率为 5%，计算：
   （1）此时的债券价格为多少？
   （2）如果利率上升为 8%，债券价格又为多少？

六、答案

一、选择题

1. C　2. B　3. A　4. A　5. D　6. C　7. D　8. C　9. A　10. B
11. A　12. A　13. D　14. C　15. D

二、判断题

1. 错　2. 错　3. 错　4. 对　5. 对　6. 错　7. 错　8. 对　9. 对　10. 错

三、简答题

1. 边际消费倾向越大，边际税率越小，投资乘数越大。因此，当扩张财政使利率上升并挤出私人部门投资时，国民收入减少得越多，即挤出效应越大，因而财政政策效果越小。在 IS－LM 模型中，边际消费倾向越大，边际税率越小，IS 曲线就越平缓，这时财政政策就越小。

2. 在一定利率和价格水平上，私人部门持有货币和非流动性金融资产的数量会保持一定比例。增加货币供给会打破这一比例，使人们手中持有的货币比他们愿意持有的货币多一些，因而会增加购买一些金融资产，以恢复他们希望有的资产组合比例。在债券供给量不变的情况下，这会使债券价格上升，即利率下降。这里价格不变条件下很重要，因为如果增加货币供给量时价格也随之上升，则货币需求会增加，增加的货币供给可能会被价格上升所吸收，人们就可能不再多出货币去买债券，于是利率可能不会下降。

3. 相机决策的财政政策是指政府根据对经济形势的判断和财政政策有关手段的特点相机决策，主动采取的增加或减少政府支出，减少或增加政府收入以稳定经济，实现充分就业。宏观经济学认为，相机决策的财政政策要逆经济风向行事。具体来说，当总需求不足、失业持续增加时，政府要实行扩张性财政政策，增加政府支出，减少政府税收，刺激总需求，以解决衰退和失业问题；相反，当总需求过旺，价格水平持续是涨时，政府要实行紧缩性财政政策，减少政府支出，增加政府收入，抑制总需求，以解决通货膨胀问题。这种交替使用的扩张性和紧缩性财政政策，被称为补偿性财政政策。

4. 当经济萧条时，扩张性财政政策会使收入水平增加。一方面，扩张性财政意味着总需求扩张；另一方面，通过乘数的作用，扩张性财政会导致消费需求增加，因此总需求进一步提高。当然，在扩张财政时，由于货币供给不变，利息率会提高。这样投资需求会有一定程度的下降。在一般情况下，扩张性财政的产出效应大于挤出效应，最终结果是扩张性财政政策导致国民收入增加。

四、分析题

1. ①财政政策是指政府通过改变政府的收支来调节宏观经济，货币政策是指政府通过改变货币供给量来调节宏观经济。②财政政策本身就是总需求扩张的因素，通过乘数总需求还会进一步扩张；货币扩张是通过降低利息率刺激私人部门需求增加带动总需求扩张的。③在陷阱区和古典区，两种政策的效应恰好相反。④某些因素对这两种政策的效应的影响是相同的，某些则不同。⑤财政扩张会产生一个财政融资问题，而货币扩张则没有。

2. 一般而言，如果仅仅采用扩张性财政政策，即 LM 曲线不变，向右移动 IS 曲线会导致利率上升和国民收入的增加；如果仅仅采用扩张性货币政策即 IS 曲线不变，向左移动 LM 曲线，可以降低利率和增加国民收入。考虑到上述特点，只要 IS、LM 向右同方向和同幅度向右移动，就可以使收入增加而不变。为此，本题可采用松财政和松货币结合的政策，一方面采用扩张性财政政策增加总需求；另一方面采用扩张性货币政策降低利率，减少挤出效应，使经济得以迅速复苏、高涨。

3. ①萧条时期，总需求不足，失业增加，采用扩张性政策，一方面是财政政策，增加政府支出，减少税收；另一方面是货币政策，在公开市场业务中买入有价证券，降低贴现率及放宽贴条件，降低法定存款准备金率，其目的是增加总需求，达到总供求的均衡。②繁荣时期，与上述政策的运用相反。

五、计算题

1.

（1）由 $Y = C + I$ 得 IS 曲线为：$Y = 480 - 8r$，由 $L = M$ 得 LM 曲线为：$r = -100 +$

$0.4Y$。

(2) 联立上述两个方程得均衡产出为 $Y=305$；均衡利率为 $r=22$。

(3) 将政府购买增加 50 代入 IS 曲线。因为乘数是 4，实际代入 200，再联立得均衡产出，$Y=352$，产出增加 47；均衡利率 $r=41$，利率提高 19；计算政府购买增加 50 而利率仍为 22 时的均衡产出为：$Y=504$；均衡产出增加：$504-305=199$。这是利率不变时的政策效应。而上述已计算了利率提高后的效应为 47。由此，挤出效应为：$199-47=152$。

2.

(1) 15%。

(2) 667 万元。

(3) 400 万元。

3.

(1) 400 元。

(2) 250 元。